Die KUNST des ZEICHNENS
10 STEPS
GESICHTER

Titel der Originalausgabe:
10-Step Drawing
Faces
Draw over 40 faces in 10 easy steps!

Published in 2024 by Search Press Ltd.
Wellwood, North Farm Road
Turnbridge Wells
Kent, TN2 3DR

This book is produced by
The Bright Press, an imprint of The Quarto Group.
The Old Brewery, 6 Blundell Street,
London N7 9BH, United Kingdom
www.QuartoKnows.com

Zeichnungen: Justine Lecouffe

Übersetzung: Wiebke Krabbe, Damlos
Produktmanagement: Nicole Mering
Lektorat: Betz Lektorat + Redaktion, Tübingen
Umschlaggestaltung: Eva Hook
Herstellung: Petra Theilfarth
Druck und Bindung: 1010 Printing International Ltd, China

1. Auflage 2024
ISBN 978-3-7358-8161-8
Best.-Nr. 28161

MIX
Papier | Fördert gute Waldnutzung
FSC® C016973
FSC
www.fsc.org

Penguin Random House Verlagsgruppe
FSC® N001967

Justine Lecouffe

Die KUNST des ZEICHNENS 10 STEPS GESICHTER

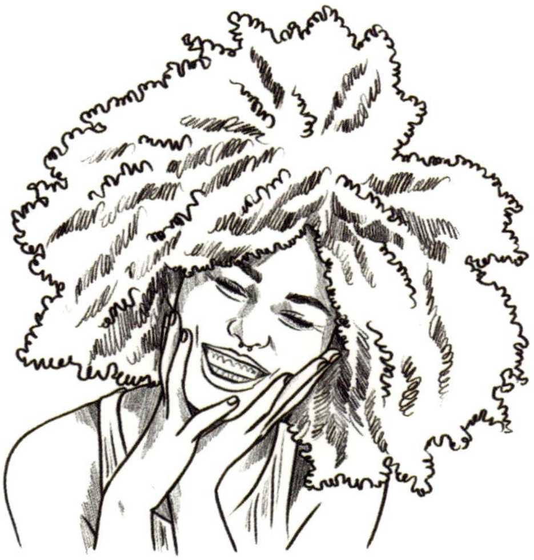

Inhalt

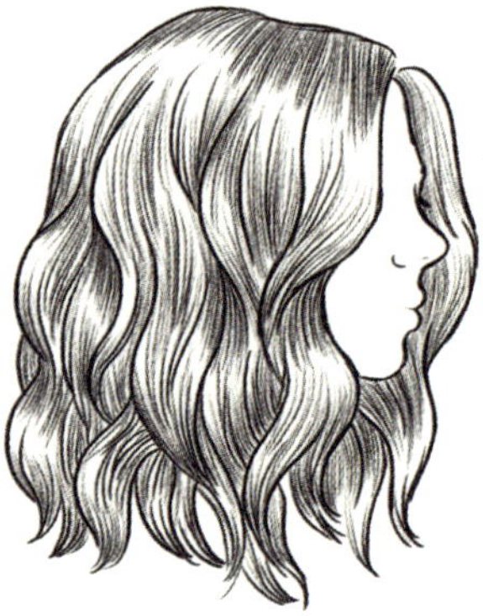

Gesichtszüge

Gesichtsformen

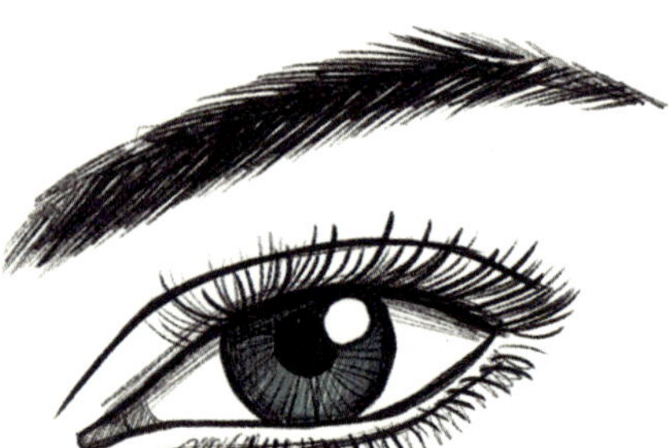

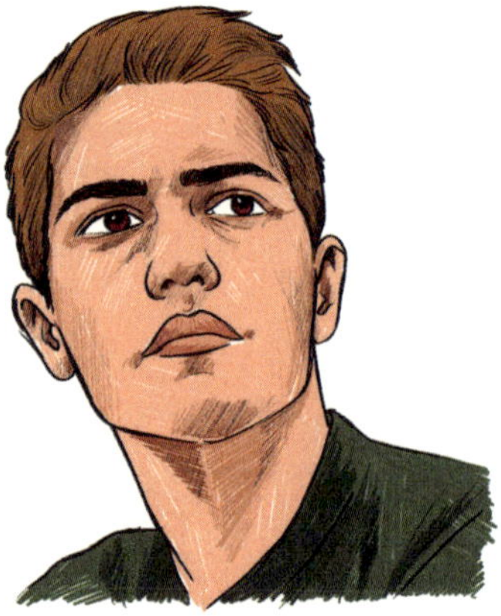

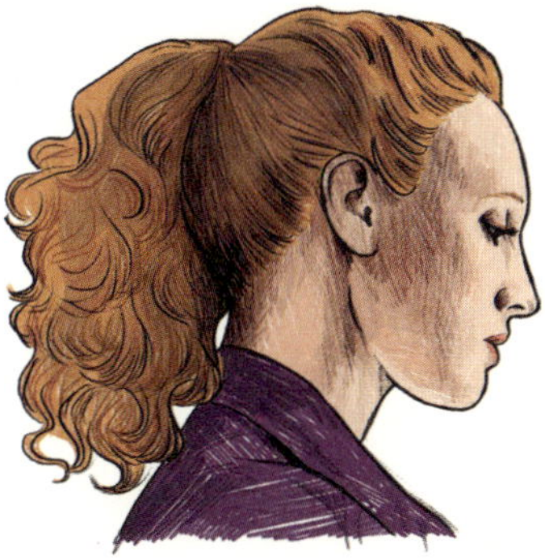

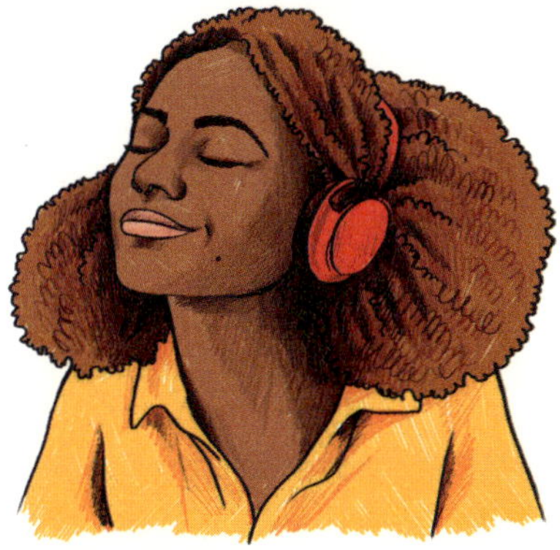

Mimik und Posen

Kinder

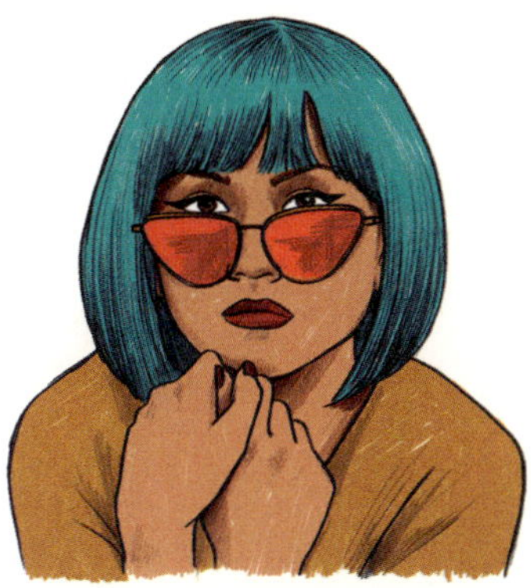

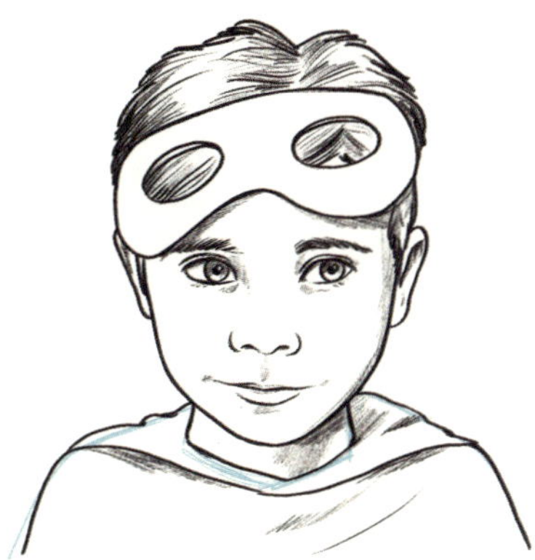

Vorwort

In diesem Buch finden Sie mehr als 42 Illustrationen von ganz unterschiedlichen Gesichtern, die in nur 10 einfachen Schritten gezeichnet werden können – vom lachenden Baby über finstere bis zu nachdenklichen Gesichtern. Suchen Sie sich Ihr Lieblingsmotiv aus und legen Sie los.

Es ist gar nicht so schwierig, Gesichter zu zeichnen, denn sie haben viele Gemeinsamkeiten. Wir üben zuerst die einzelnen Gesichtszüge, bevor wir uns ganzen Porträts mit Gesicht und Schultern zuwenden.

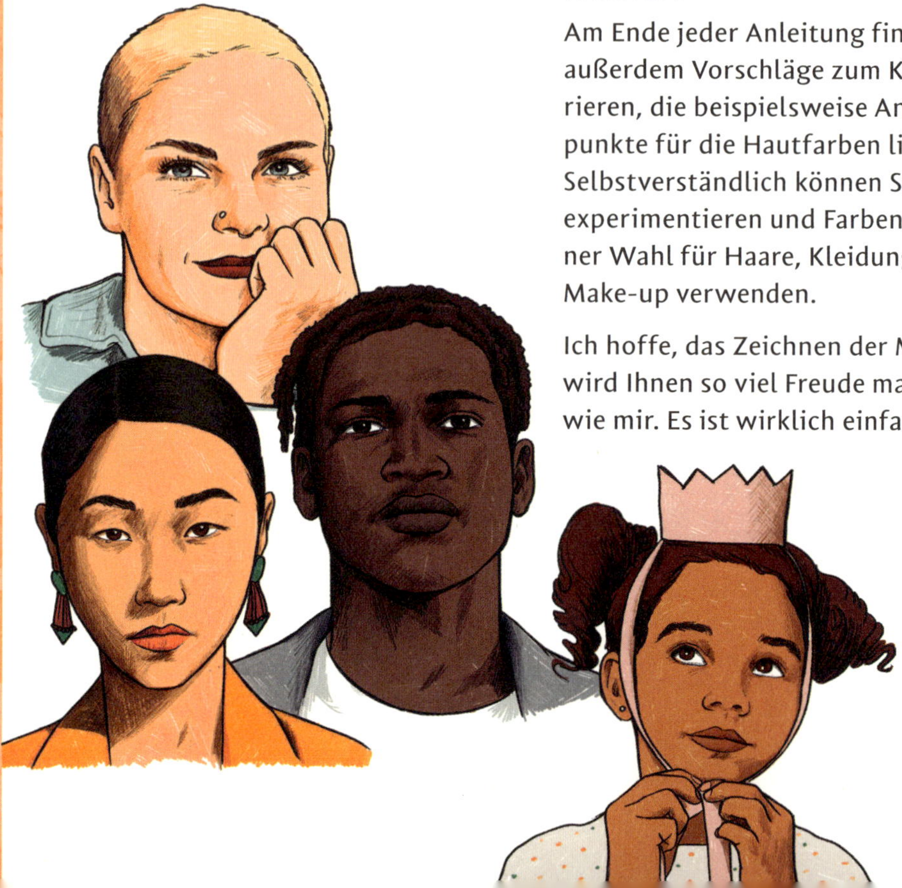

VERSCHIEDENE FORMEN

Jede Zeichnung in diesem Buch beginnt mit einer oder zwei einfachen Formen. Die Schritt-für-Schritt-Anleitungen zeigen, wie solche Grundformen oder Umrisse als Anhaltspunkte für die Platzierung von Gesichtszügen und anderen Elementen dienen können. So ist es leicht, die richtigen Proportionen zu finden. Befolgen Sie die Anleitungen, um realistische Gesichter mit überzeugender Mimik zu zeichnen.

FARBEN

Am Ende jeder Anleitung finden Sie außerdem Vorschläge zum Kolorieren, die beispielsweise Anhaltspunkte für die Hautfarben liefern. Selbstverständlich können Sie auch experimentieren und Farben eigener Wahl für Haare, Kleidung oder Make-up verwenden.

Ich hoffe, das Zeichnen der Motive wird Ihnen so viel Freude machen wie mir. Es ist wirklich einfach!

Über dieses Buch

DAS MATERIAL

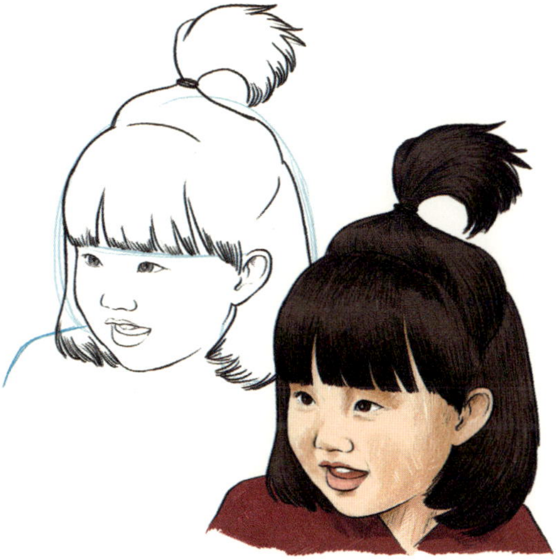

Papier: Am besten eignet sich gutes Zeichenpapier, aber auch anderes Papier kann verwendet werden.

Bleistift, Radiergummi und Anspitzer: Probieren Sie verschiedene Härtegrade, und leisten Sie sich einen hochwertigen Radiergummi.

Fineliner: Verwenden Sie zum Zeichnen der finalen Umrisslinien Stifte mit mittlerer bis feiner Stärke.

Kleines Lineal: nicht unbedingt notwendig, aber nützlich für Hilfslinien.

BLAUE, VIOLETTE UND SCHWARZE STRICHE

Blau: Für die Grundformen und die wichtigsten Hilfslinien.

Violett: Für Hilfslinien innerhalb der Formen. Sie helfen bei der Platzierung von Augen, Nase und anderen Gesichtszügen. Zeichnen Sie solche Hilfslinien dünn mit Bleistift, damit Sie sie am Ende ausradieren können.

Schwarz: Für die endgültigen Striche, also das fertige Bild. Diese Striche können mit Fineliner oder Tusche gezeichnet werden. Wer unsicher ist, kann aber auch einen Bleistift verwenden und die fertige Zeichnung sauber durchpausen. Wichtig: Tusche muss gut trocknen, bevor Sie radieren.

KOLORIEREN

Beim Kolorieren gibt es verschiedene Möglichkeiten. Probieren Sie ruhig mehrere aus.

Farbstifte: Damit geht es ganz einfach und unkompliziert. Ein Set mit 24 Farben ist alles, was Sie brauchen. Innerhalb der Konturen bleiben und vor allem für kleine Details die Stifte immer gut anspitzen. Für hellere oder dunklere Nuancen variieren Sie den Druck oder überlagern zwei Farbschichten.

Farben und Pinsel: Wasserfarben eignen sich für Einsteiger am besten. Acrylfarben haben den Vorteil, dass man Fehler einfach übermalen kann. Sie brauchen zwei oder drei Pinsel, darunter einen sehr dünnen.

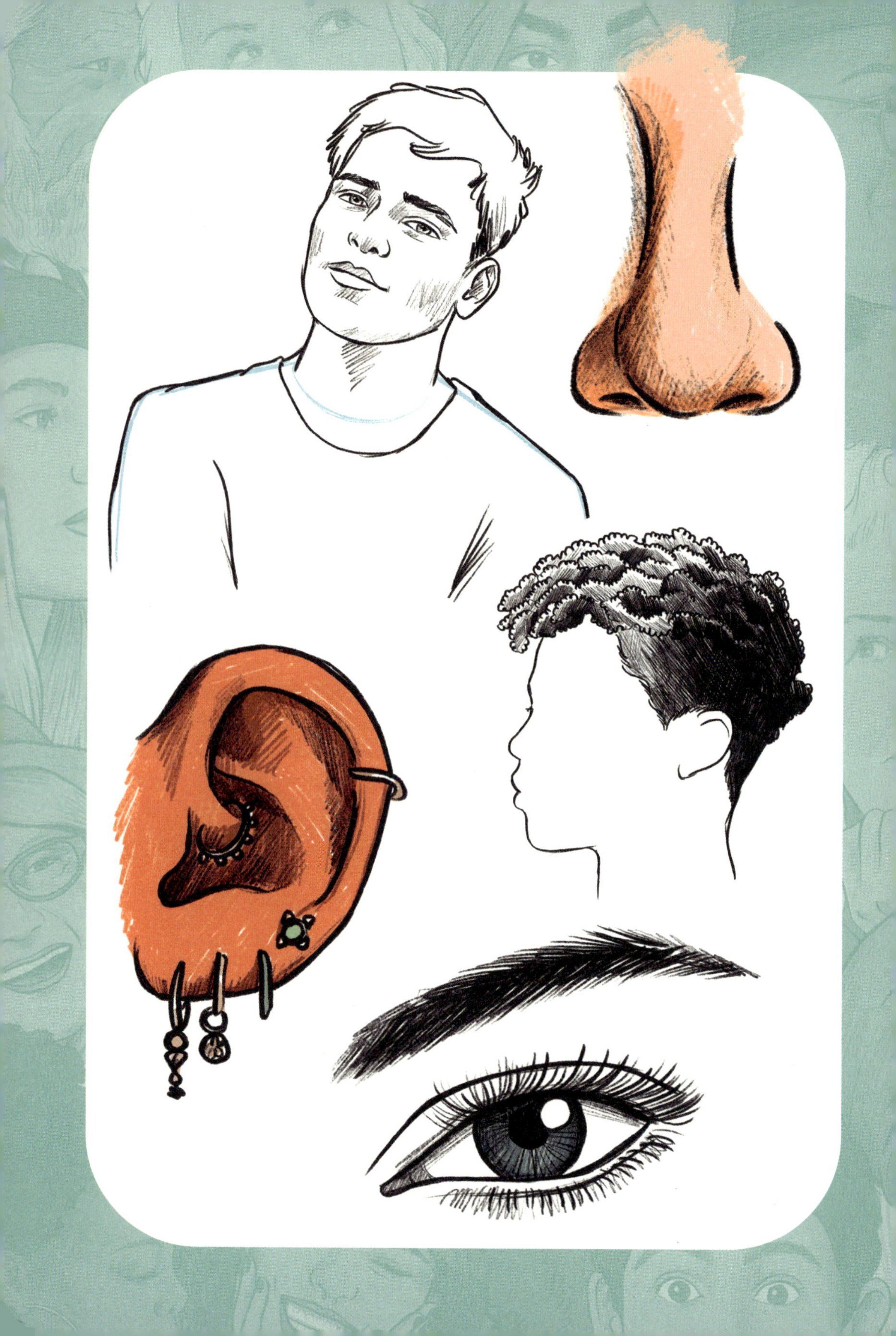

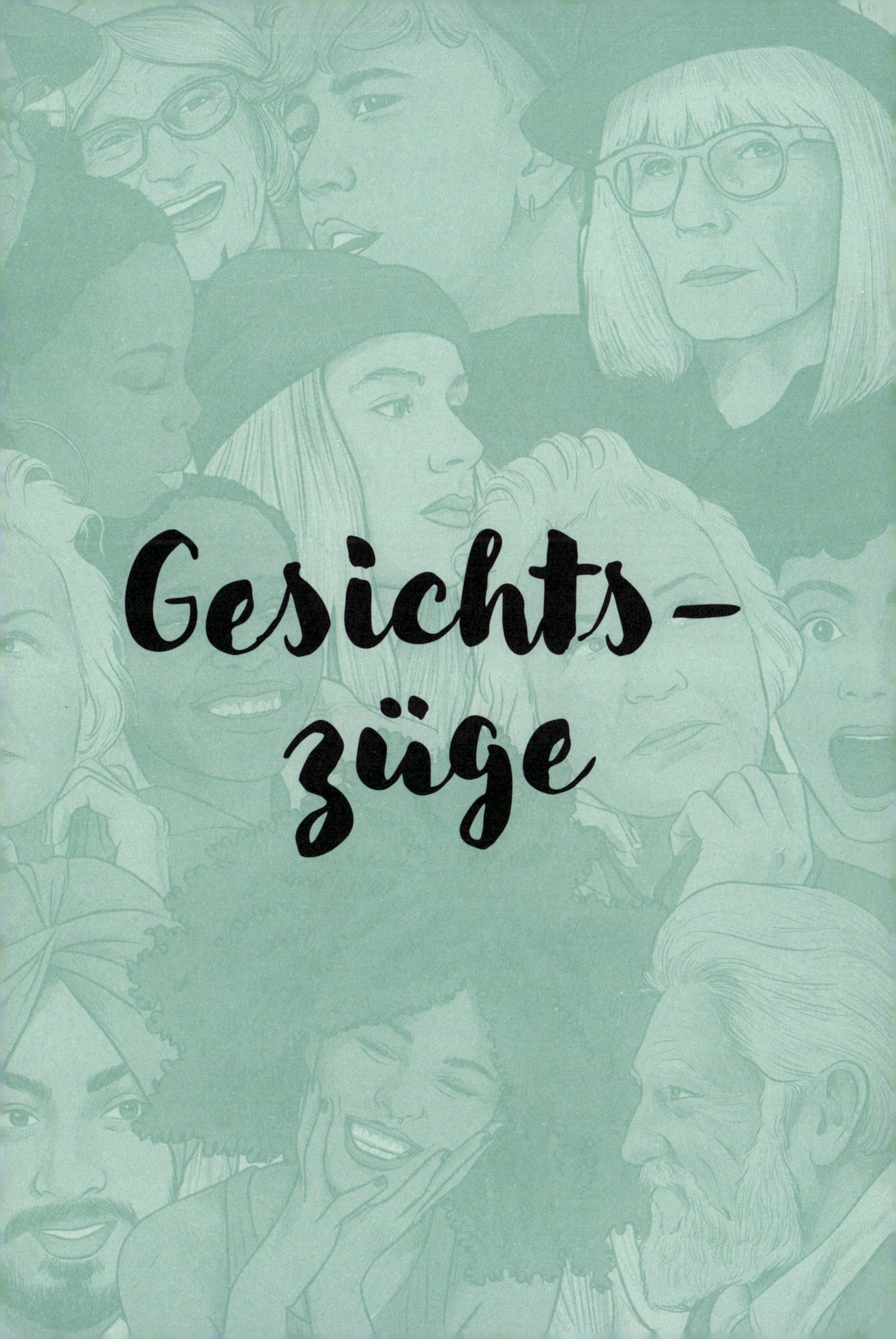

Gesichts-züge

Auge

Rund

Wir beginnen mit einem runden Auge. Je mehr Schatten Sie einfügen, desto plastischer wird es aussehen.

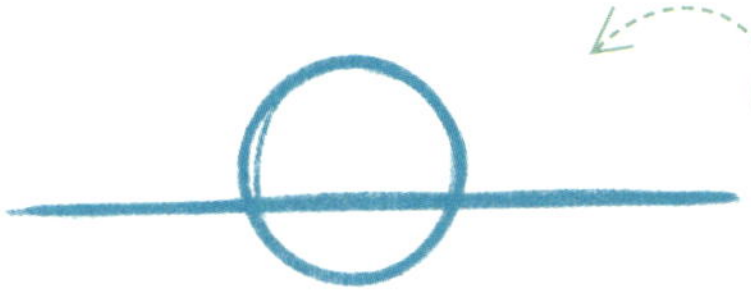

1 Zeichnen Sie einen Kreis als Hilfslinie für die Iris. Fügen Sie eine horizontale Linie durch den unteren Teil des Kreises hinzu.

2 Zwei Bögen zeichnen, die sich auf der Hilfslinie treffen. Der obere Bogen sollte sich mit dem oberen Teil des Iriskreises überschneiden.

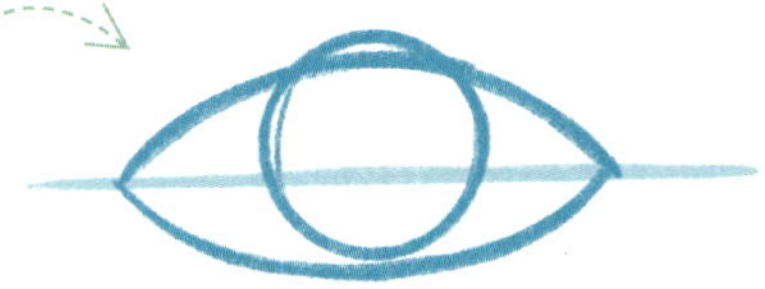

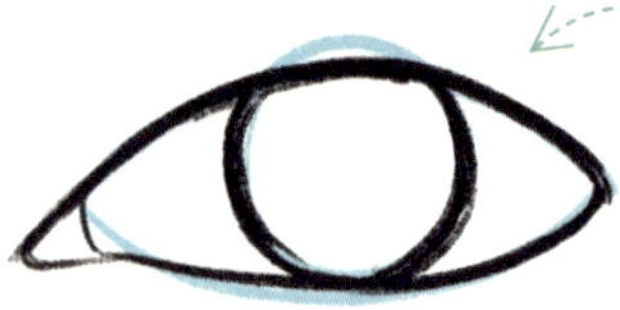

3 Die Hilfslinien mit Fineliner nachzeichnen. An einer Seite ein kleines, abgerundetes Dreieck für den inneren Augenwinkel hinzufügen. Radieren Sie Ihre Hilfslinien weg.

4 Einen kleinen, runden Lichtreflex einzeichnen und die Pupille etwas seitlich davon zeichnen. Achten Sie darauf, dass sich die Pupille in der Mitte des Kreises befindet. Die Pupille vollflächig schwarz ausfüllen.

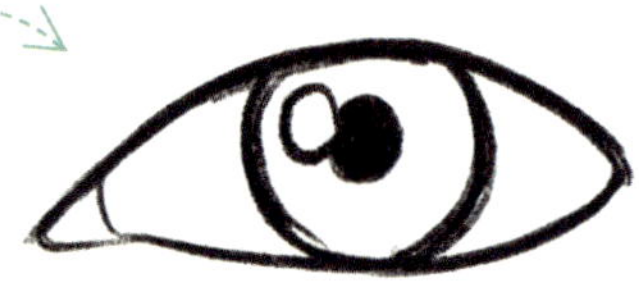

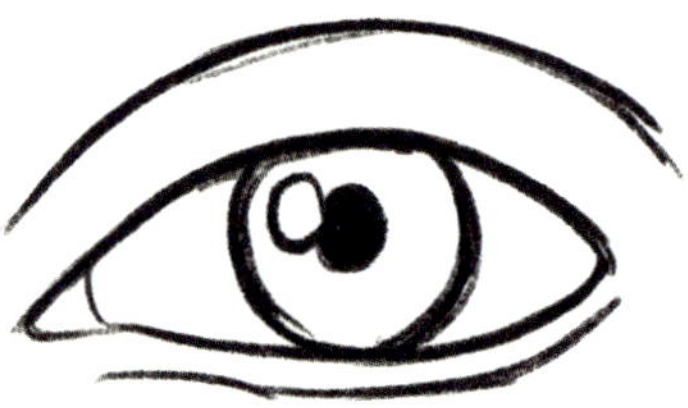

5 Für die Lidfalten eine geschwungene Linie oberhalb und eine weitere unterhalb des Auges skizzieren. Der obere Bogen liegt relativ hoch, um die runde Augenform herauszuarbeiten.

6 Entlang der Augenlider Wimpern hinzufügen und dabei den inneren Augenwinkel frei lassen. Mit lockerer Hand kurze, schnelle Striche zeichnen. Einige Wimpern können etwas länger sein als die anderen, damit sie realistisch aussehen.

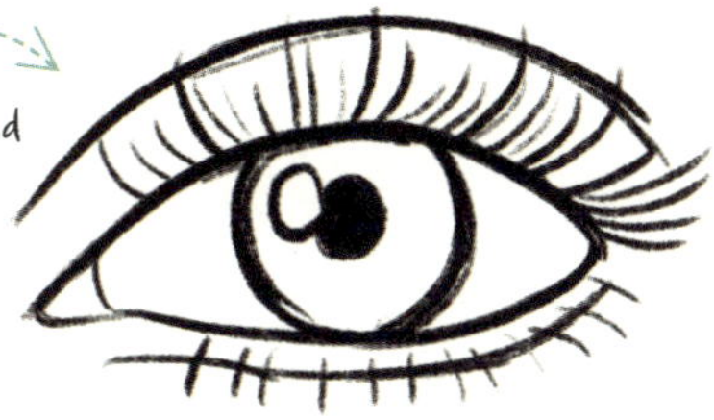

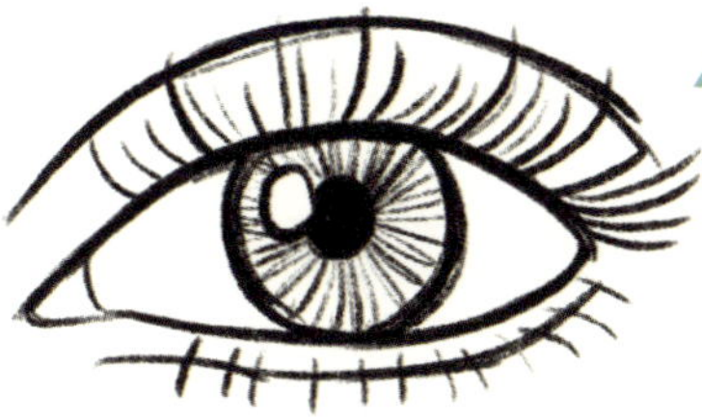

7 Kurze, gerade Striche einfügen, die strahlenförmig von der Pupille bis zum Rand der Iris verlaufen.

8 Den äußeren Rand der Iris schattieren. Eine Schattierung über und unter dem oberen Augenlid andeuten, um den Schatten zu zeigen, den es wirft. Auch das untere Augenlid mit dem Wimpernkranz wird leicht schattiert.

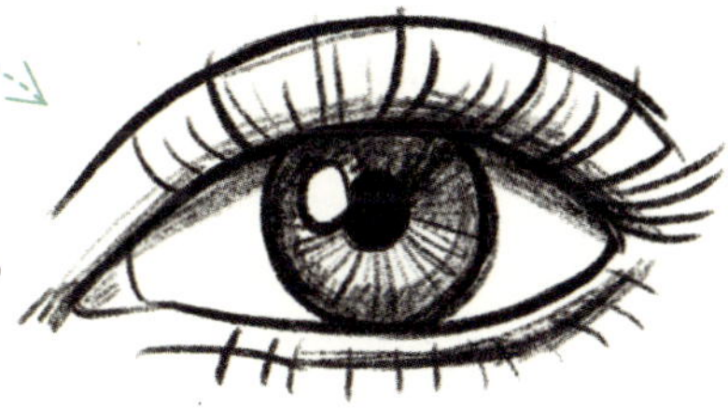

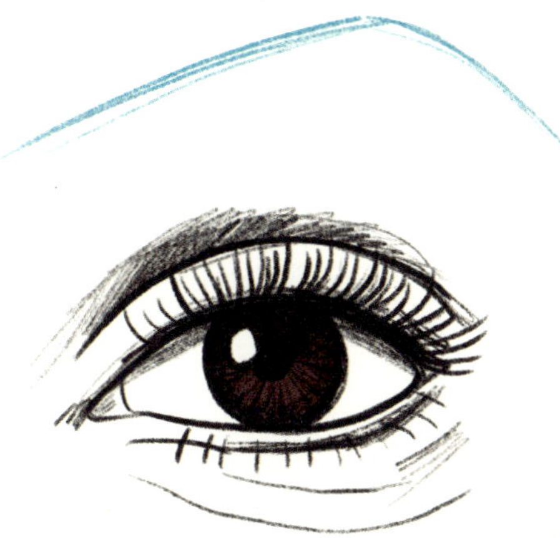

9 Eine Schattierung oberhalb der oberen Lidfalte und ein paar Falten unter dem Auge hinzufügen. Die Iris farbig ausmalen. Die Augenbraue mit einem Bleistiftstrich skizzieren.

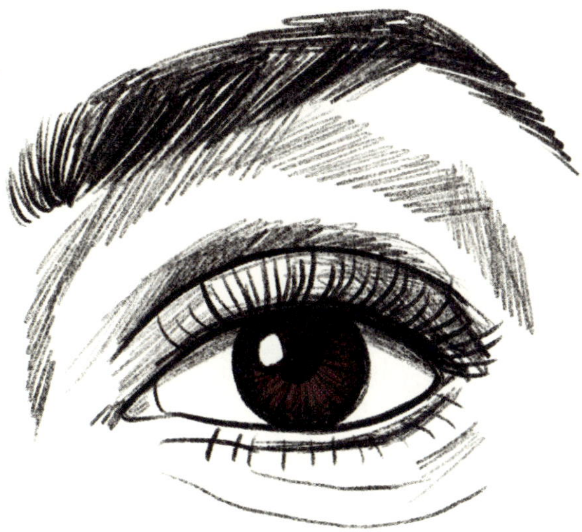

10 Die Augenbraue mit kurzen Strichen entlang der Hilfslinie ausarbeiten, dabei Krümmung und Richtung der Striche variieren. Zuletzt eine Schattierung zwischen Augenbraue und Auge hinzufügen, um die Tiefe der Augenhöhle zu verstärken.

Auge

Mandelförmig

Das mandelförmige Auge wird mit flacheren Bögen gezeichnet.
Eine Tropfenform stellt den inneren Augenwinkel dar.

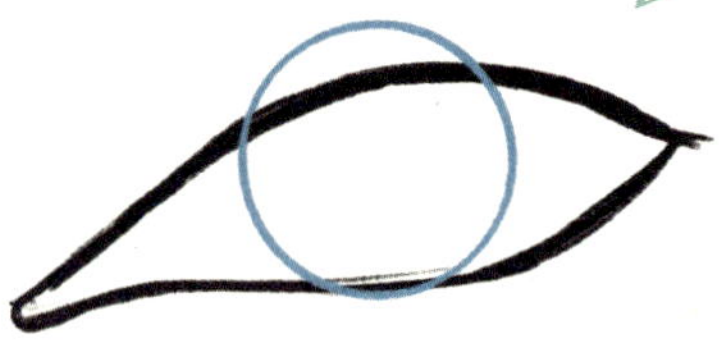

1 Einen Kreis für die Iris zeichnen. Dann einen mandelförmigen Umriss für die Augenlider einfügen. Der innere Augenwinkel muss niedriger und flacher sein als der äußere. Das Oberlid überlappt den oberen Rand des Kreises.

2 Die Linien mit Fineliner nachzeichnen, dabei innerhalb des Auges bleiben. Die Hilfslinie wegradieren.

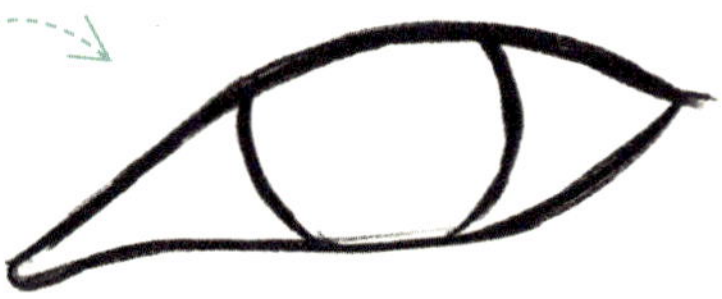

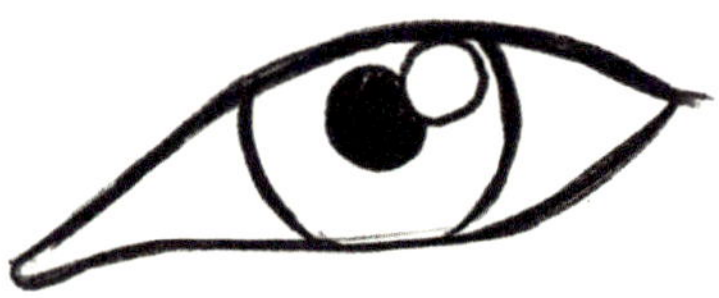

3 Einen runden Lichtreflex setzen, dann die Pupille seitlich und unterhalb einfügen. Darauf achten, dass sich die Pupille in der Mitte der Iris befindet. Die Pupille vollflächig schwarz ausfüllen.

4 Die Oberlidfalte und dann die Unterlidfalte hinzufügen.

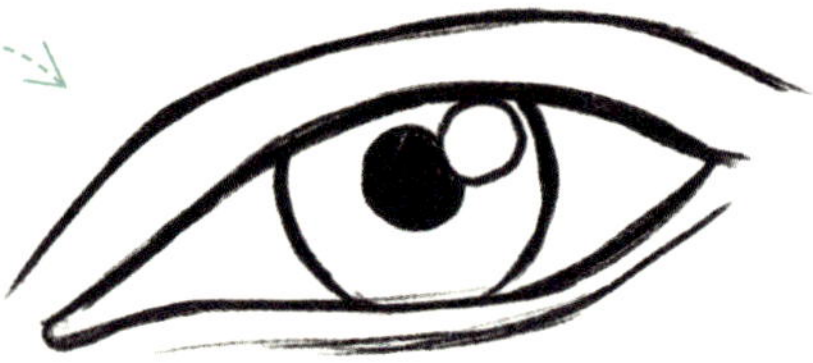

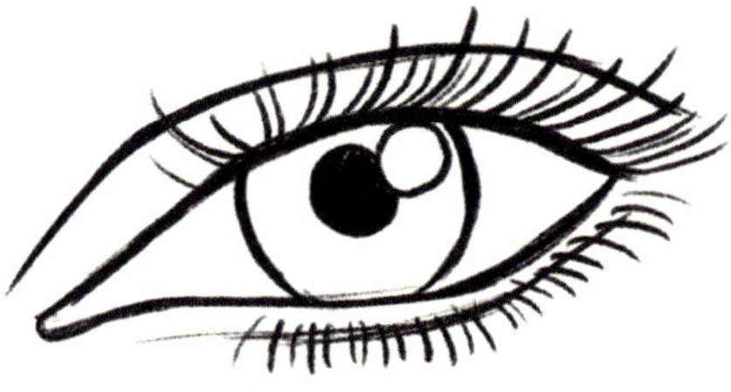

5 Die Wimpern mit kurzen, geschwungenen Strichen entlang der Augenlider skizzieren – mal kürzer, mal länger, mal dünner, mal dicker, damit sie realistisch wirken. In die inneren Augenwinkel werden keine Wimpern gezeichnet.

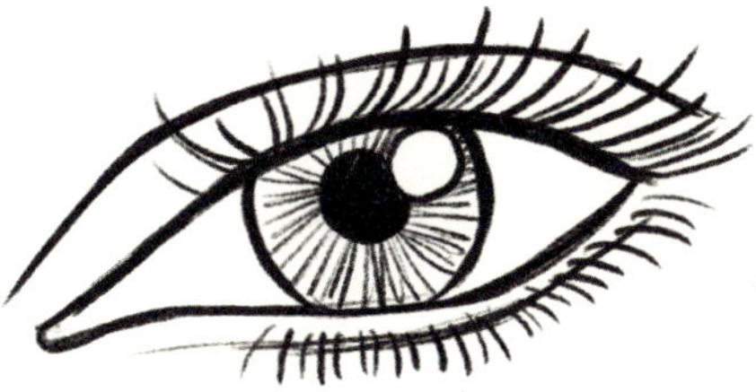

6 Einige Striche von der Pupille bis zum Rand der Iris ziehen.

7 Um den Rand und die Oberseite der Iris einige Schattierungen hinzufügen, um die plastische Wirkung zu verstärken.

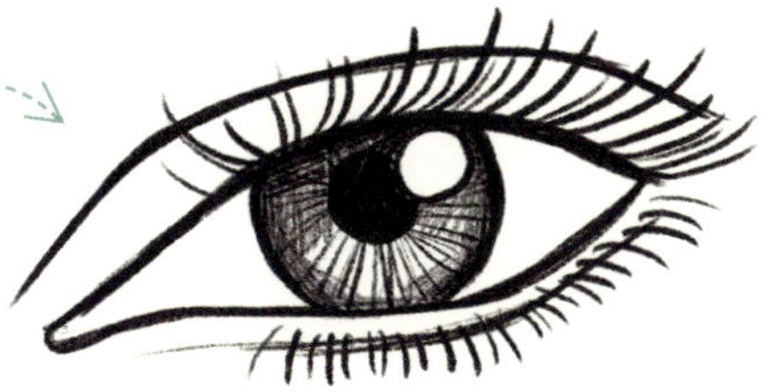

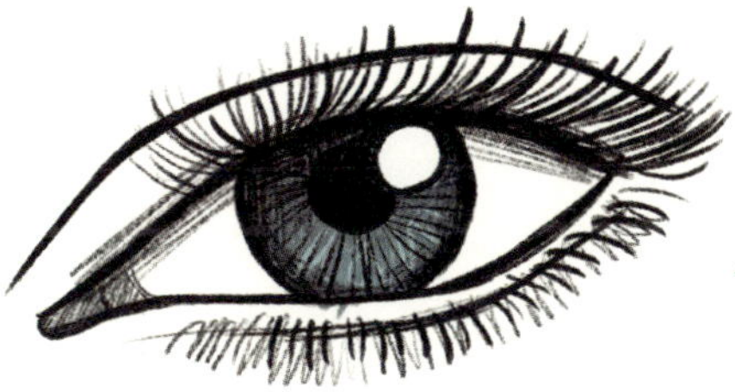

8 Schatten entlang der Lidränder hinter den Wimpern andeuten. Den inneren Augenwinkel schattieren. Die Iris farbig ausmalen.

9 Mit Bleistift eine Hilfslinie für die Augenbraue zeichnen. Dabei der Mandelform des Auges folgen. Die Linie verläuft nach oben und knickt dann zum äußeren Rand des Auges ab.

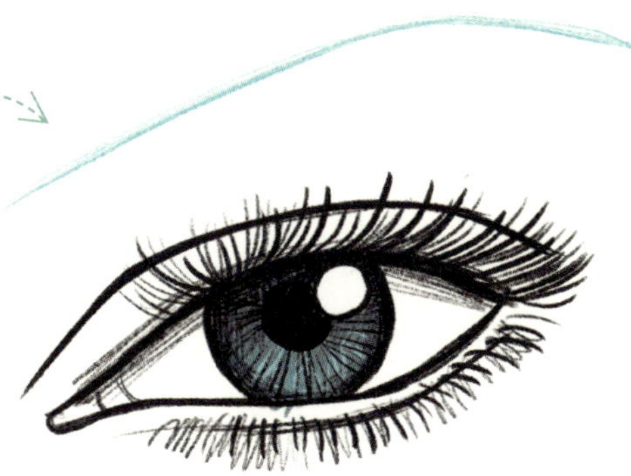

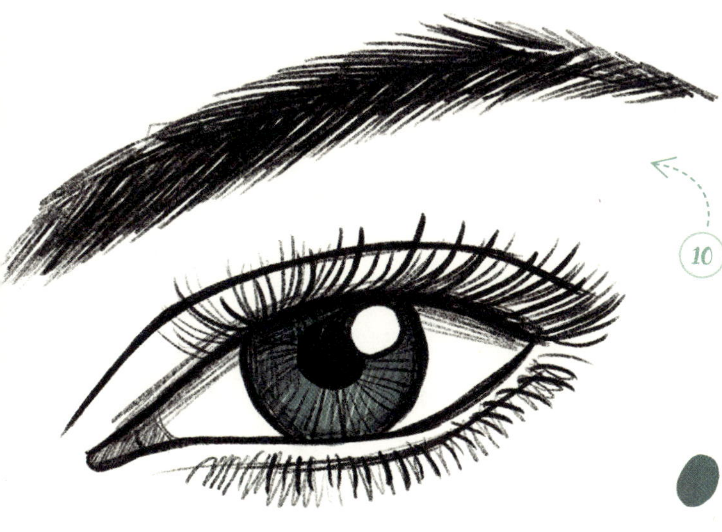

10 Die Augenbraue mit einer Reihe von kurzen Strichen ausarbeiten. Am äußeren Ende der Augenbraue sind die Striche kürzer.

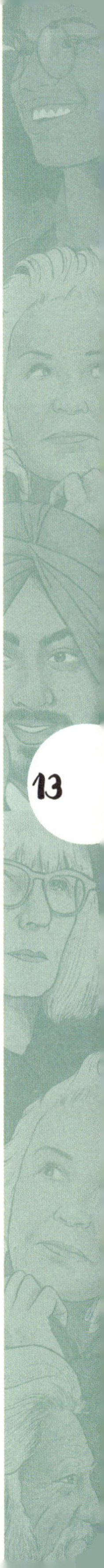

Auge

Asiatisch

Nachdem Sie das runde Auge und das Mandelauge beherrschen, wenden wir uns dem asiatischen Auge zu.

1 Einen Kreis für die Iris zeichnen. Für die Grundform des Auges werden zwei geschwungene Linien gezeichnet. Die obere Kurve sollte sich mit dem oberen Teil der Kreislinie überschneiden. An einer Seite eine kurze Kurve für den inneren Augenwinkel hinzufügen.

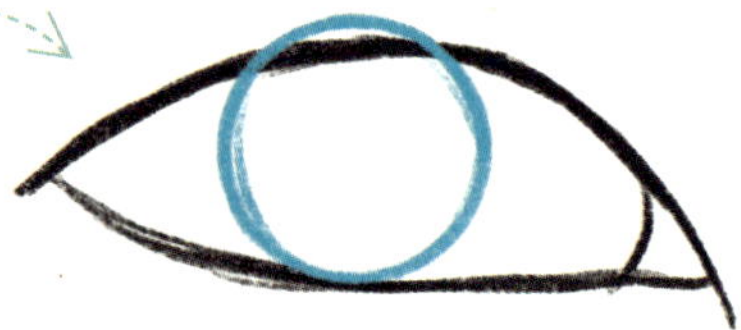

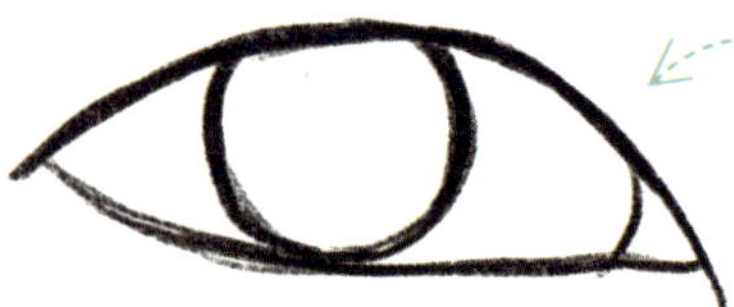

2 Die Hilfslinie für die Iris mit Fineliner nachzeichnen, dabei innerhalb des Auges bleiben. Die Hilfslinie wegradieren.

3 Einen runden Lichtreflex einfügen und darunter die Pupille zeichnen. Die Pupille muss sich in der Mitte der Iris befinden. Die Pupille mit einem dunklen Stift ausfüllen.

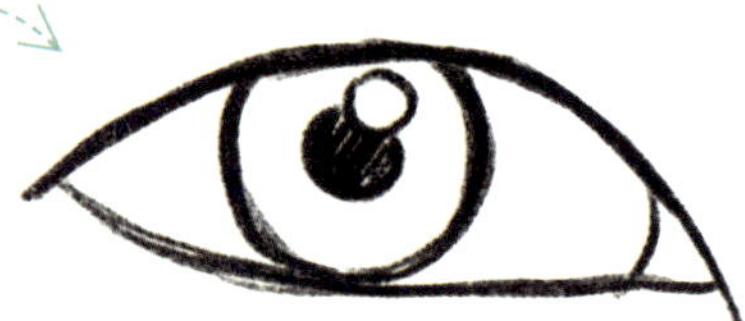

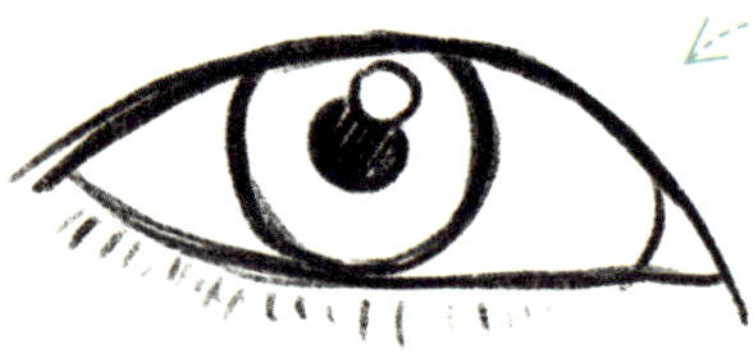

4 Auf dem Unterlid einige kleine Striche für die unteren Wimpern anbringen.

5 Einige Striche von der Pupille bis zum Rand der Iris ziehen.

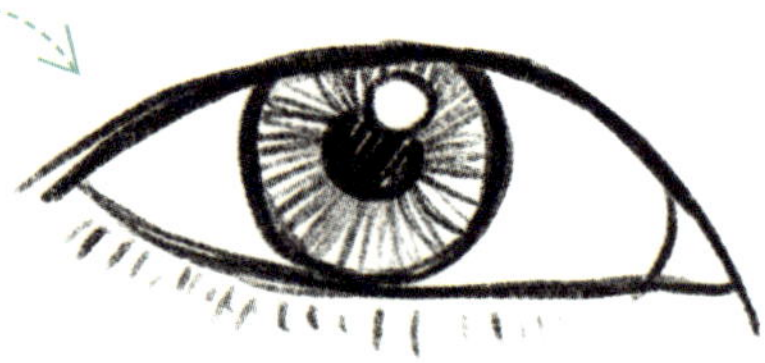

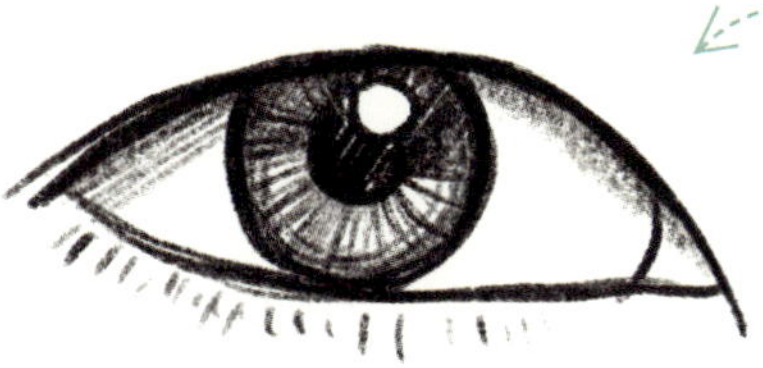

6 Den oberen Teil des Auges schattieren, direkt unter der oberen Lidlinie, aber nicht darüber.

7 Auch unter dem unteren Augenlid etwas Schattierung hinzufügen. Je mehr Schattierung Sie verwenden, desto runder wirkt das Auge.

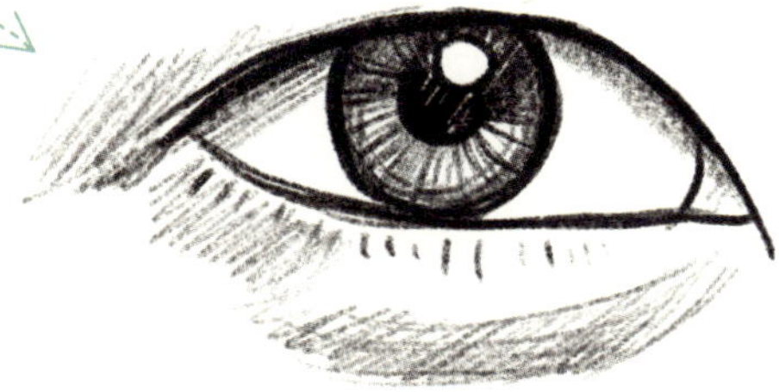

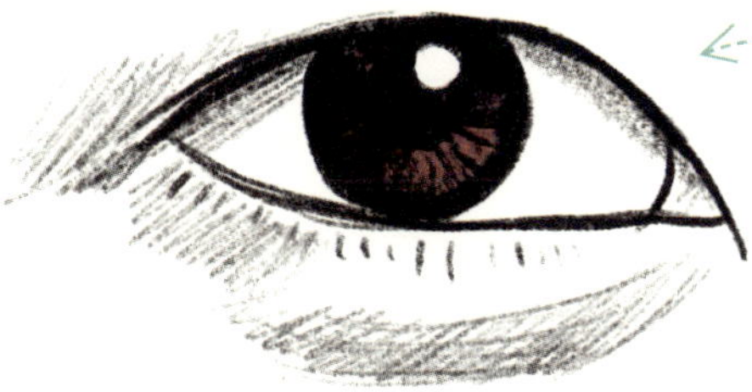

8 Die Iris farbig ausmalen.

9 Mit einem Bleistift eine Hilfslinie für die Augenbraue zeichnen.

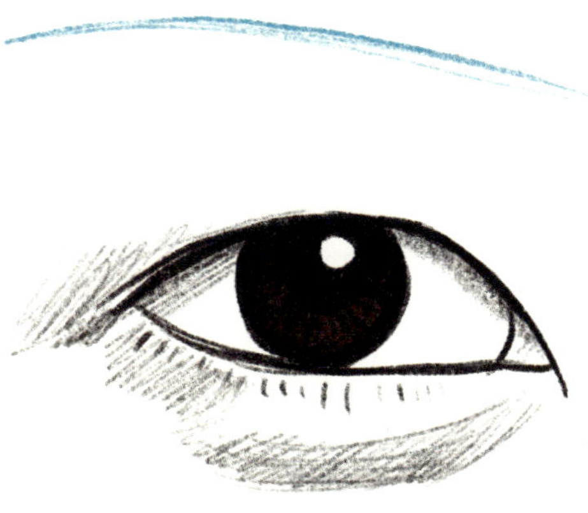

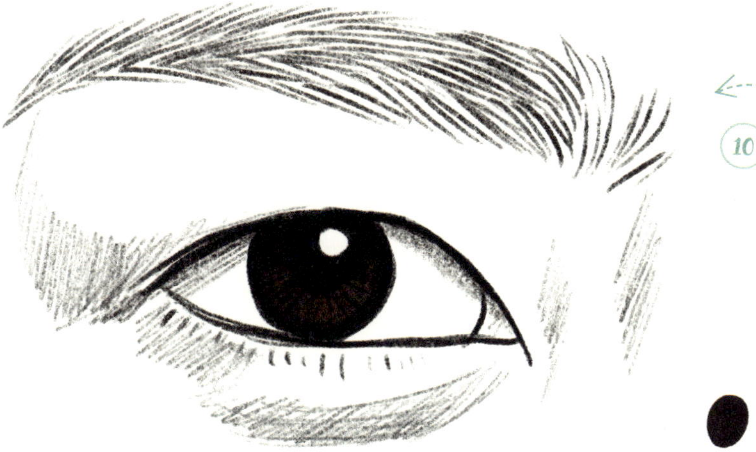

10 Die Augenbraue entlang der Hilfslinie mit einer Reihe von Strichen ausarbeiten.

Nase

Frontalansicht

Beginnen wir mit einer Nase von vorn. Nasen lassen sich am besten mit Schattierungen und nicht mit harten Linien zeichnen, da sie nur wenige scharfe Konturen haben.

1 Mit einem Kreis beginnen.

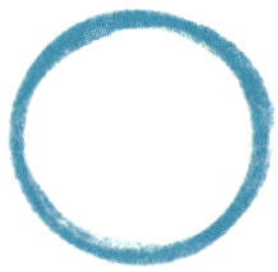

2 Über dem Kreis zwei nach oben verlaufende, geschwungene Linien einfügen.

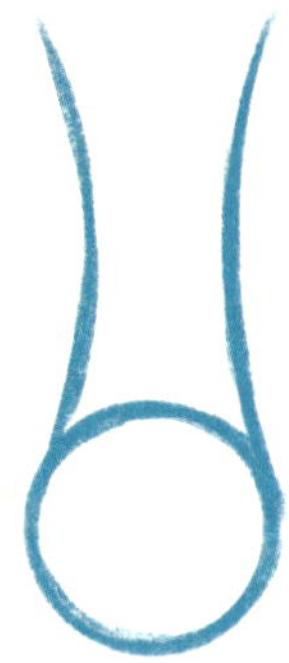

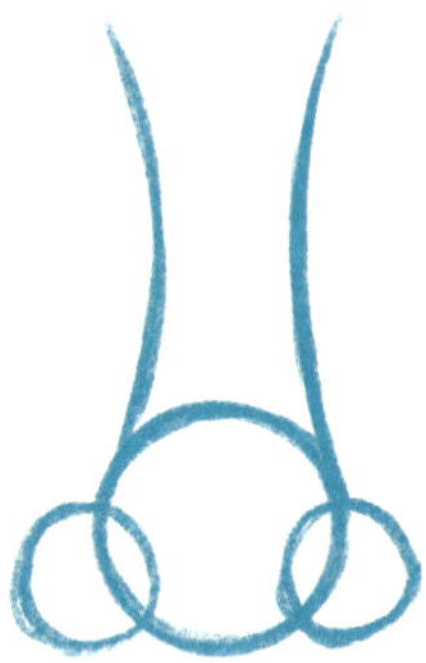

3 Die Nasenflügel werden durch zwei kleinere Kreise an den Seiten des ersten Kreises angedeutet.

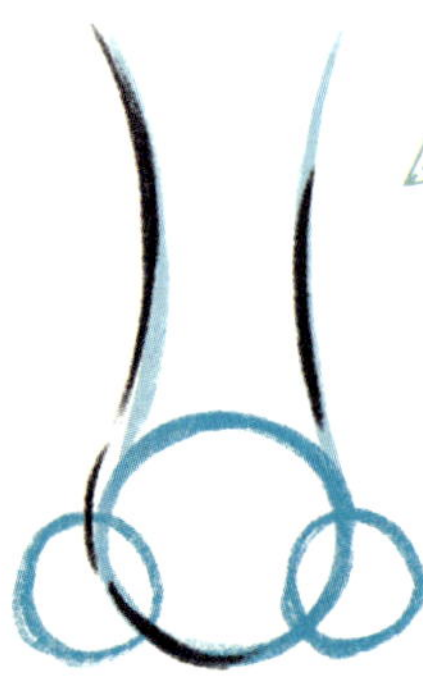

4 Teile des Umrisses ausmalen. Entscheiden Sie, welche Teile Sie ausfüllen und welche Sie weglassen wollen.

5 Die Nasenlöcher durch Schattierungen andeuten. Die geschwungenen Nasenflügel ausarbeiten. Die Hilfslinien ausradieren.

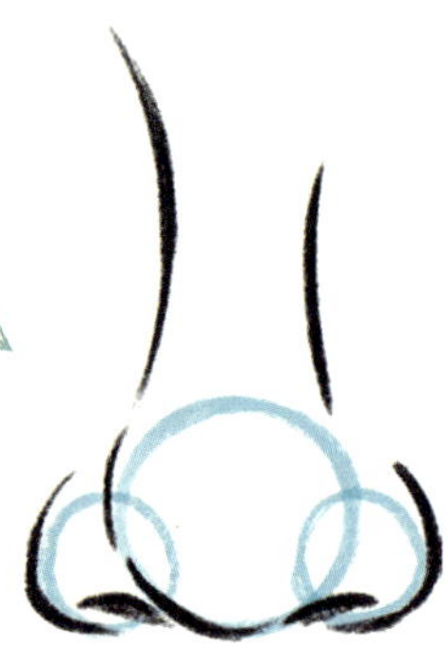

6 Überlegen Sie, wie das Licht einfällt, und fügen Sie dementsprechend Schatten hinzu.

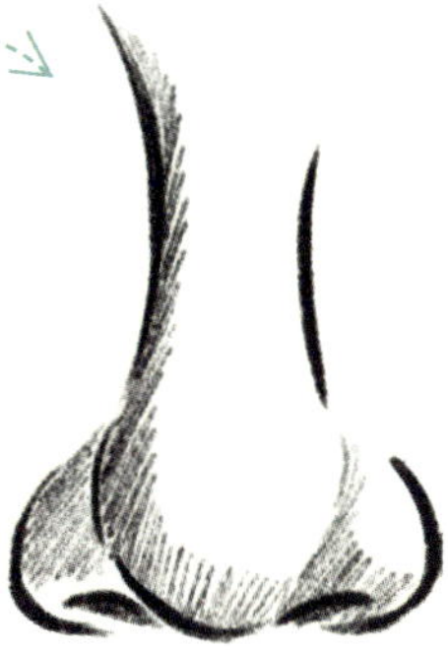

7 Verstärken Sie einige Bereiche der Schattierung, um eine Tiefenwirkung zu erzeugen.

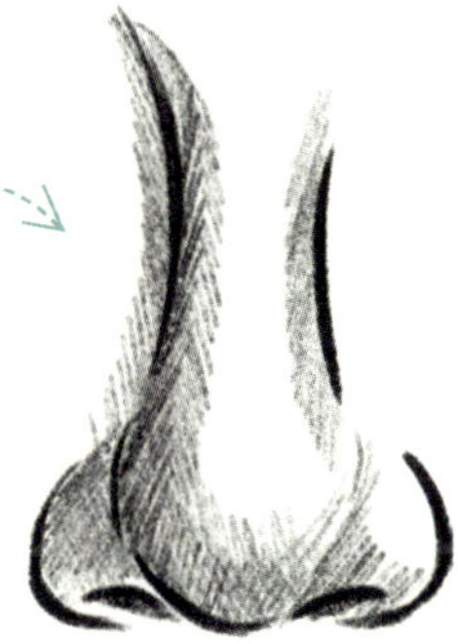

8 Nun die Nase kolorieren.

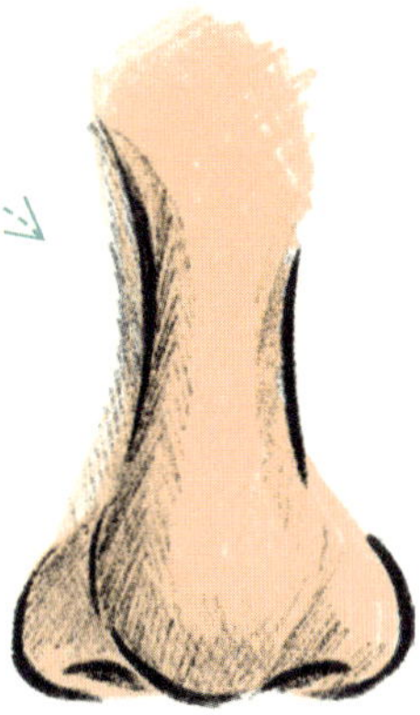

Tipp
Die durchschnittliche Nase ist ungefähr so breit wie der Abstand zwischen den Augen.

9 Verfeinern Sie die Schattierung mit dunkleren Farbtönen.

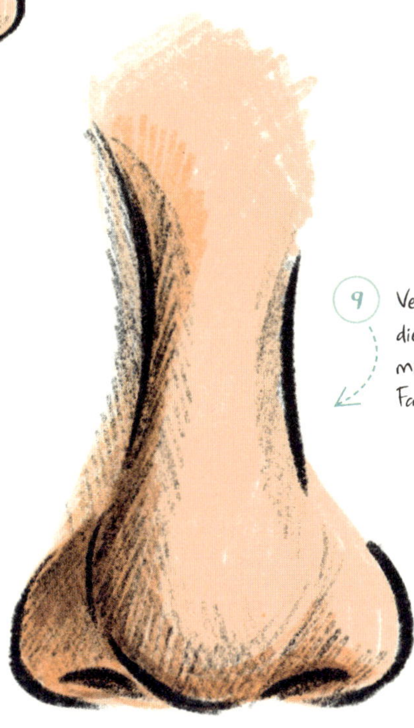

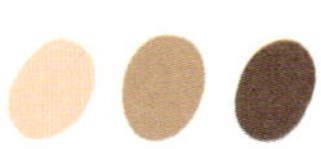

Nase

Profil

Nasen gibt es in verschiedenen Formen und Größen, und die Form ist am deutlichsten im Profil zu erkennen. Diese Nase ist leicht konkav.

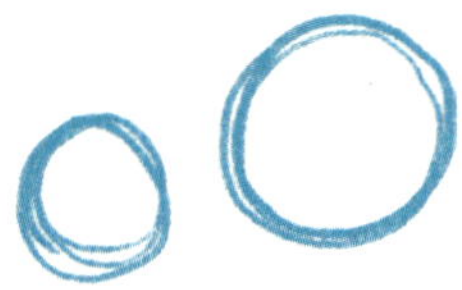

1 Zwei Kreise zeichnen, wie hier gezeigt. Der größere Kreis stellt die Nasenspitze dar, der kleinere den gewölbten Teil um das Nasenloch.

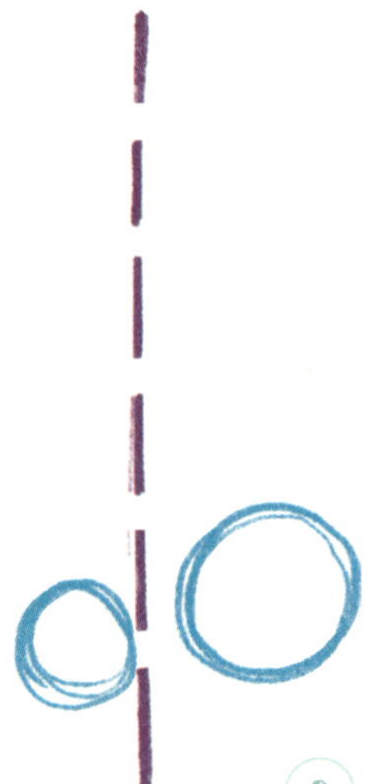

2 An der Seite des kleineren Kreises wird eine senkrechte, gestrichelte Hilfslinie für den Nasenrücken gezogen.

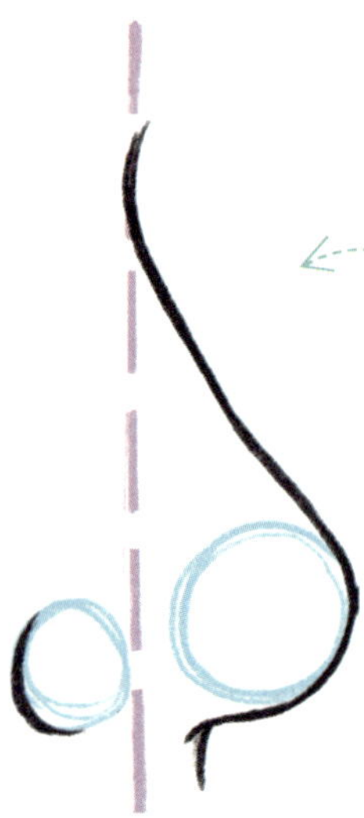

3 Zeichnen Sie um den größeren Kreis herum eine geschwungene Linie nach oben, um die Basis, die Spitze und den Nasenrücken anzudeuten. Eine kurze Kurve links vom kleineren Kreis stellt die Falte dar.

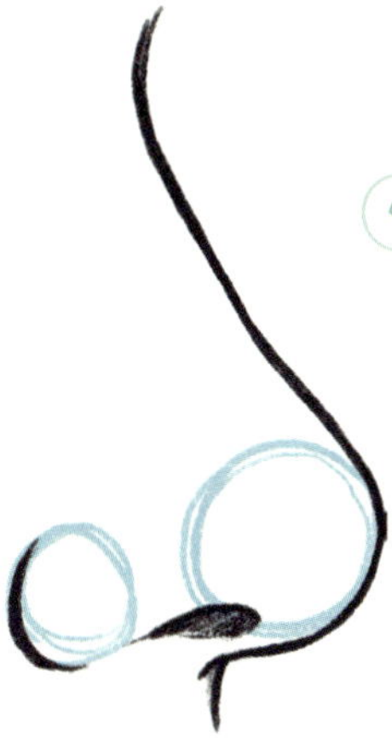

4 Das Nasenloch zwischen den beiden Kreisen mit einer leichten Schattierung markieren. Die Hilfslinien ausradieren.

5 Achten Sie darauf, wie das Licht einfällt, und fügen Sie entsprechende Schatten ein.

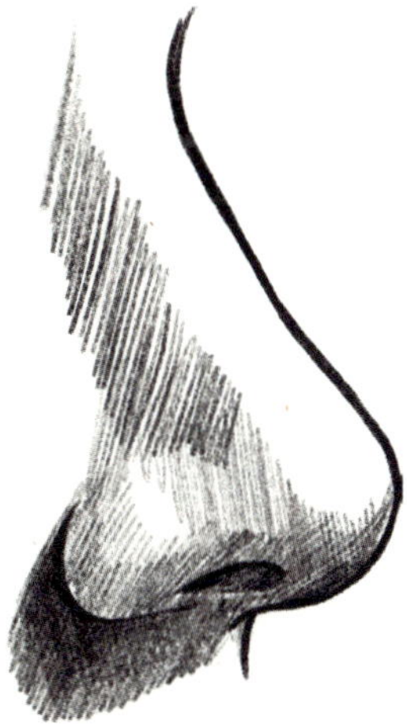

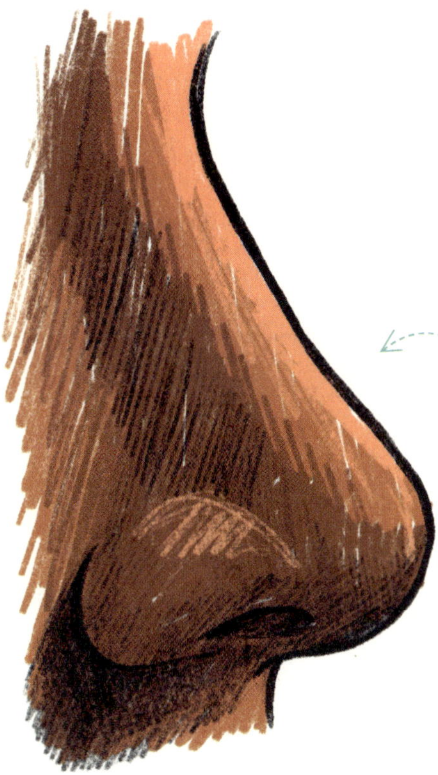

6 Die Nase kolorieren. Zuletzt die Schatten mit dunkleren Farbtönen vertiefen.

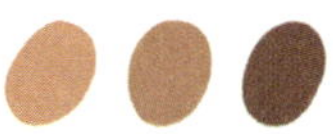

Mund

Voll

Jeder Mund ist anders, aber wie bei den Nasen liegt der Schlüssel in der Schattierung und dem Ton. Beginnen Sie mit diesen vollen Lippen.

1 Mit einer waagerechten Linie beginnen. Zwei Bögen anfügen, die sich an den Enden der Linie treffen.

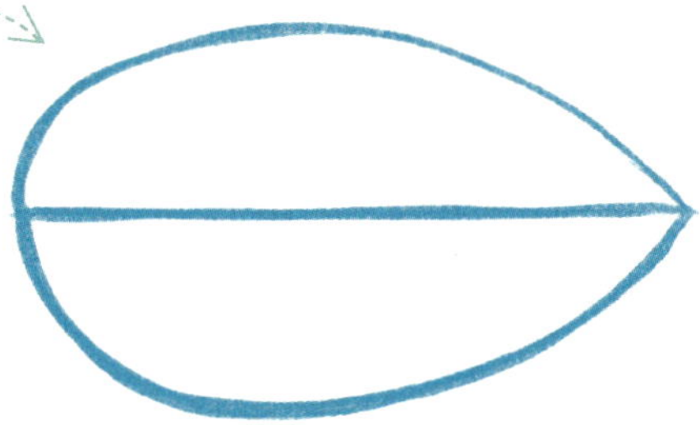

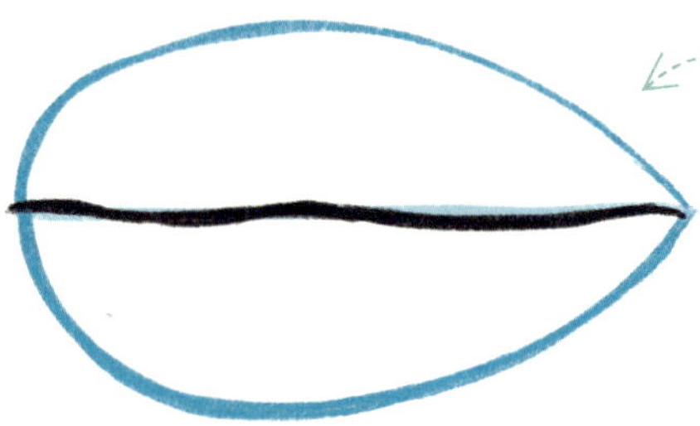

2 Die Mittellinie leicht wellig mit Fineliner nachzeichnen.

3 Den Umriss der Oberlippe mit einer kleinen Vertiefung in der Mitte zeichnen. Die obere Hilfslinie wegradieren.

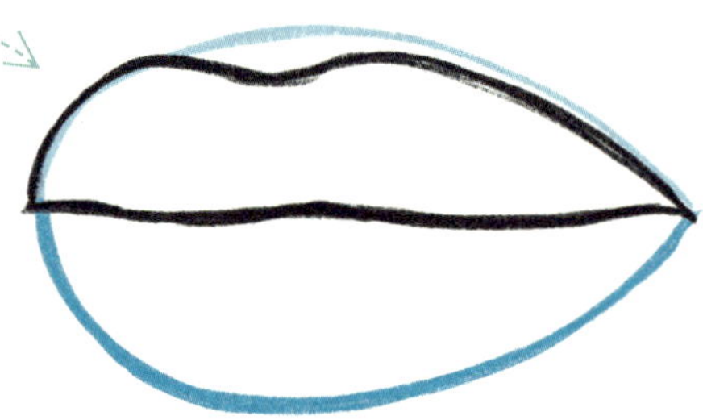

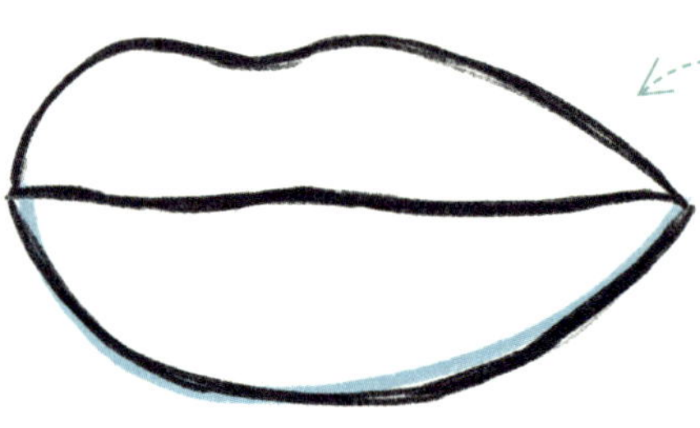

4 Die Kontur der Unterlippe nachzeichnen. In der Regel ist die Unterlippe etwas dicker als die Oberlippe. Die untere Hilfslinie ausradieren.

5 Die Lippen haben feine vertikale Falten. Zeichnen Sie eine Reihe von kleinen Bögen über die Ober- und Unterseite der Unterlippe. Auf der Oberlippe wiederholen, aber nur am unteren Rand, wo die Falten weniger auffällig sind.

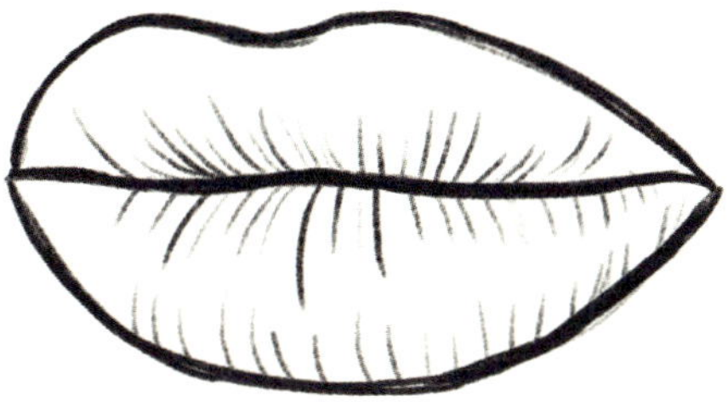

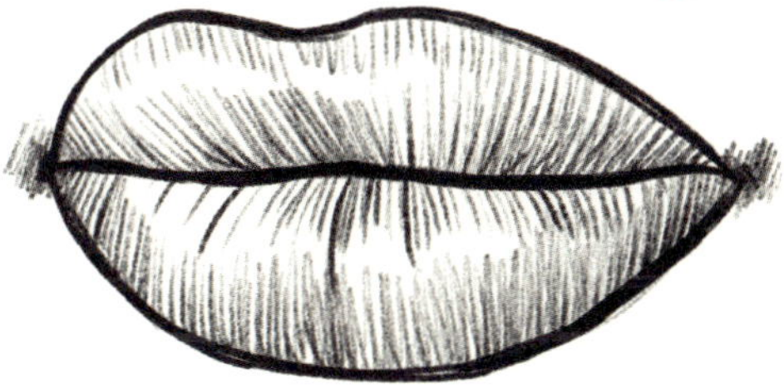

6 Schattierungen hinzufügen, je nachdem, wohin das Licht fällt. Die hellsten Bereiche sind diejenigen, die am meisten hervortreten, zum Beispiel die Mitte der Unterlippe und der obere Teil der Oberlippe. Diese Bereiche bleiben weiß. An jeder Ecke des Mundes eine kleine Schattierung einfügen, um ihn in der Zeichnung zu verankern.

Tipp
Üben Sie das Zeichnen verschiedener Mundformen in einem kleinen Skizzenbuch.

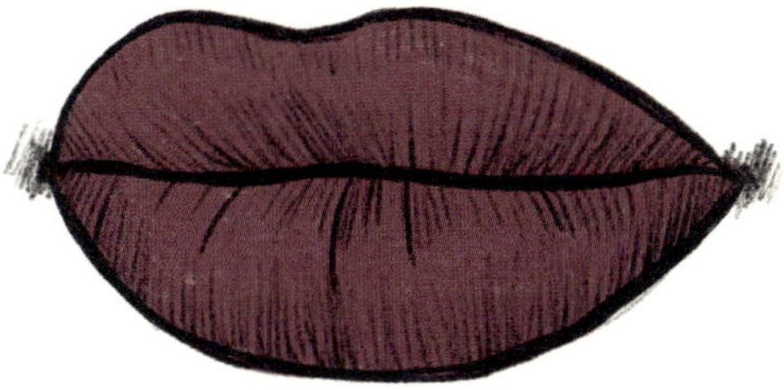

7 Den Mund kolorieren.

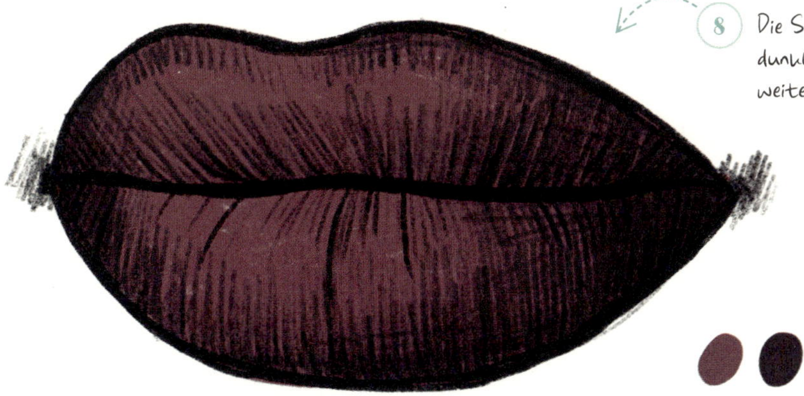

8 Die Schatten mit dunkleren Farbtönen weiter ausarbeiten.

Mund

Schmal

Nachdem Sie nun die vollen Lippen beherrschen, können Sie sich an den dünneren, breiteren Lippen versuchen. Der Lichteinfall bestimmt die Position der Schatten.

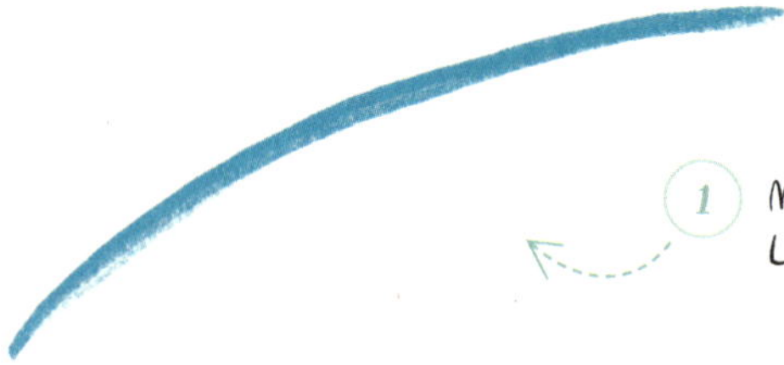

1 Mit einer gekrümmten Linie beginnen.

2 Hilfslinien für Ober- und Unterlippe einzeichnen.

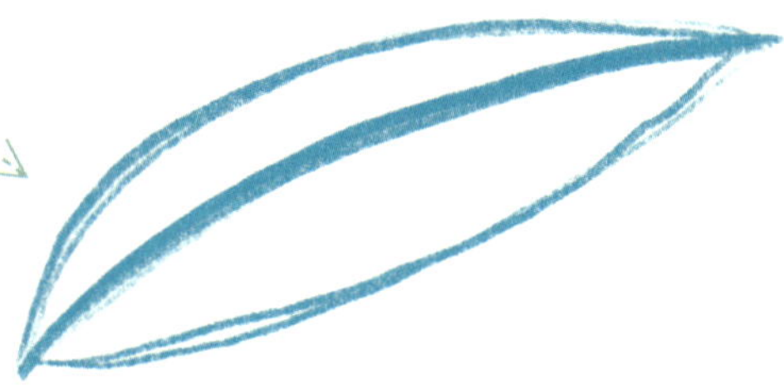

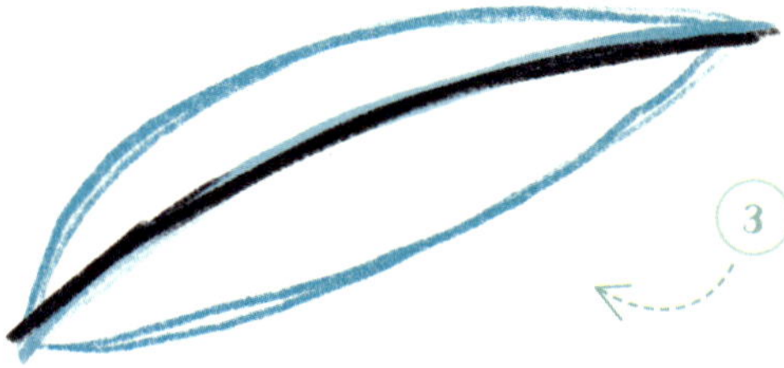

3 Die Mittellinie mit Fineliner nachzeichnen.

4 Die Oberlippe mit Fineliner nachziehen, dabei die kleine Vertiefung in der Mitte einfügen. Die obere Hilfslinie ausradieren.

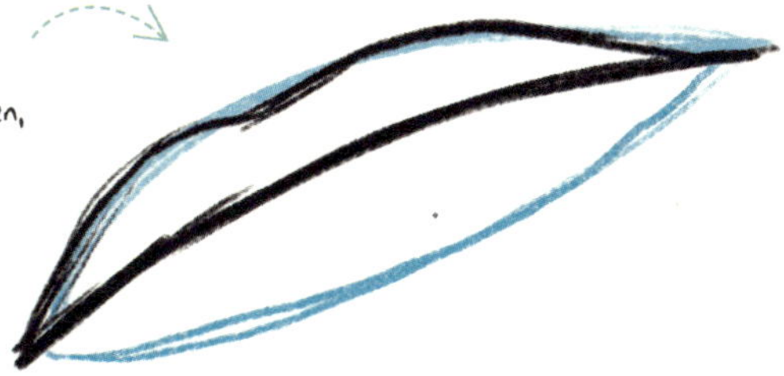

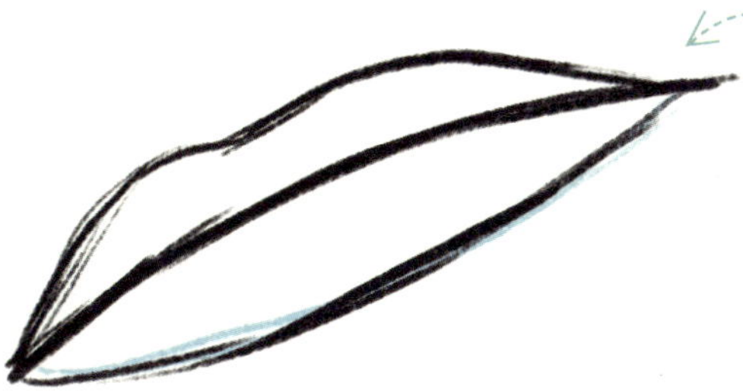

5 Die Unterlippe mit Fineliner nachziehen. Die Hilfslinie ausradieren.

6 Den Mund kolorieren, dann die Fältchen mit kurzen Strichen andeuten und die Schatten in den Mundwinkeln hinzufügen.

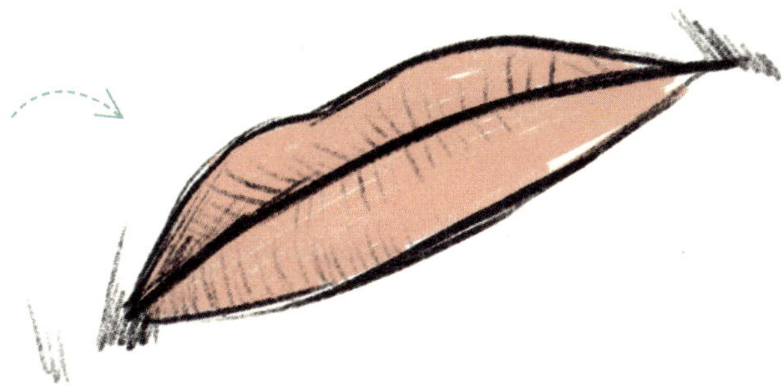

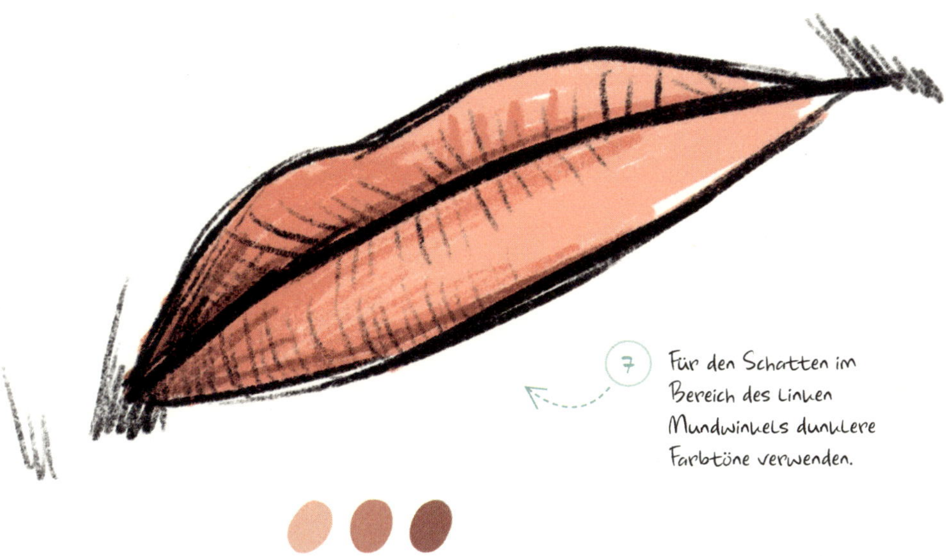

7 Für den Schatten im Bereich des linken Mundwinkels dunklere Farbtöne verwenden.

Mund

Lächelnd

Unterschiedliche Farbtöne und Schatten verleihen diesem Mund ein strahlendes Lächeln! Achten Sie bei dieser Zeichnung auf die Perspektive.

1 Zeichnen Sie eine lockere horizontale Linie mit einer gekrümmten Linie darunter. Dies wird die Mundöffnung.

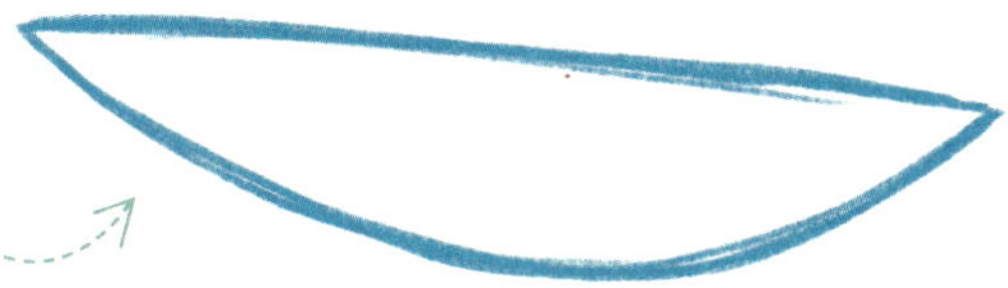

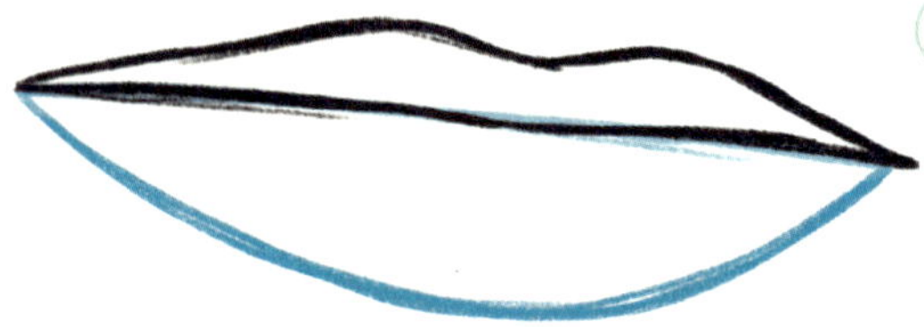

2 Die geschwungene Kontur der Oberlippe zeichnen. Die obere Hilfslinie wegradieren.

3 Jetzt zeichnen Sie die Unterlippe. Die untere Hilfslinie wegradieren.

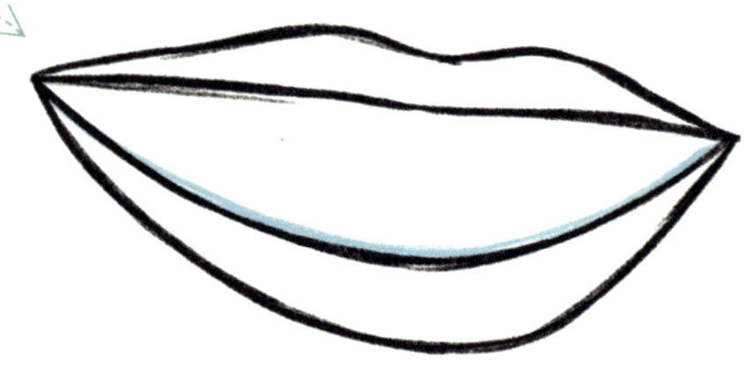

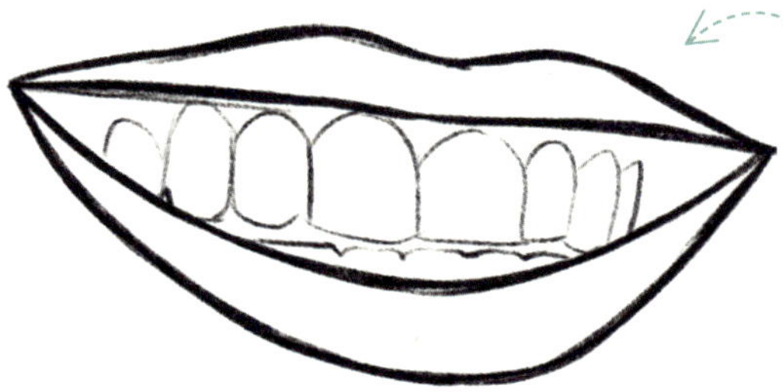

4 Die oberen und unteren Zähne über die gesamte Länge des Mundes skizzieren. Die Striche sollen ganz zart sein, damit die Zähne nicht zu stark hervortreten.

5 Auf beiden Lippen mit kurzen Strichen Fältchen andeuten. Schattierungen am Zahnfleisch und zwischen den Zähnen einfügen.

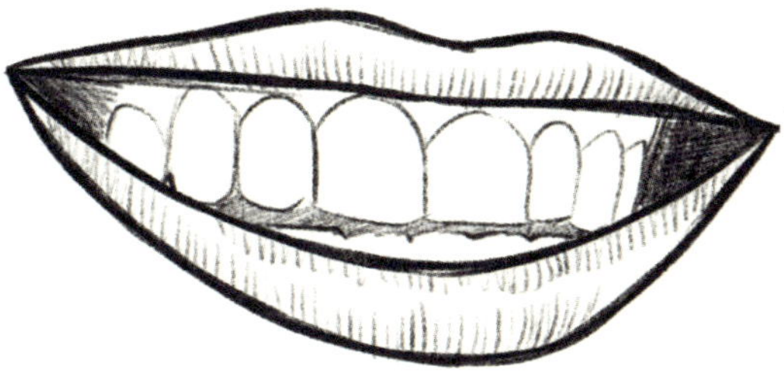

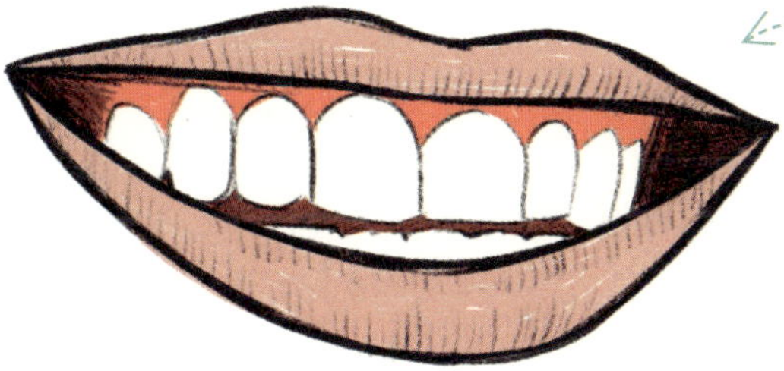

6 Lippen und Zahnfleisch kolorieren.

Tipp
Bei Farbübergängen ist es einfacher, von dunkel nach hell zu arbeiten. Die Farbe wird heller, wenn Sie allmählich den Druck verringern.

7 Entsprechend dem Lichteinfall weitere Schattierungen in dunkleren Tönen hinzufügen. Für das Innere des Mundes dunklere Töne verwenden, die Zähne bleiben weiß.

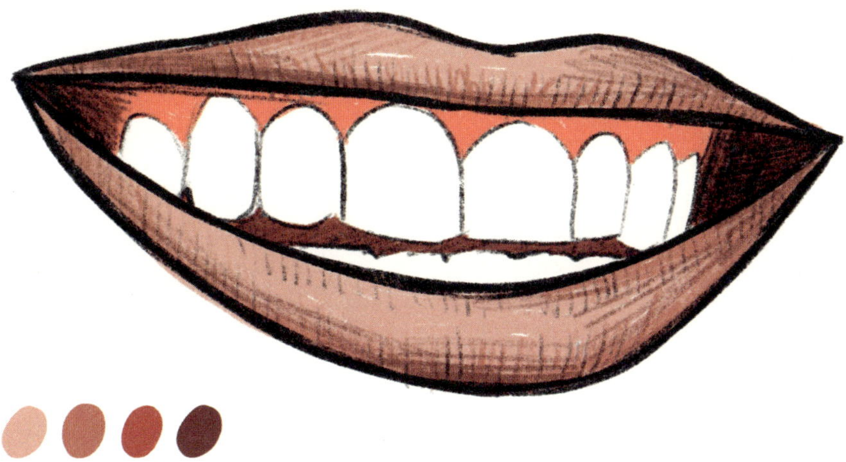

Mund

Halbprofil

Für den Mund im Halbprofil brauchen Sie nur einige einfache, gekrümmte Linien und korrekt platzierte Schatten.

1 Mit einem Dreieck beginnen. Durch die Mitte eine gerade Linie ziehen, um zwei Dreiecke zu erhalten.

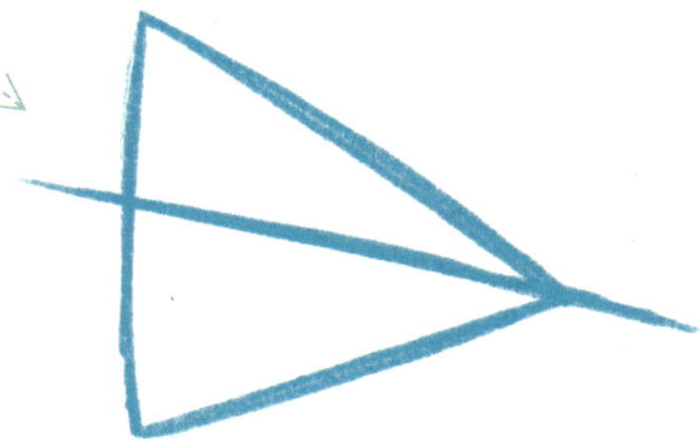

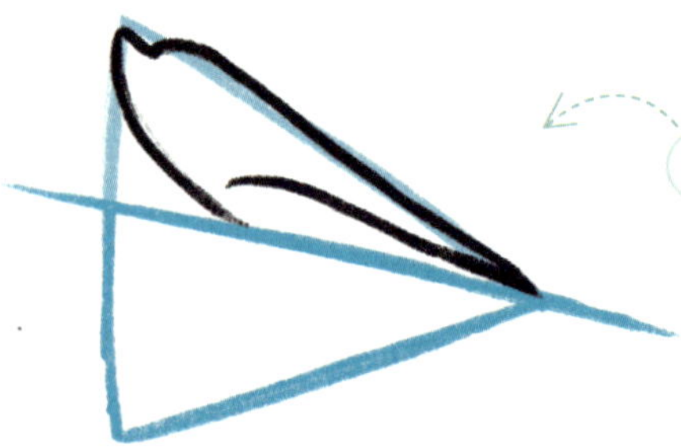

2 Im oberen Dreieck mit Tusche die Kontur der Oberlippe einfügen, wie hier gezeigt. Die Form orientiert sich am Umriss des Dreiecks.

3 Ebenso die Unterlippe einzeichnen. Entlang der Hilfslinie bleibt eine Lücke für die Zähne frei. Die Hilfslinien ausradieren.

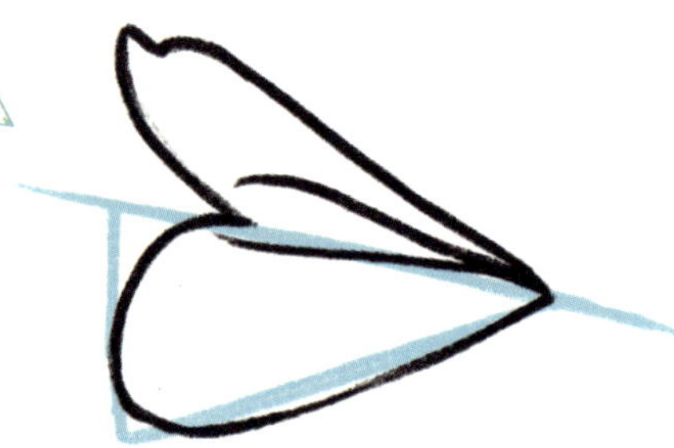

4 Die Hilfslinien ausradieren. Die Front der Zähne mit einem senkrechten Strich andeuten. Den Lichteinfall beachten und erste Schatten vor den Zähnen einfügen.

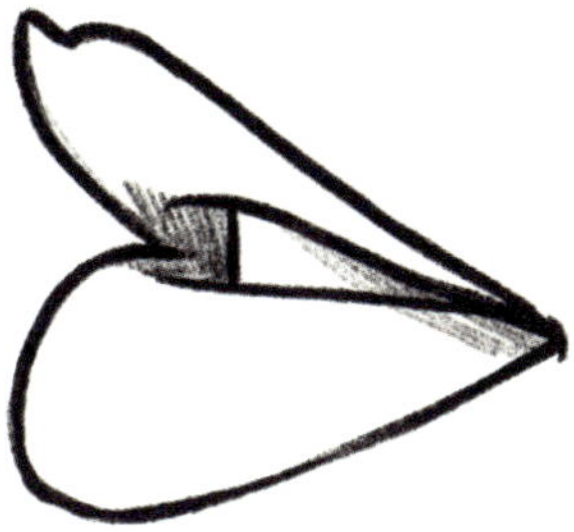

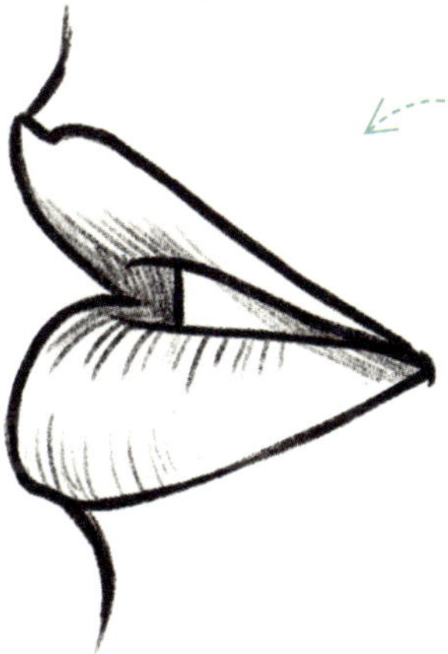

5 Fältchen auf beiden Lippen mit kurzen Strichen darstellen. Weitere Schatten einfügen. Mit kleinen Bögen über und unter den Lippen den Übergang zum Gesicht andeuten.

6 Die Lippen kolorieren.

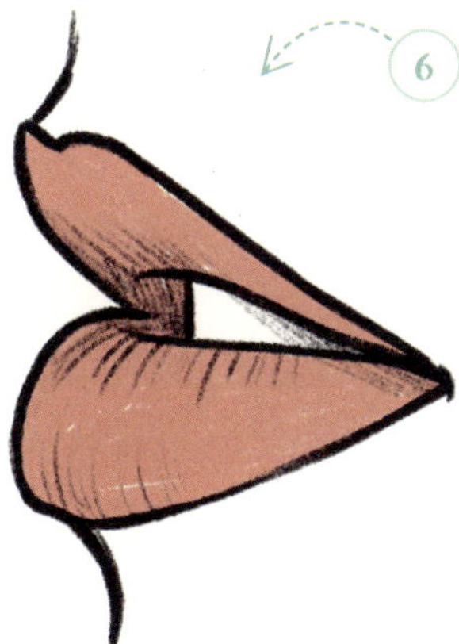

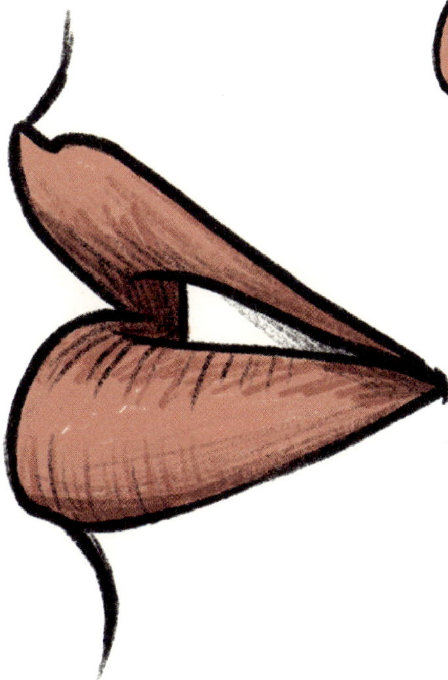

7 Die Schatten mit dunkleren Farbtönen weiter ausarbeiten.

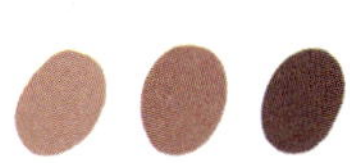

Ohr

Grundform

Wir beginnen mit einem einfachen Ohr mit ovaler Grundform und wenigen Kurven und Schatten.

1 Mit einer Eiform beginnen.

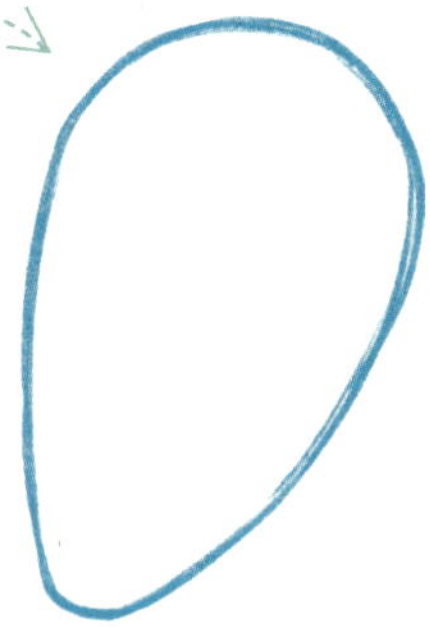

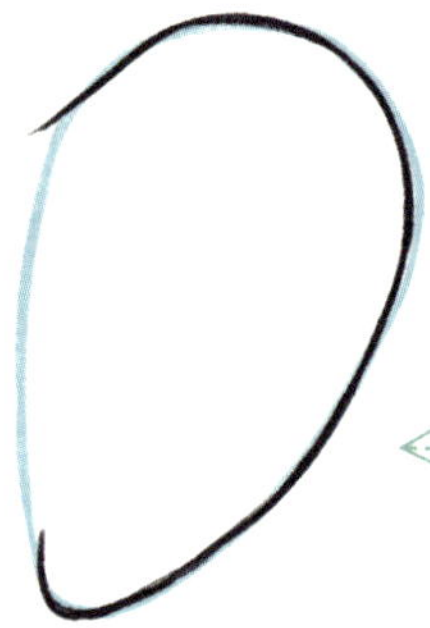

2 Für den Rand des Ohrs einen Teil der Hilfslinie nachzeichnen.

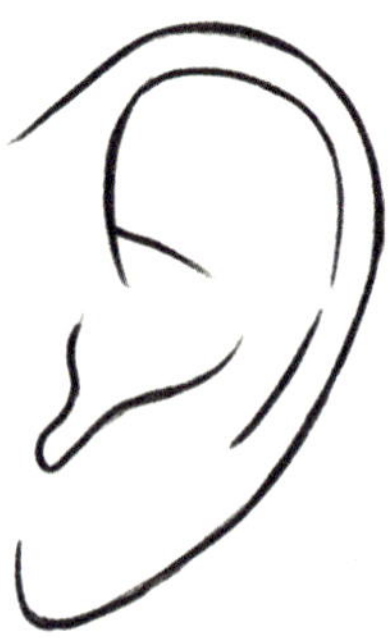

3 Die Hilfslinie ausradieren. Die Höcker und Falten im Ohr mit wenigen Strichen andeuten, wie hier gezeigt.

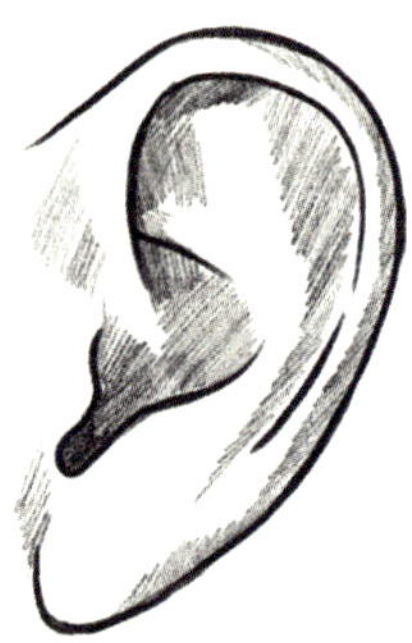

4 Auf den Lichteinfall achten und erste Schatten einfügen. Am dunkelsten sind die tiefliegenden Bereiche in der Ohrmuschel.

5 Das Ohr kolorieren und die dunkleren Schatten vertiefen.

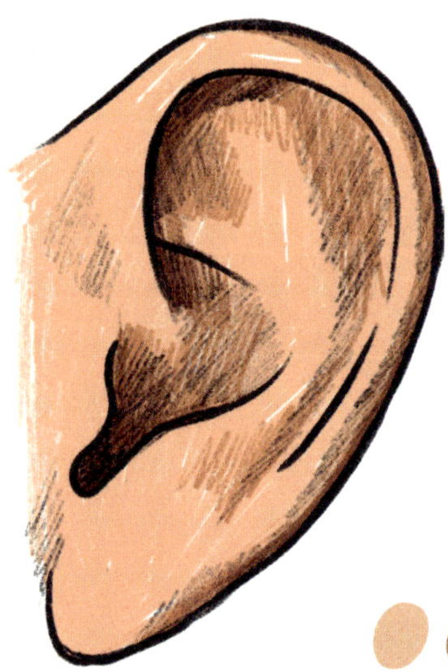

Ohr

Rund

Runde Ohren mit fleischigen Ohrläppchen bieten sich für Piercings an. Den Schmuck können Sie selbst gestalten.

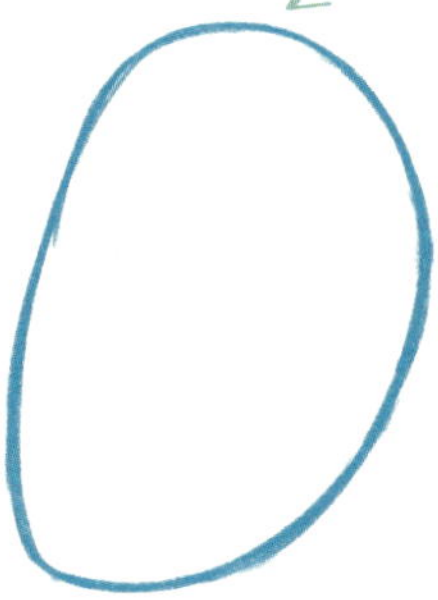

1 Als Grundform ein breites Oval zeichnen.

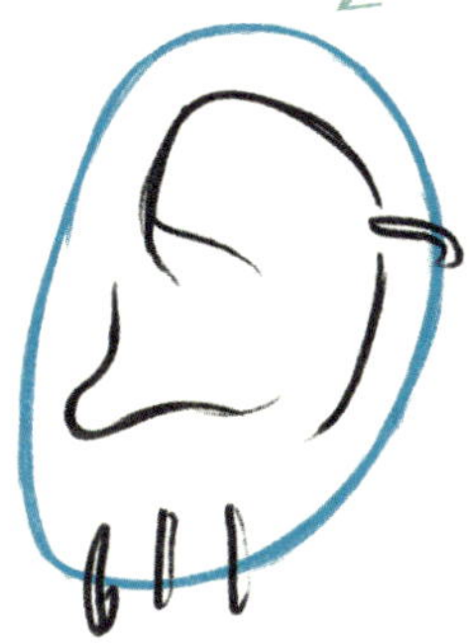

2 Die inneren Konturen mit Fineliner zeichnen. Ohrringe an der äußeren Kante hinzufügen.

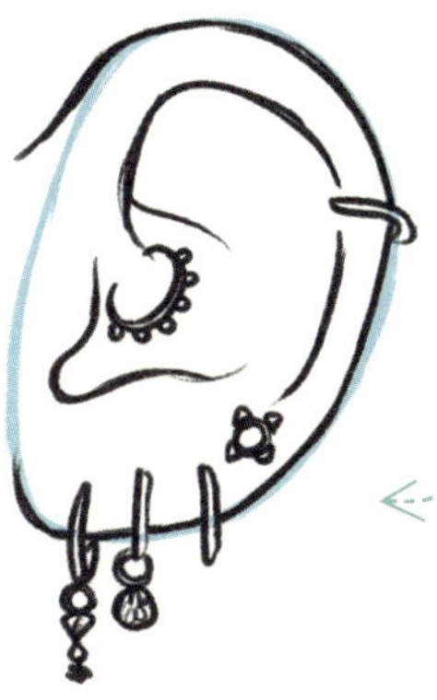

3 Die Außenkante des Ohrs nachzeichnen. Sie können nun weitere Schmuckstücke einfügen.

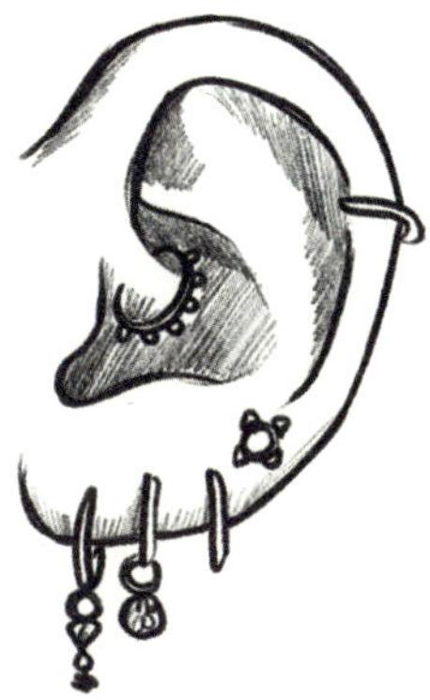

4 Achten Sie auf den Lichteinfall und deuten Sie die Schatten an. In den Vertiefungen der Ohrmuscheln sind sie am dunkelsten.

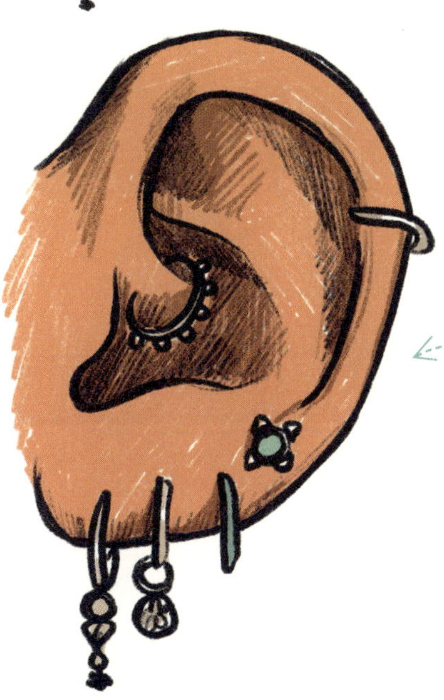

5 Das Ohr kolorieren, dabei die Schatten vertiefen.

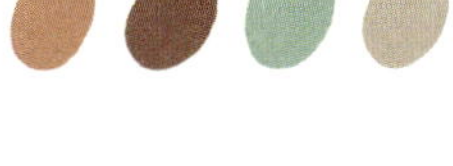

Ohr

Länglich

Zu länglichen Ohren passt ein einfacher Farbtupfer in Form eines schlichten Ohrrings.

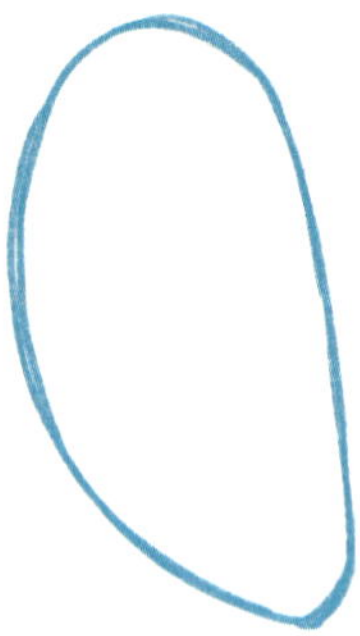

1 Mit einem leicht schrägstehenden Oval beginnen.

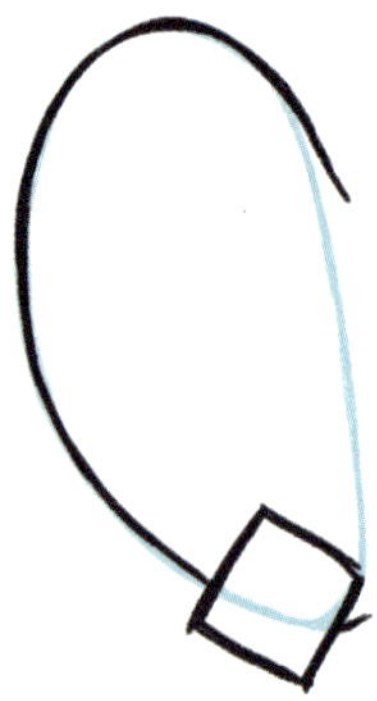

2 Die äußere Kontur des Ohrs nachzeichnen, wie hier gezeigt. Unten ein Viereck für den Ohrring einzeichnen.

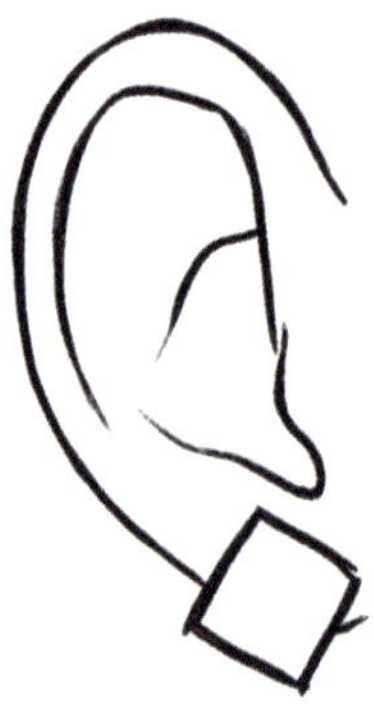

3 Die Hilfslinie ausradieren. Die Strukturen im Ohr durch Bögen andeuten.

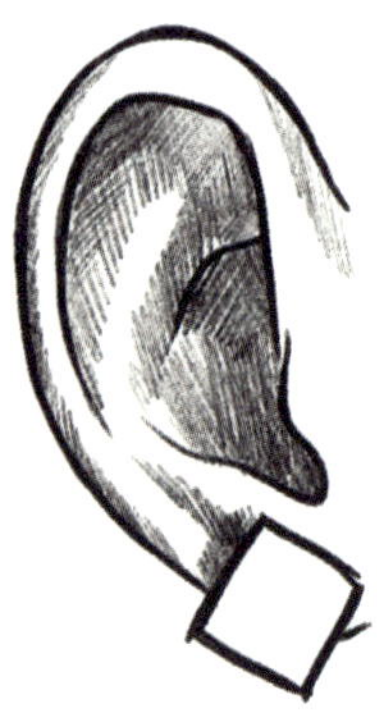

4 Auf den Lichteinfall achten und entsprechende Schatten einzeichnen. In den tiefsten Bereichen des Ohrs sind sie am dunkelsten.

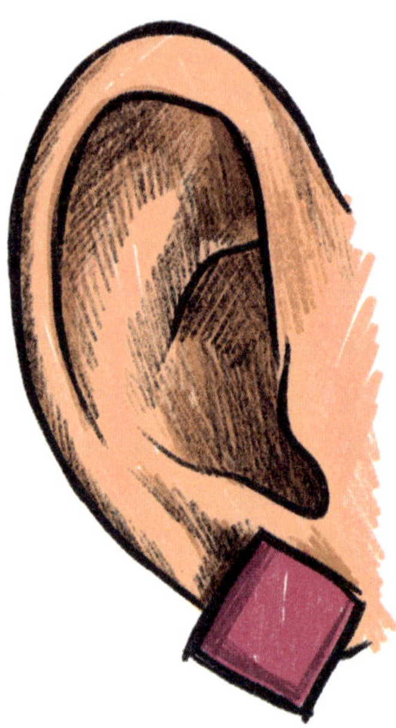

5 Das Ohr kolorieren, dabei die Schatten mit dunkleren Tonwerten verstärken. Den Ohrring in einer kräftigen Farbe ausfüllen.

Ohr

Halbprofil

Dieser Blickwinkel kommt bei Porträtzeichnungen besonders oft vor.
Es ist wichtig, genau auf die Perspektive zu achten.

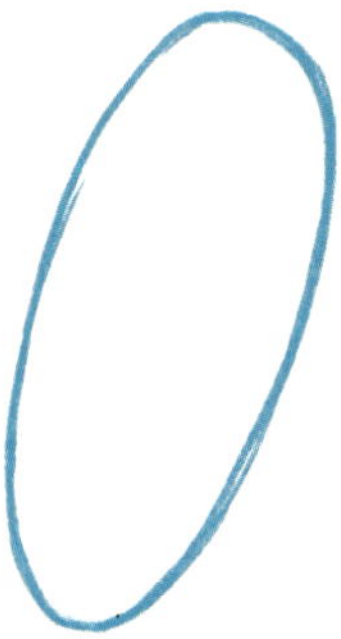

1 Mit einem länglichen Oval beginnen.

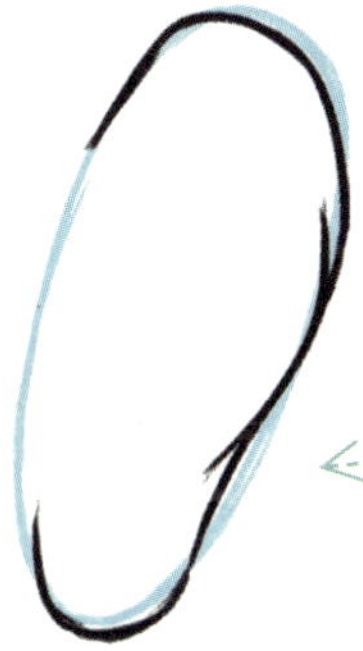

2 Die äußere Umrisslinie nachzeichnen, dabei einen kleinen Bogen einfügen, wie hier zu sehen.

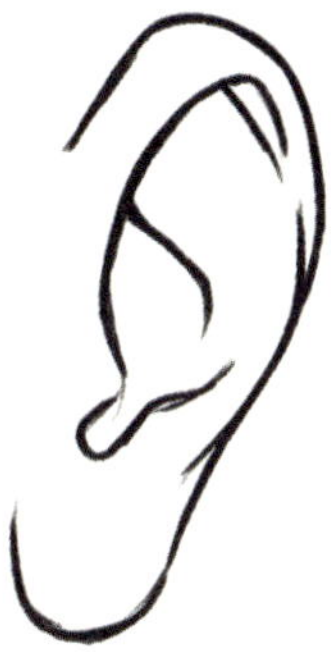

3 Die Hilfslinie ausradieren. Die Strukturen im Inneren des Ohrs mit Bögen andeuten.

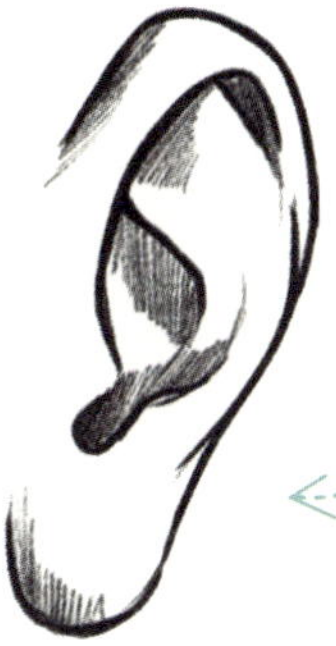

4 Auf den Lichteinfall achten und entsprechende Schatten einzeichnen. In den tiefsten Bereichen des Ohrs sind sie am dunkelsten.

5 Beim Kolorieren die Schatten mit dunkleren Tonwerten herausarbeiten – das wirkt plastischer.

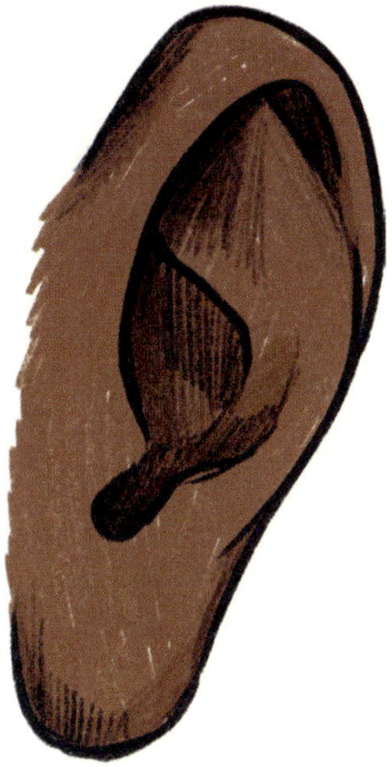

Kraus

Lockere Reihen aus kleinen Löckchen geben diesem Haar seine Tiefenwirkung. Interessant dazu sind die ausrasierten Partien.

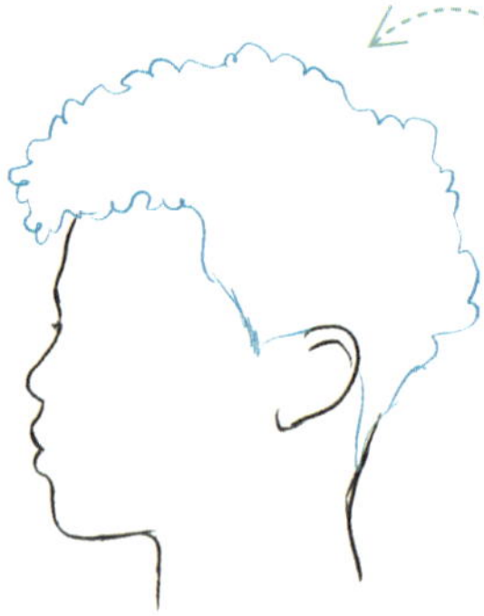

1 Den Umriss der Haare grob vorzeichnen.

2 Die Umrisse des Haarschnitts mit Wellenlinien nachzeichnen. Die Hilfslinie ausradieren.

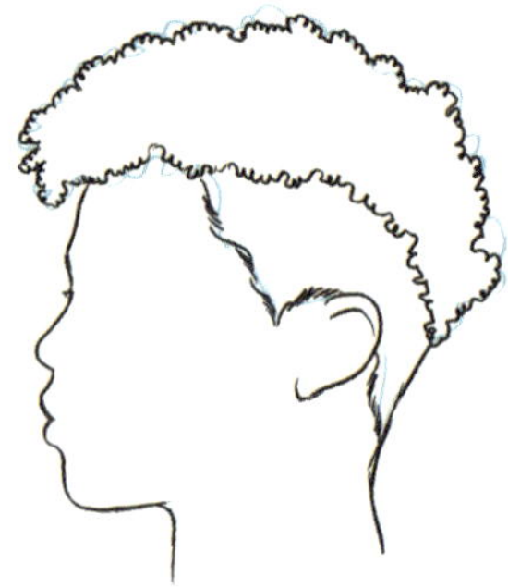

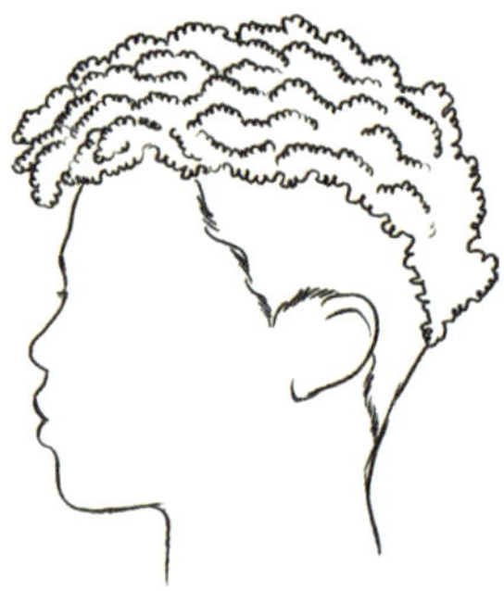

3 Zwischen den Umrisslinien Reihen kleiner Wellenlinien einfügen.

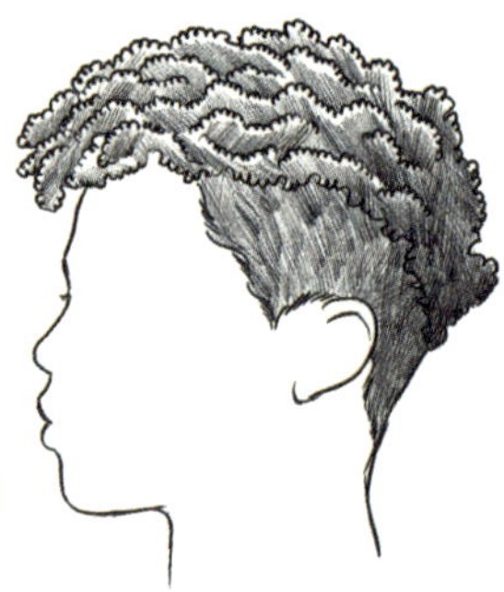

4 Schatten einzeichnen, auch auf dem unteren, ausrasierten Teil.

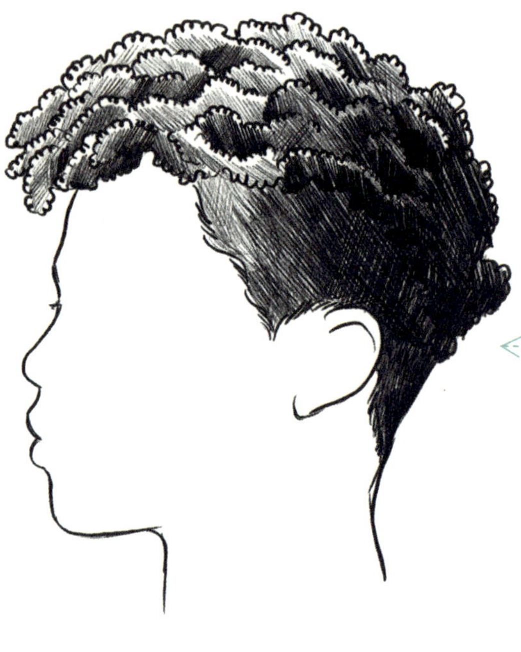

5 Auf den Lichteinfall achten und weitere Schatten zwischen den Lockenreihen hinzufügen.

Zurückgekämmt

Für diese glatten, zurückgekämmten Haare werden verschiedene Striche benötigt: kurz, lang, gerade und wellig. Immer die Wuchsrichtung der Haare beachten.

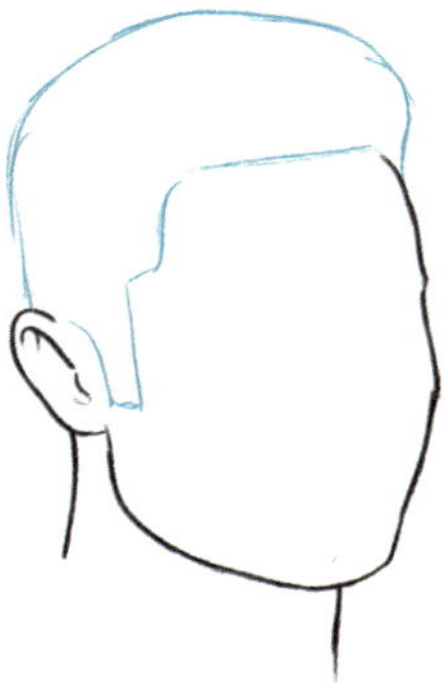

1 Den Umriss der Haare grob vorzeichnen.

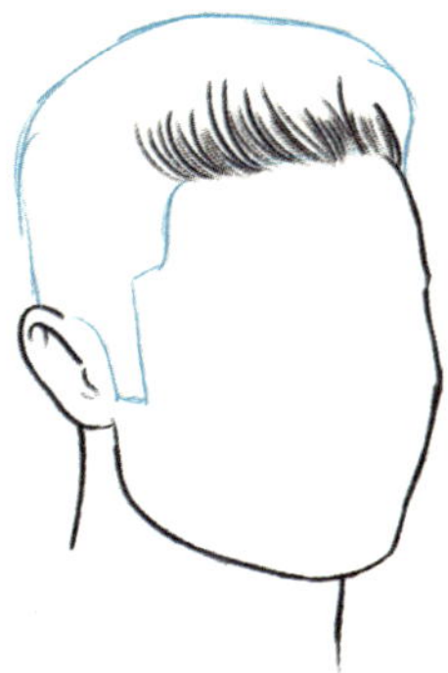

2 Über der Stirn die Haare mit Strichen mittlerer Länge andeuten.

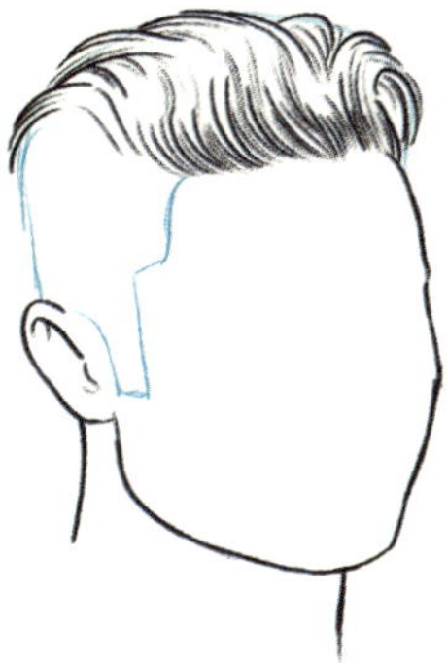

3 Am Oberkopf mit längeren, leicht welligen Strichen fortfahren.

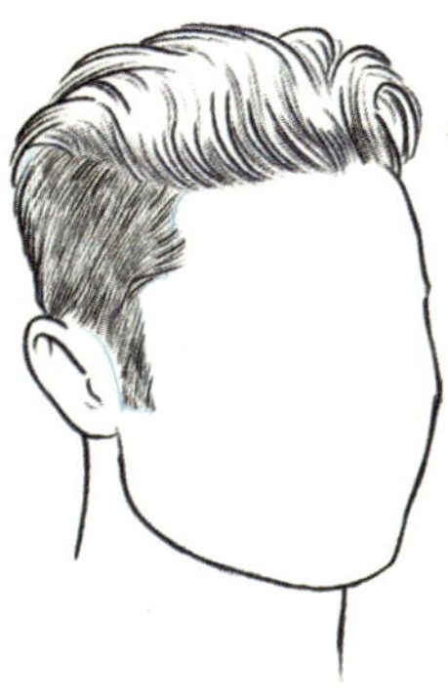

4 Seitenpartien und Koteletten mit kurzen Strichen ausarbeiten. Die Hilfslinie ausradieren.

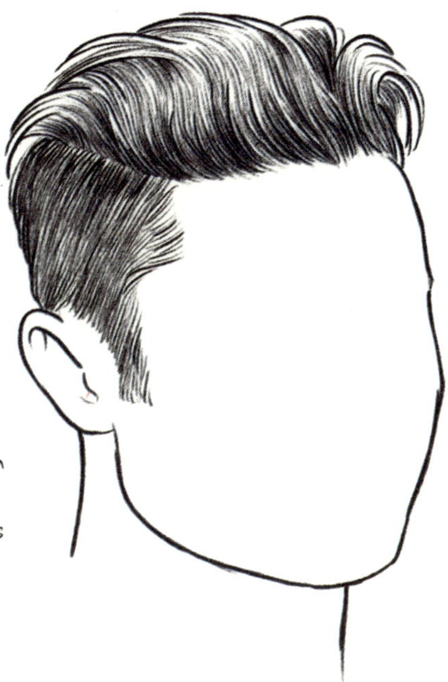

5 Schatten zwischen den Haarsträhnen einfügen. Zusätzliche Schatten auf den kurzen Partien an den Seiten des Kopfs andeuten.

Glatt

Lange, glatte Haare sind einfach zu zeichnen. Damit sie natürlich wirken, dürfen die Striche aber nicht zu gerade sein.

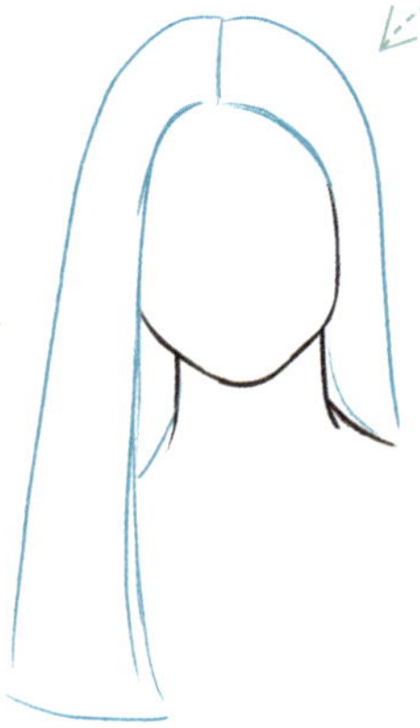

1 Den Umriss der Haare vorzeichnen.

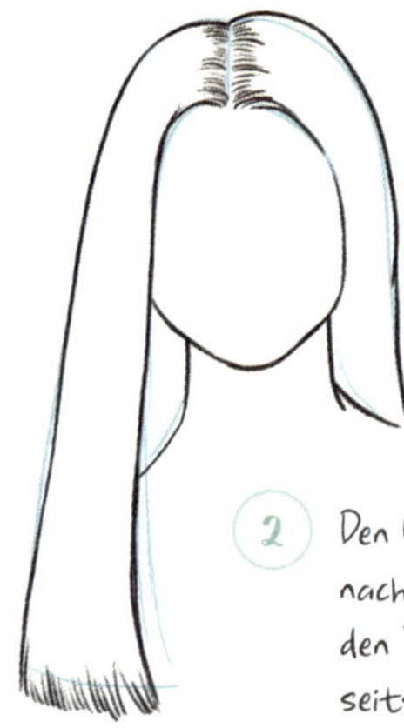

2 Den Umriss deutlicher nachzeichnen, dabei an den Enden und beiderseits des Scheitels kurze Striche hinzufügen.

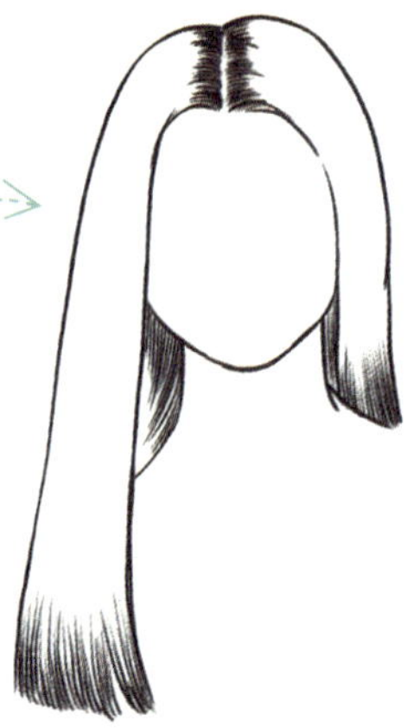

3 Die Hilfslinien ausradieren. Weitere kurze Striche am Scheitel und den Haarspitzen sowie im Halsbereich einzeichnen.

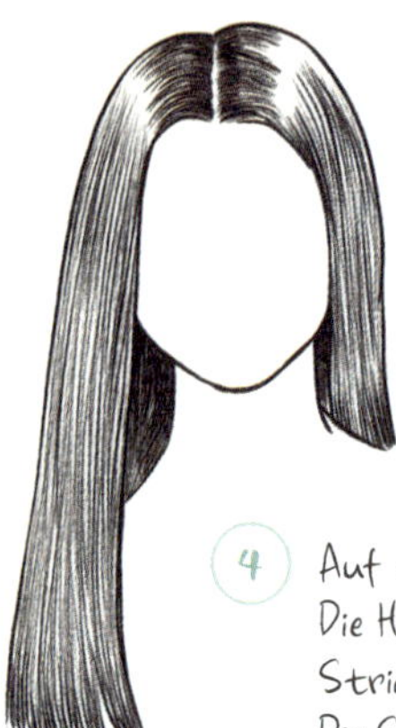

4 Auf den Lichteinfall achten. Die Haare mit langen Strichen ausarbeiten. Die Striche dürfen nicht zu gerade sein, sonst wirken sie unnatürlich.

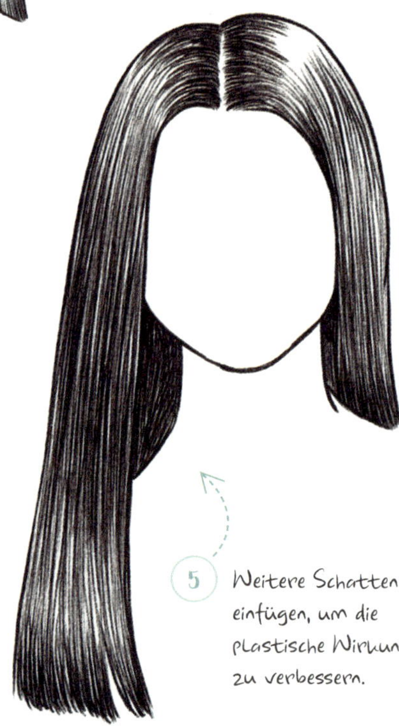

5 Weitere Schatten einfügen, um die plastische Wirkung zu verbessern.

Haare

Wellig

Der Eindruck von Volumen entsteht durch den Wechsel von langen, schmalen und breiteren Strähnen.

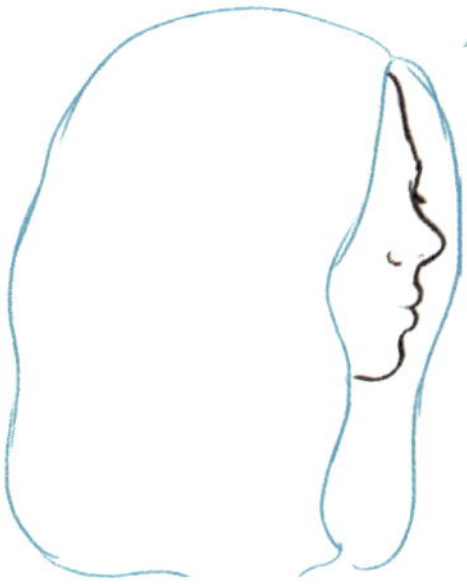

1 Den Umriss der Haare vorzeichnen.

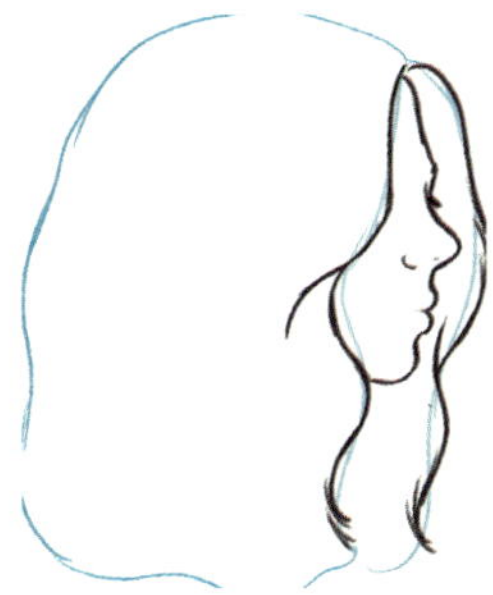

2 Die Kontur um das Gesicht herum mit welligen Linien nachzeichnen.

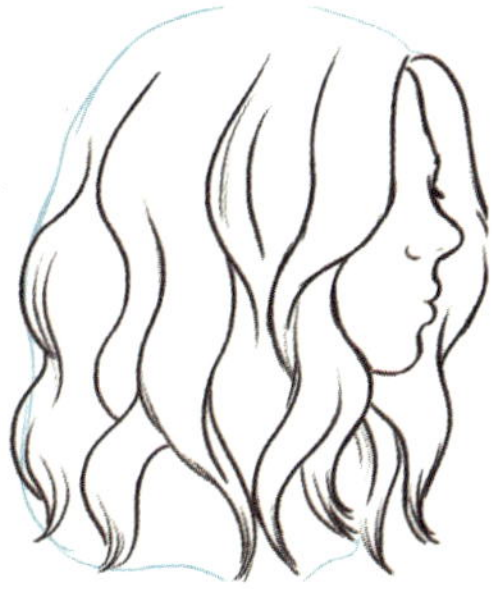

3 Zeichnen Sie weitere Wellen ein. Teilen Sie dabei jede Strähne an den Spitzen in schmalere Strähnen auf.

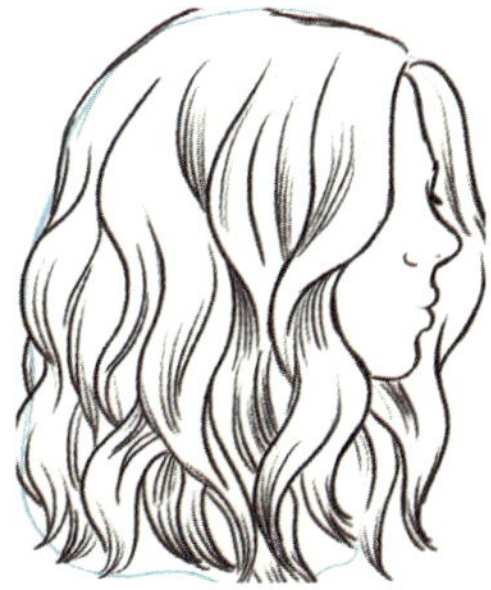

4 Zwischen den breiteren Strähnen kürzere Wellen einfügen. Die Hilfslinien ausradieren.

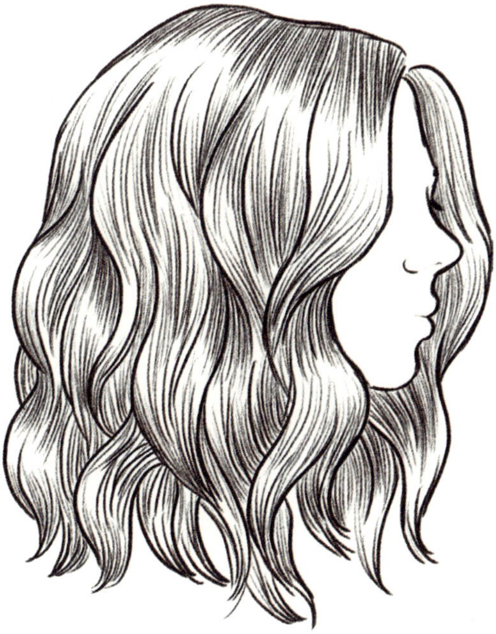

5 Achten Sie auf den Lichteinfall, und zeichnen Sie entsprechende Schatten zwischen den Wellen ein.

Hals und Schultern

Rund

Schultern sind relativ einfach zu zeichnen, wenn man zuerst die grobe Form festlegt. Beginnen wir mit runden Schultern.

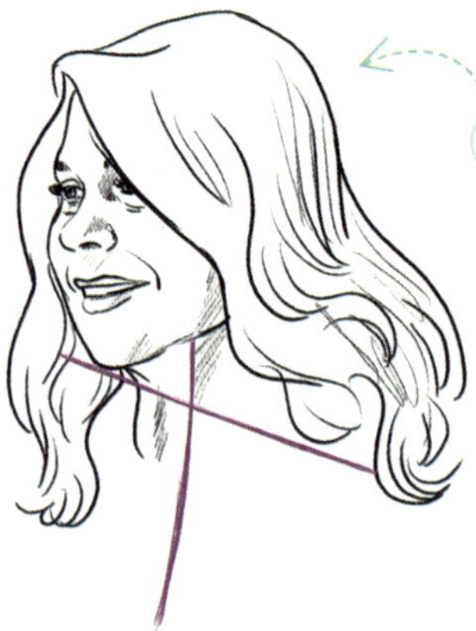

1 Achten Sie auf die Haltung Ihres Modells und darauf, wie der Hals zum Rumpf ausgerichtet ist. Ein Kreuz aus Hilfslinien markiert den Winkel der Schultern zum Hals.

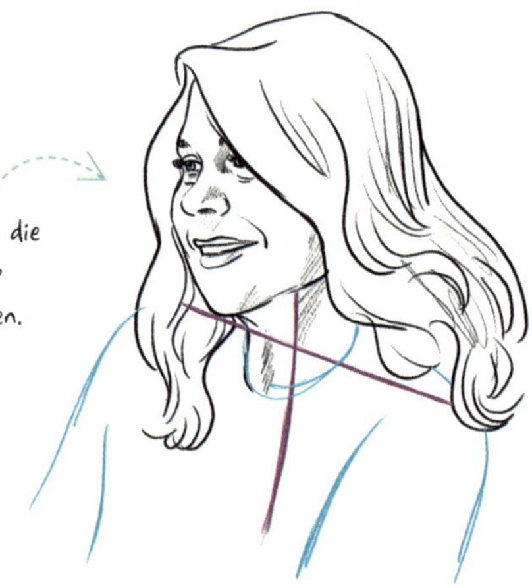

2 Anhand des Kreuzes die ungefähre Form der Schultern skizzieren.

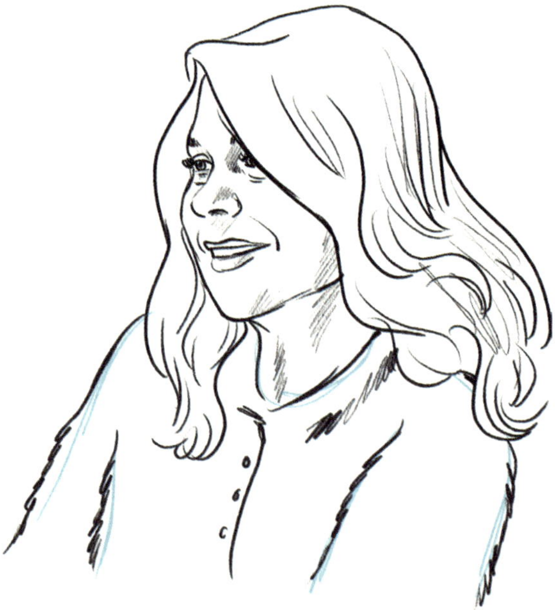

3 Die Hilfslinien mit lockeren Finelinerstrichen nachziehen. Fügen Sie dann Details wie Halsausschnitt und Knöpfe hinzu.

Hals und Schultern

Kantig

Der Kopf und der Hals treten stärker aus den kantigen Schultern hervor.

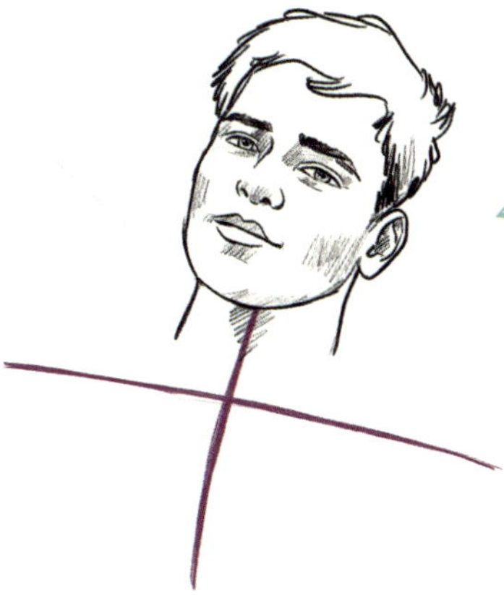

1 Für die Schultern ein Kreuz aus Hilfslinien zeichnen. In dieser Haltung mit gehobenem Kinn und leicht zurückgelegtem Kopf ist das Kreuz relativ rechtwinklig.

2 Mit Hilfe des Kreuzes die ungefähre Form der Schultern skizzieren.

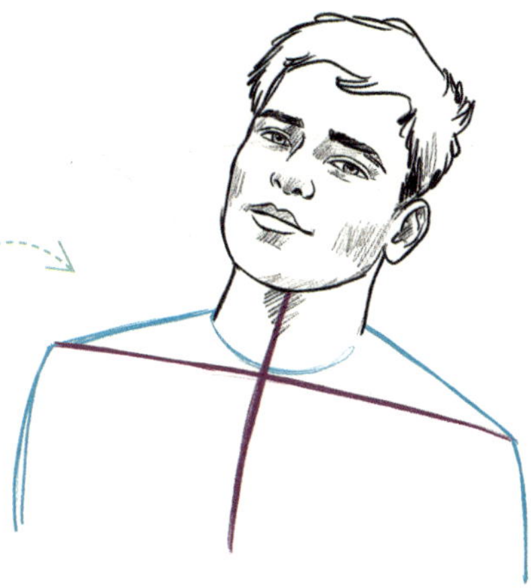

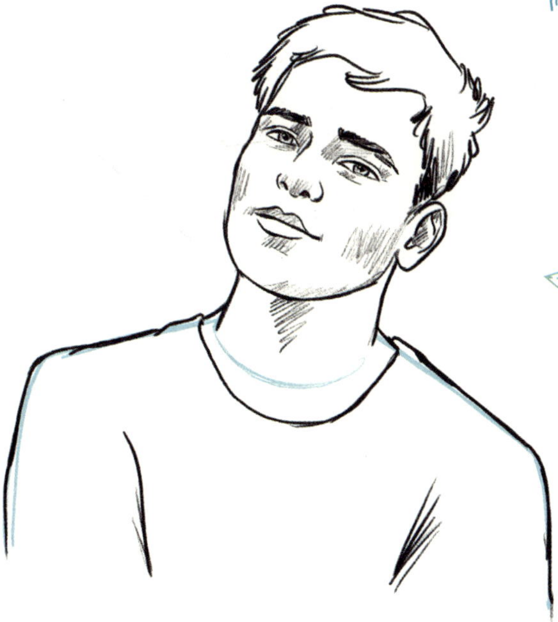

3 Zeichen Sie die Hilfslinien mit Fineliner nach und deuten Sie anschließend die Position der Arminnenseiten an.

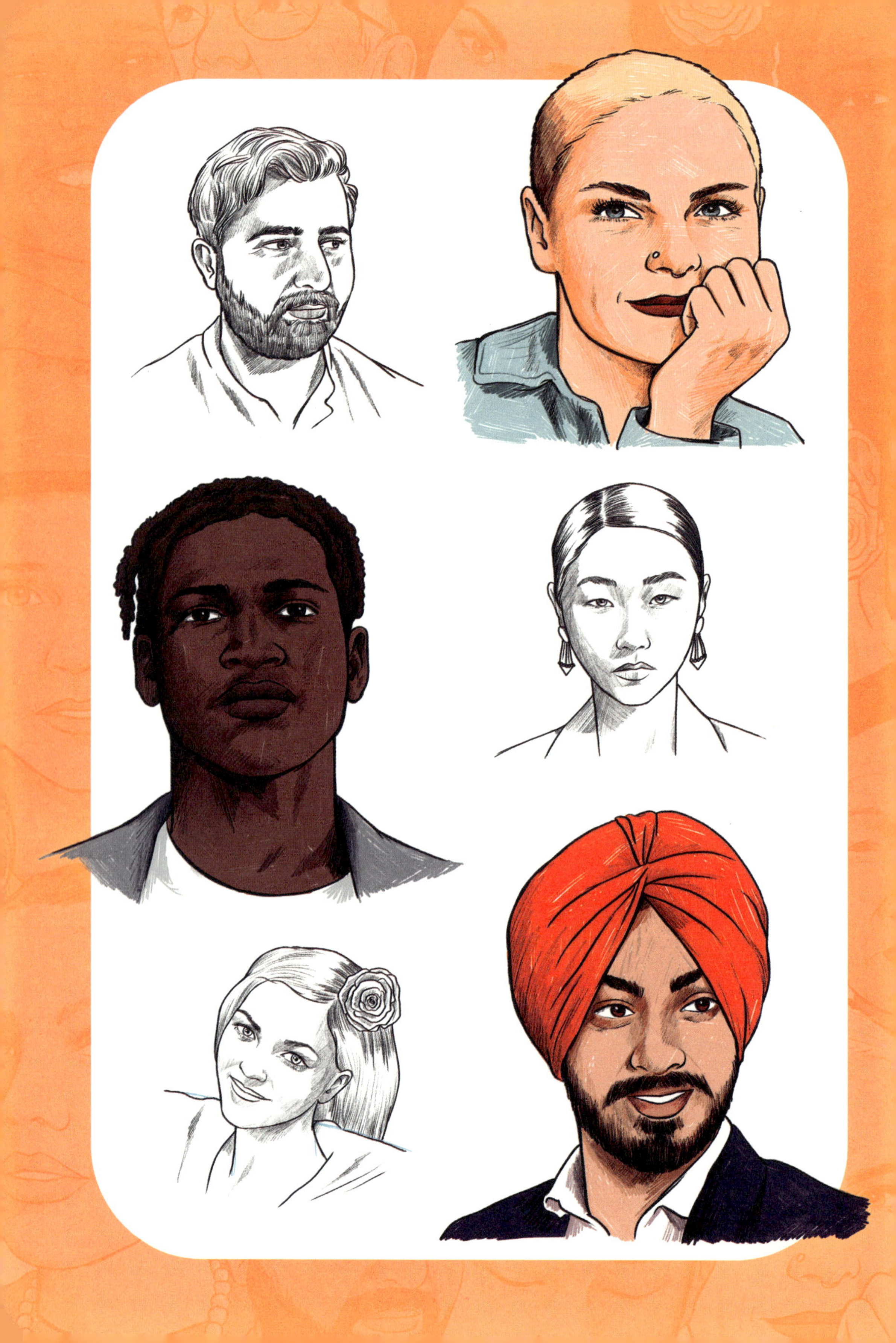

Gesichts-formen

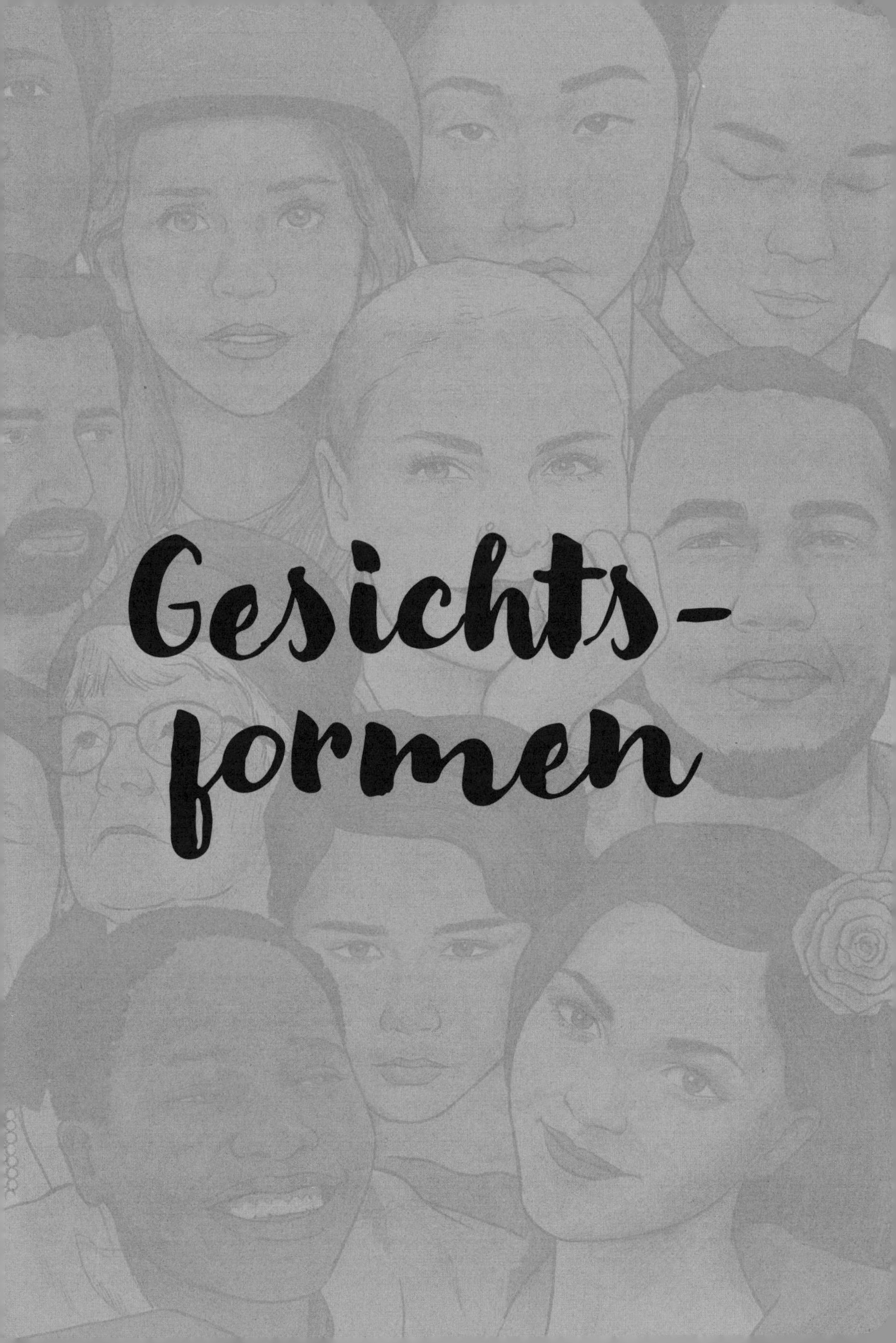

Oval

Halbprofil 1

Beginnen wir mit der einfachsten Gesichtsform, die man zeichnen kann – dem Oval. Ein typisches ovales Gesicht hat eine runde Kiefer- und Kinnlinie.

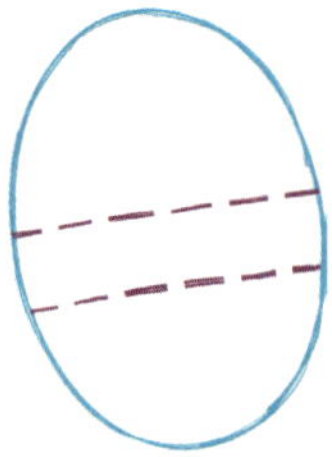

1 Beginnen Sie mit einem Oval. Zwei gestrichelte Hilfslinien in die Mitte zeichnen.

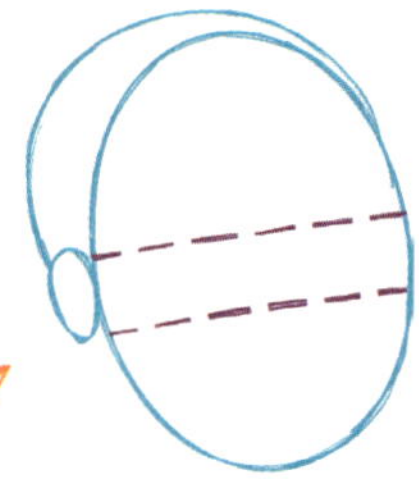

2 Links zwischen den gestrichelten Linien ein kleineres Oval für das Ohr anfügen. Als Hilfslinie für die Haare einen Bogen über dem Kopf zeichnen.

3 Hand, Hals und Schultern grob skizzieren.

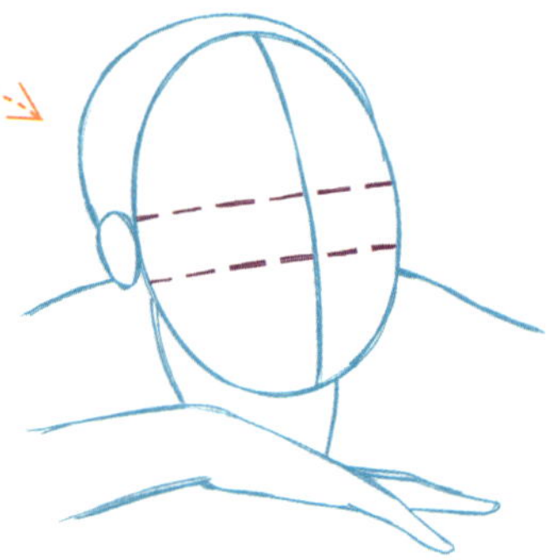

4 Augen und Augenbrauen auf der oberen gestrichelten Linie einzeichnen.

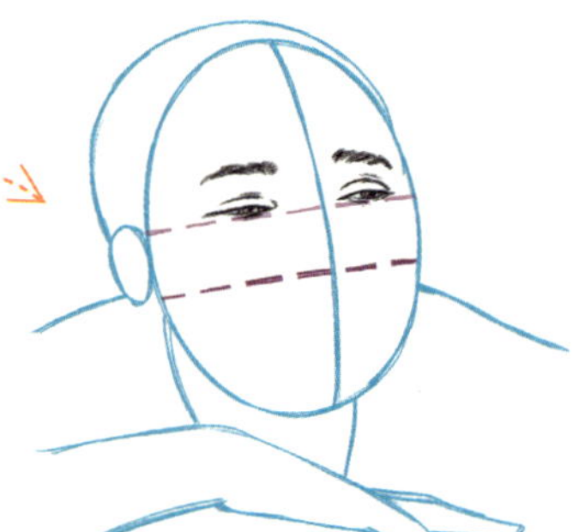

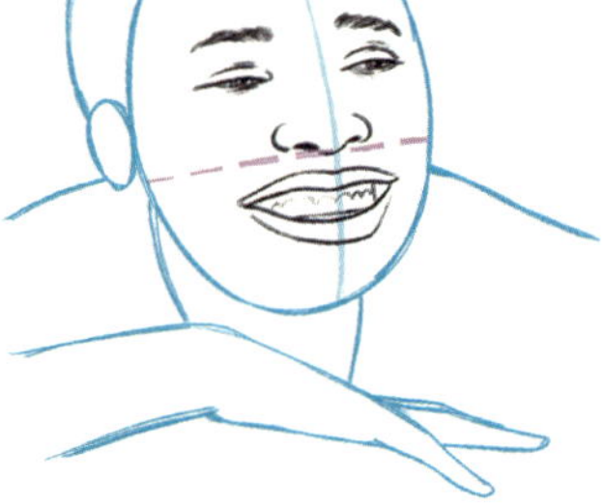

5 Mit Mund und Nase fortfahren, dabei die Hilfslinien beachten.

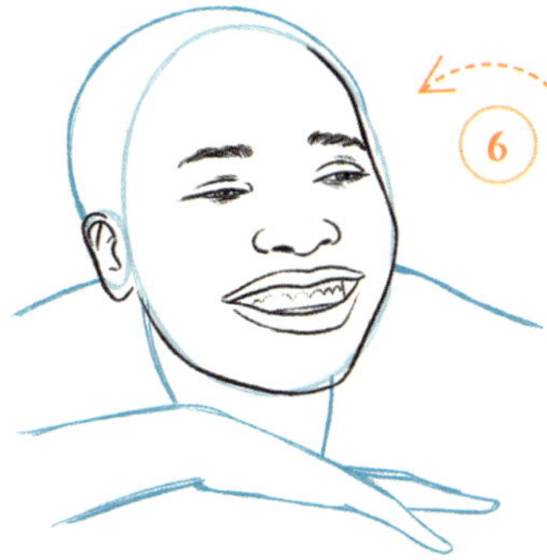

6 Die Umrisse von Gesicht und Ohr deutlicher ausarbeiten.

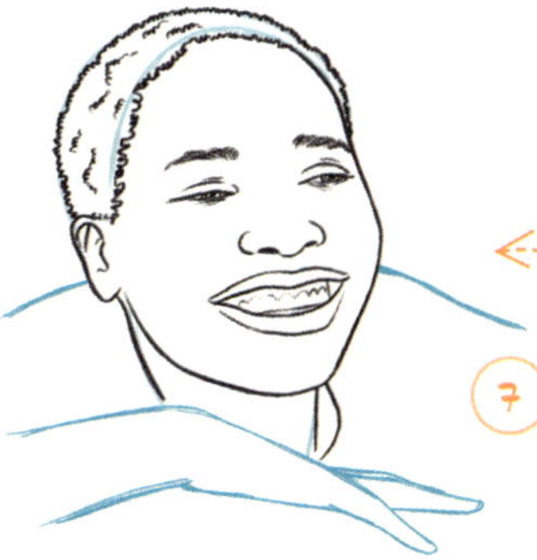

7 Die Konturen der Haare mit kleinen Wellenlinien nachzeichnen.

Tipp
Das Ende des oberen Augenbrauenbogens und der untere Rand der Nase sollten mit der Ohrhöhe übereinstimmen. Dadurch wirkt das Gesicht natürlicher.

8 Schultern und Hand sauber ausarbeiten, dann die Hilfslinien ausradieren. Auf den Lichteinfall achten und Schatten einfügen.

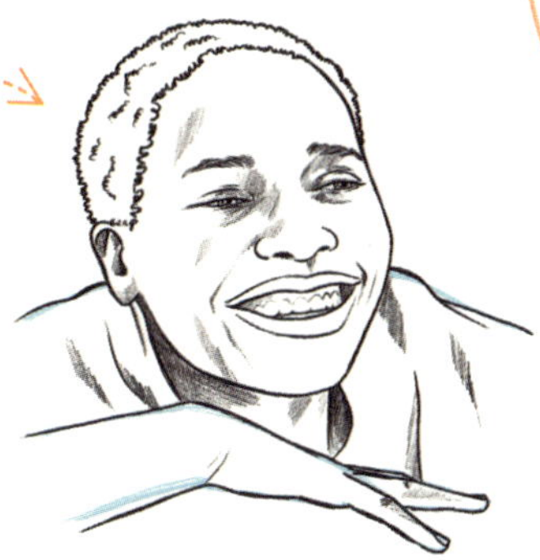

9 Nun beginnen Sie mit dem Kolorieren.

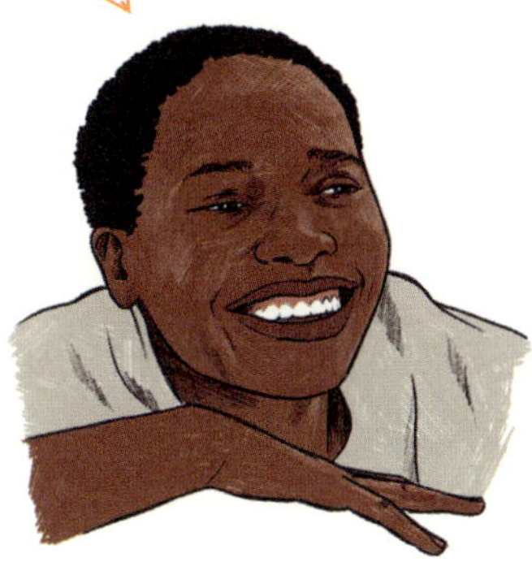

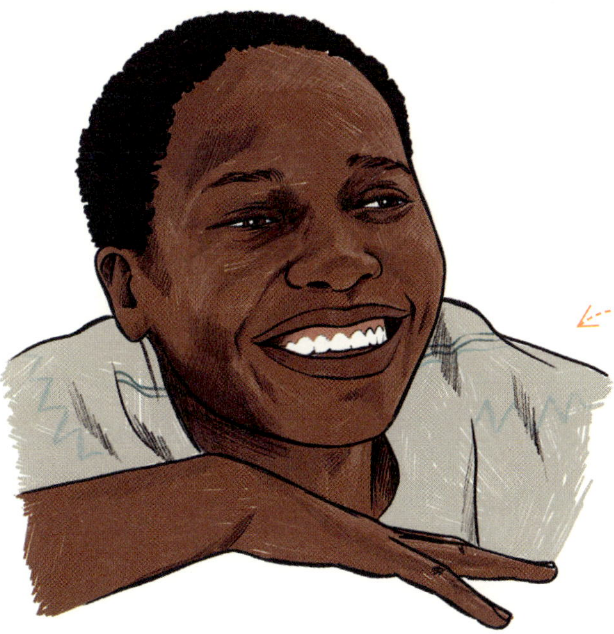

10 Zuletzt einige Schatten in dunkleren Tonwerten einfügen.

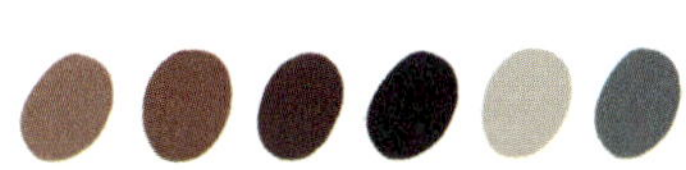

Oval

Halbprofil 2

Die Stärke der Lichtquelle und die Neigung des Gesichts können großen Einfluss auf die Wirkung einer Zeichnung haben.

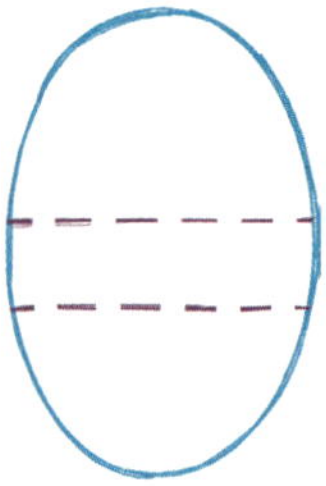

1 Mit einem Oval beginnen und zwei gestrichelte Linien durch die Mitte einfügen.

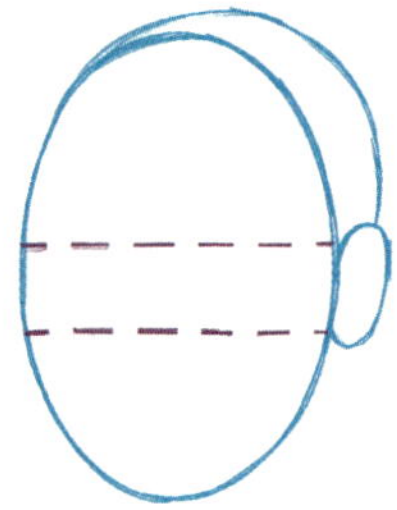

2 Ein kleines Oval für das rechte Ohr einzeichnen, dann die Kontur der Haare über dem Kopf skizzieren.

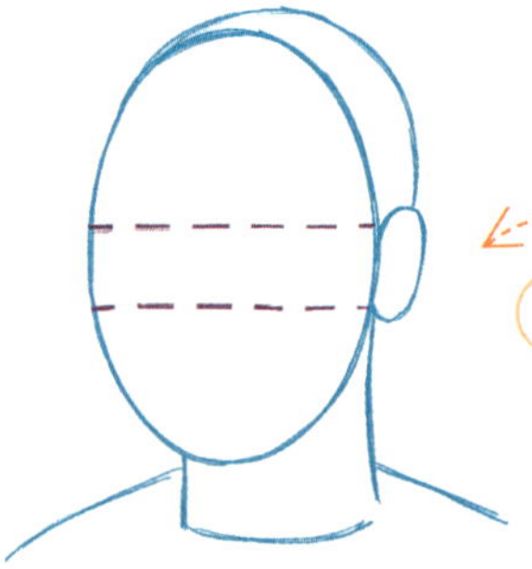

3 Zeichnen Sie jetzt Hals und Schultern.

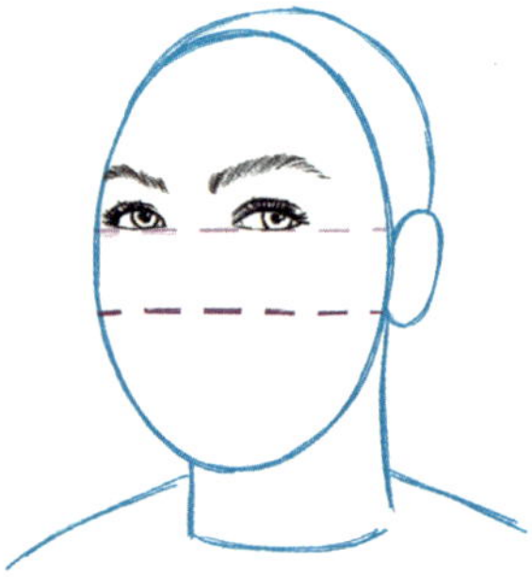

4 Augen und Augenbrauen werden auf der oberen gestrichelten Linie eingefügt.

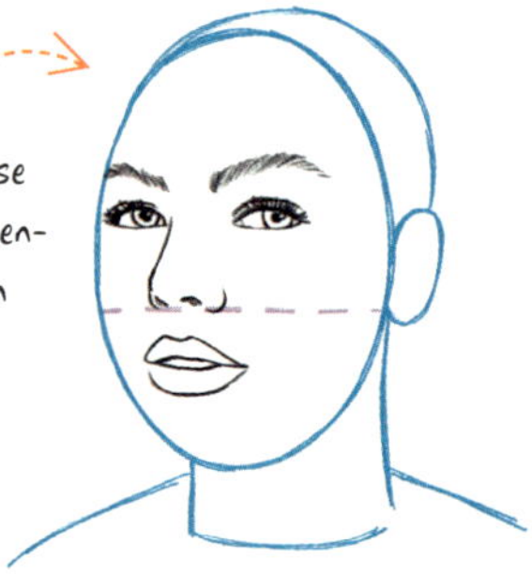

5 Mit Mund und Nase fortfahren. Zwischendurch die Hilfslinien ausradieren.

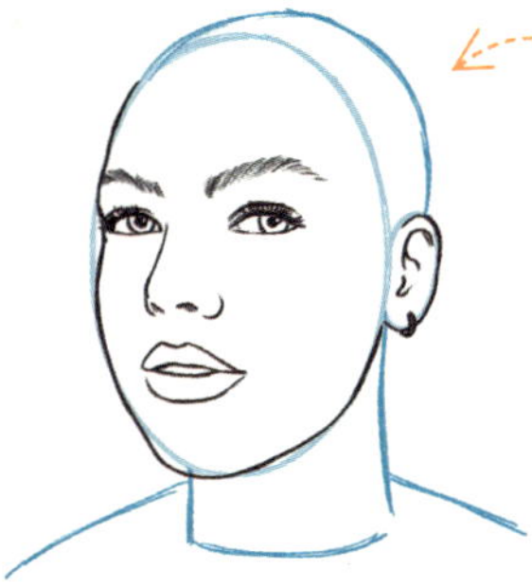

6 Den Umriss des Gesichts klar nachzeichnen. Die Details des Ohrs und einen kleinen Ohrring hinzufügen.

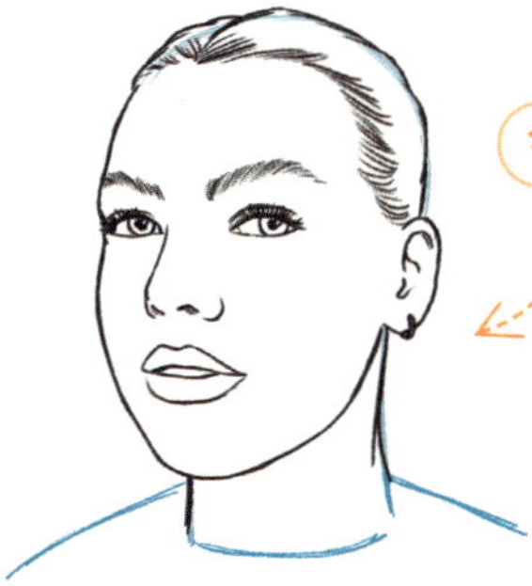

7 Deuten Sie mit kurzen, gekrümmten Strichen Haare über der Stirn und im Nacken an.

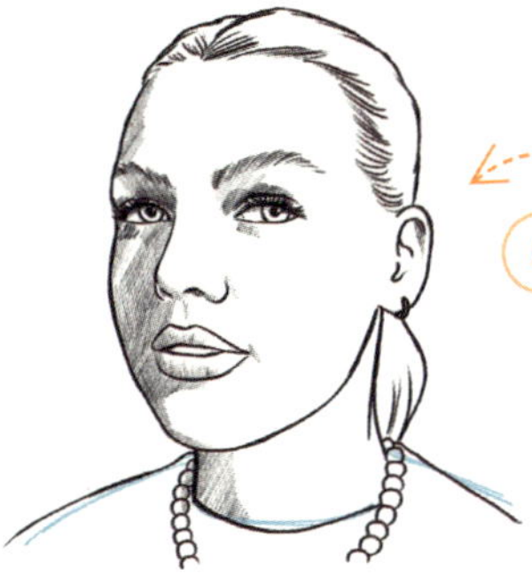

8 Die restlichen Haare sowie Schultern und die Halskette zeichnen. Auf den Lichteinfall achten und die Schatten entsprechend andeuten.

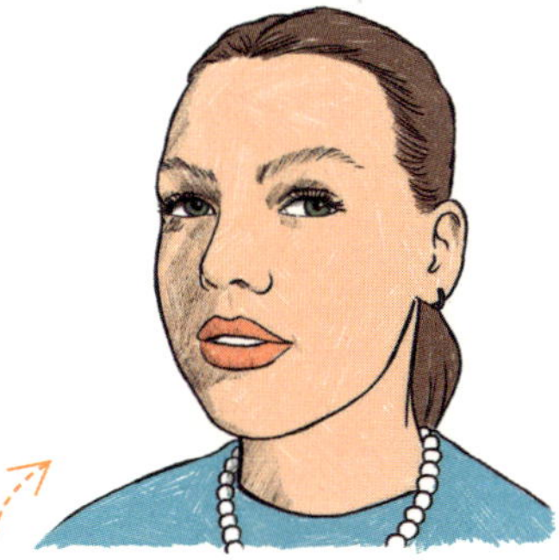

9 Jetzt wird das Gesicht koloriert.

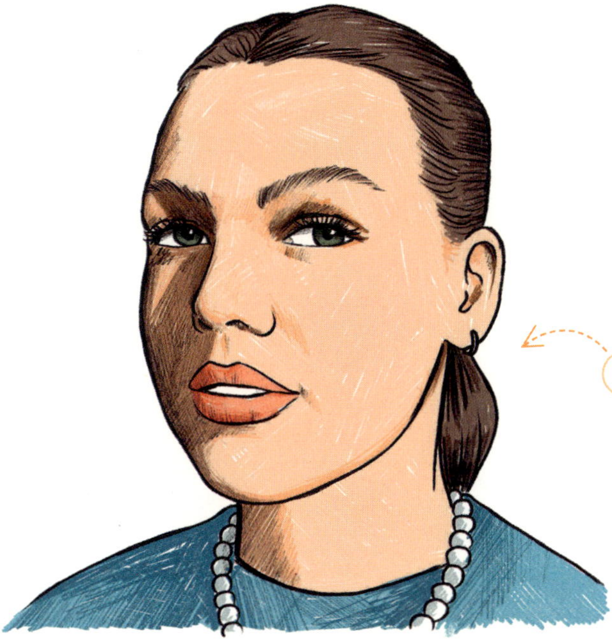

10 Die Schatten mit dunkleren Farbtönen vertiefen.

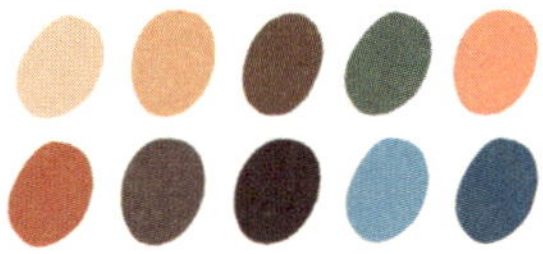

Oval

Frontalansicht

Ein Turban kann, genau wie verschiedene Bärte, die Gesichtsform betonen.

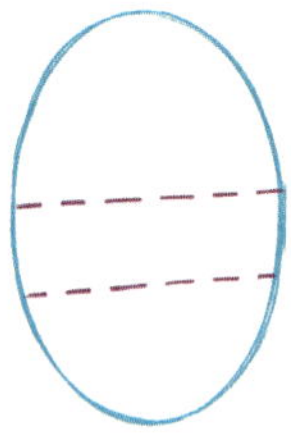

1 Mit einem Oval beginnen. Zwei gestrichelte, waagerechte Hilfslinien durch die Mitte hinzufügen.

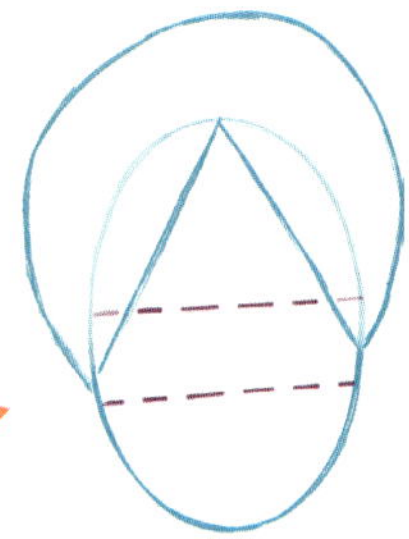

2 Einen Bogen für den Turban zeichnen und eine umgedrehte V-Form für seine vordere Mitte. Die Hilfslinien im Bereich des Turbans ausradieren.

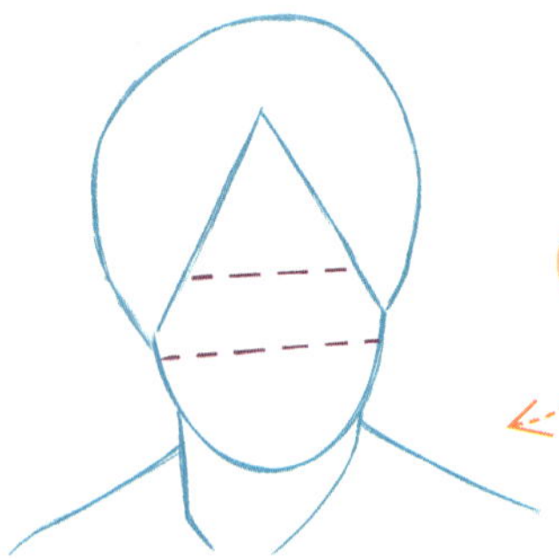

3 Hals und Schultern zeichnen.

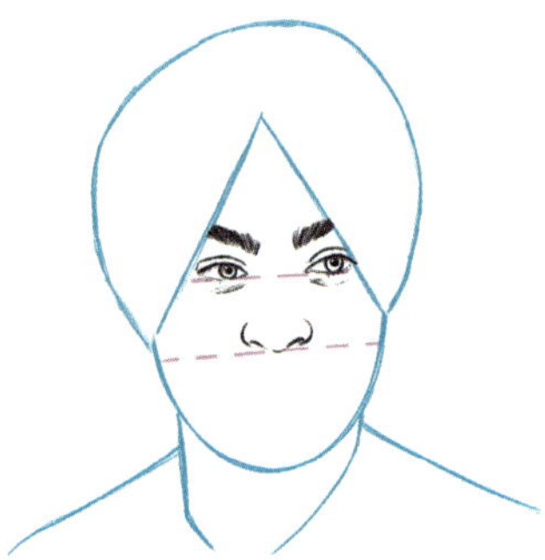

4 Augen, Augenbrauen und Nase ausarbeiten. Orientieren Sie sich dabei an den Hilfslinien. Danach die Hilfslinien ausradieren.

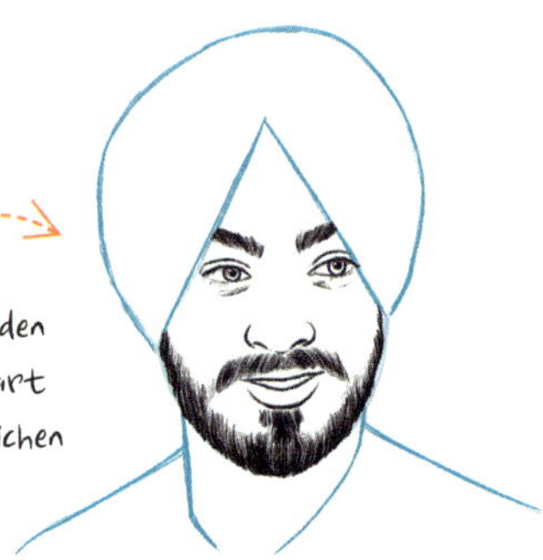

5 Zeichnen Sie nun den Mund ein. Den Bart mit kurzen Strichen schraffieren.

6 Die Linien der Falten auf dem Turban andeuten.

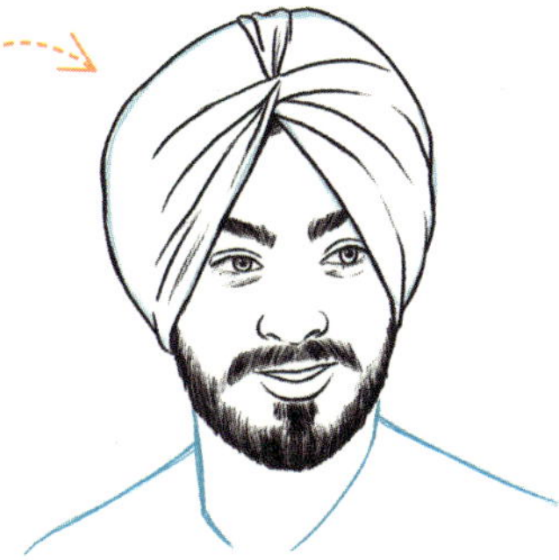

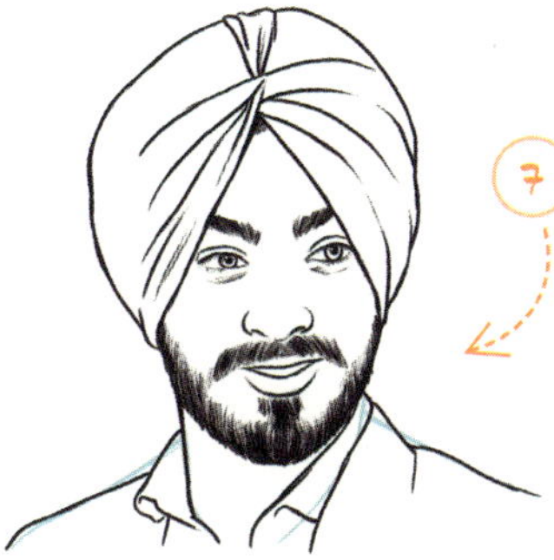

7 Mit den Falten von Hemd und Jacke fortfahren.

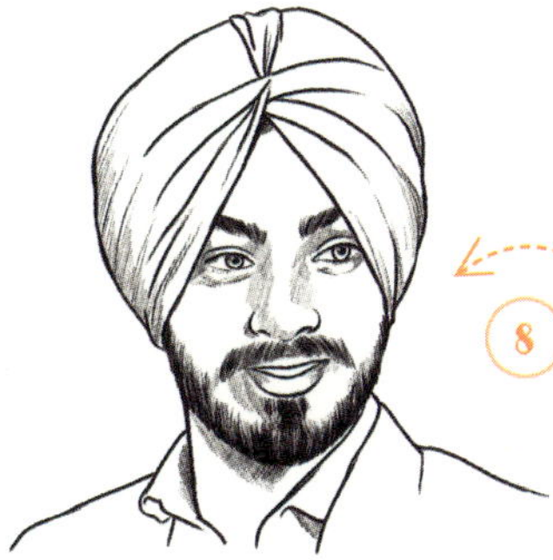

8 Achten Sie auf den Lichteinfall und fügen Sie die Schatten entsprechend ein.

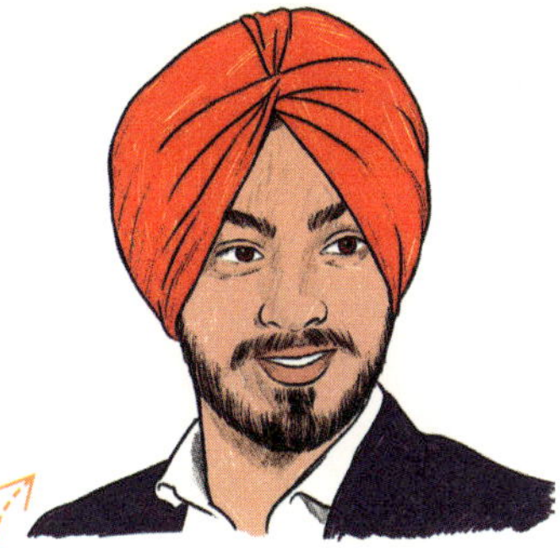

9 Jetzt werden Gesicht und Turban koloriert.

10 Die Schatten mit dunkleren Farbtönen vertiefen.

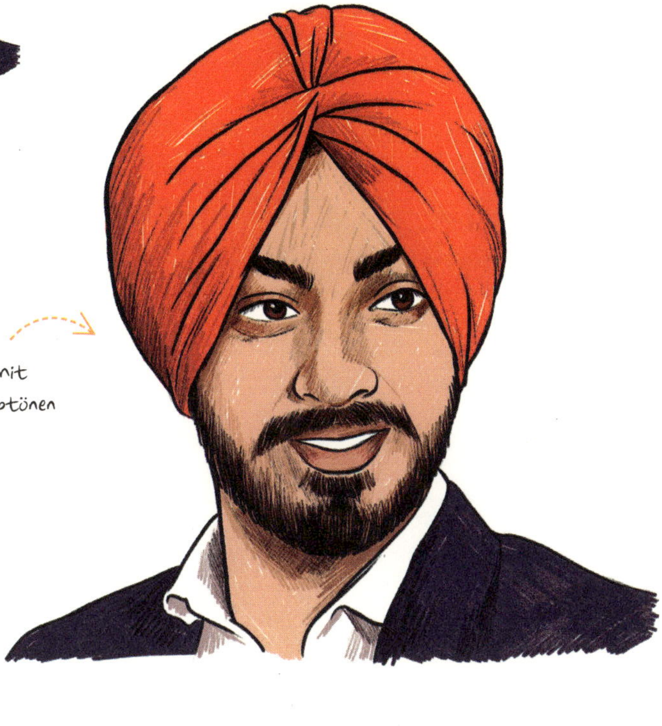

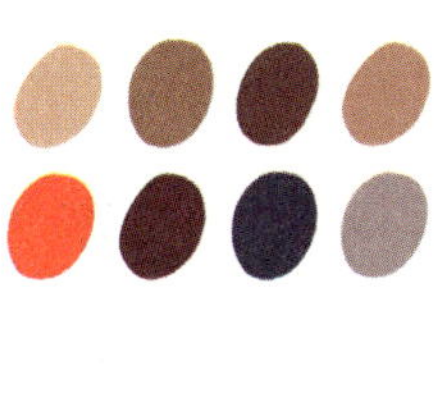

Rechteckig

Frontalansicht

Bei einem rechteckigen Gesicht sind die Stirn und die Kieferlinie ungefähr gleich breit. Probieren Sie verschiedene Bartstile aus, um zu sehen, wie sie das Gesicht einrahmen.

1 Zeichnen Sie ein Oval für das Gesicht und das Kinn. Innerhalb dieses Ovals ein Rechteck hinzufügen.

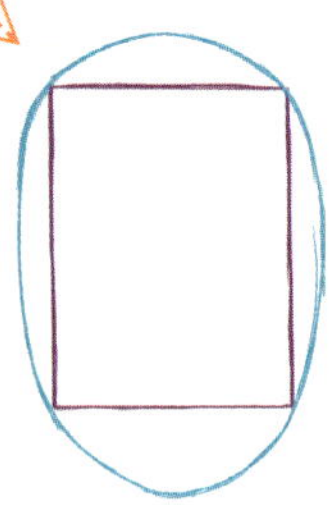

2 Eine horizontale, gestrichelte Linie durch die Mitte des Ovals zeichnen. Skizzieren Sie Hals und Schultern.

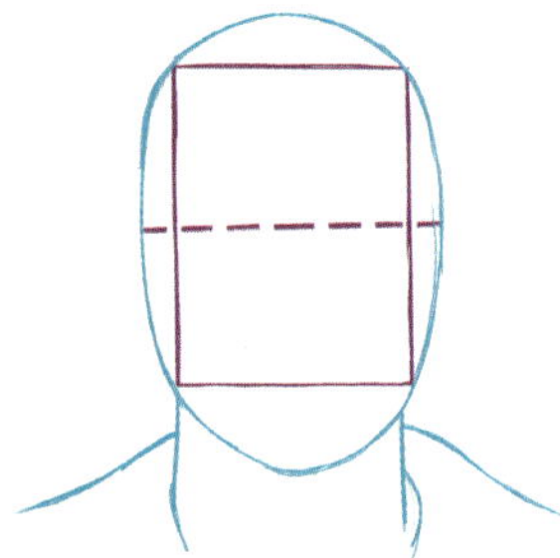

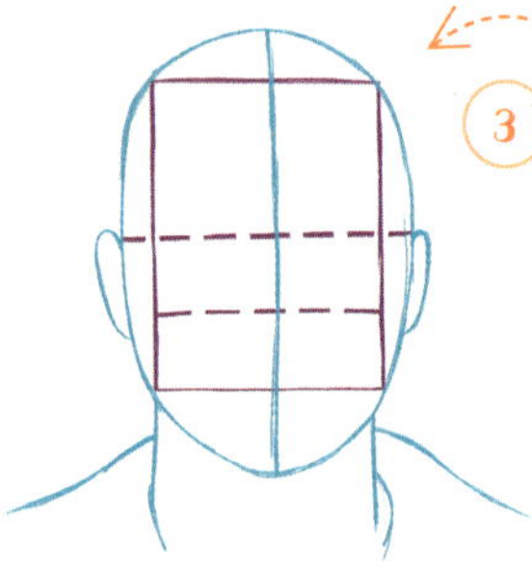

3 Weiter geht es mit einer senkrechten Linie durch die Mitte und einer zweiten waagerechten, gestrichelten Linie durch die untere Hälfte des Rechtecks. Kleine Ovale für die Ohren hinzufügen.

4 Entlang der oberen gestrichelten Linie die Augen und Augenbrauen zeichnen.

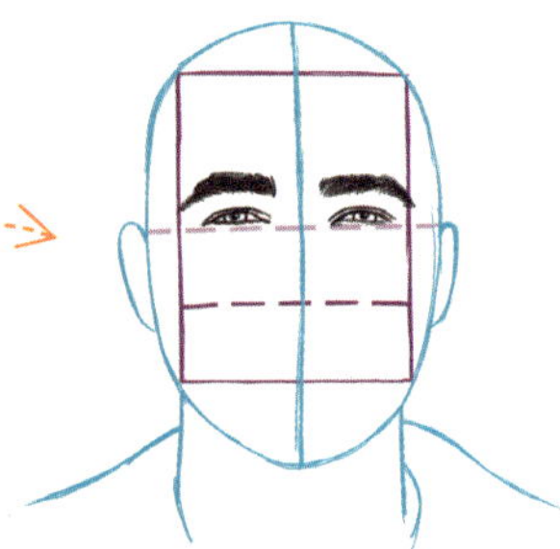

5 Mit Nase und Mund fortfahren. Orientieren Sie sich dabei an den Hilfslinien. Anschließend die Hilfslinien ausradieren.

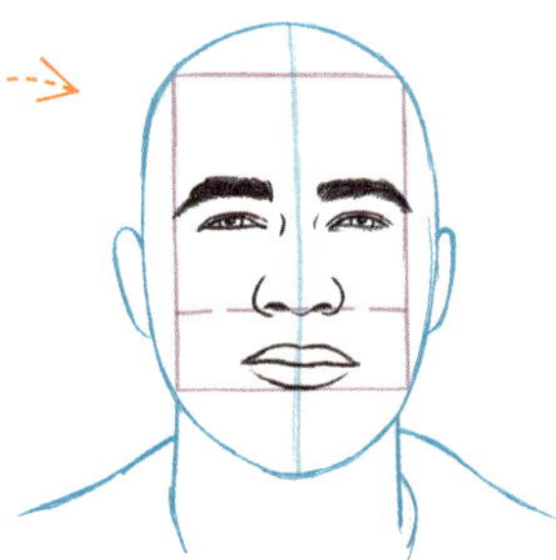

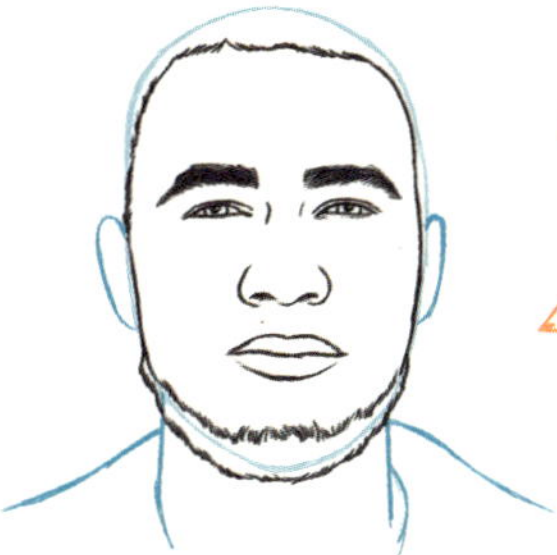

6 Den Haaransatz und die Umrisse des Barts mit einer Reihe von kurzen Strichen darstellen.

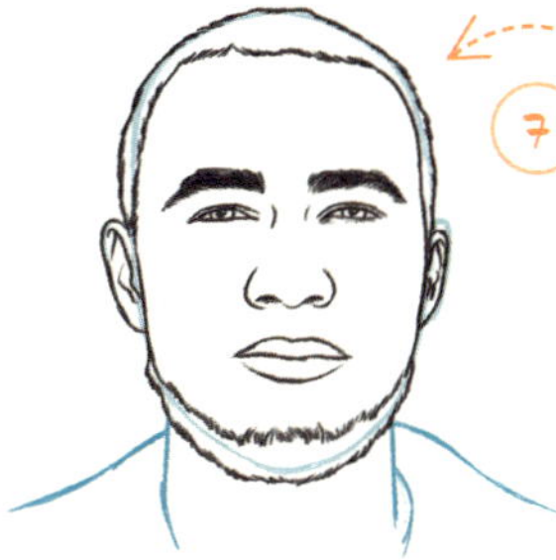

7 Den oberen Teil des Kopfes vervollständigen und die Ohren genauer ausarbeiten.

Tipp
Beobachten Sie, wie das Licht auf Ihr Motiv fällt und nutzen Sie es, um Kurven und Konturen hervorzuheben.

8 Beachten Sie den Lichteinfall und fügen Sie Schatten hinzu.

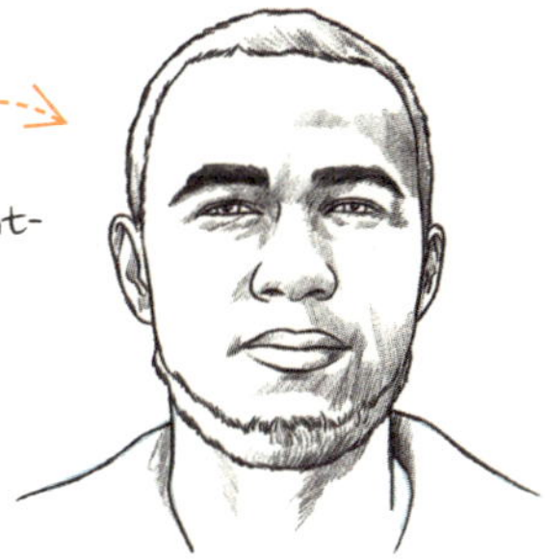

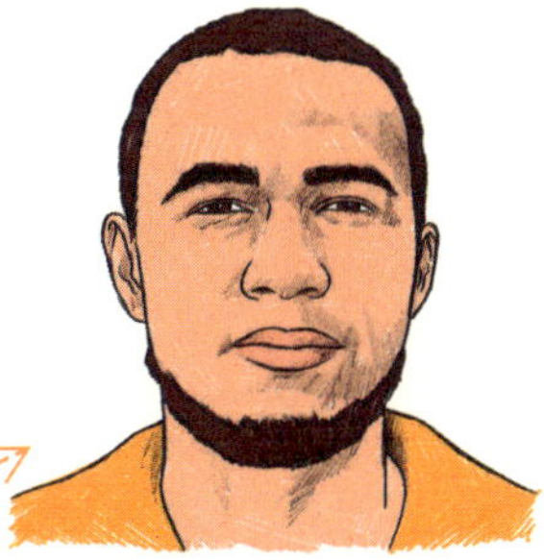

9 Jetzt werden Haut, Haare und Kleidung koloriert.

10 Die Schatten mit dunkleren Farbtönen vertiefen.

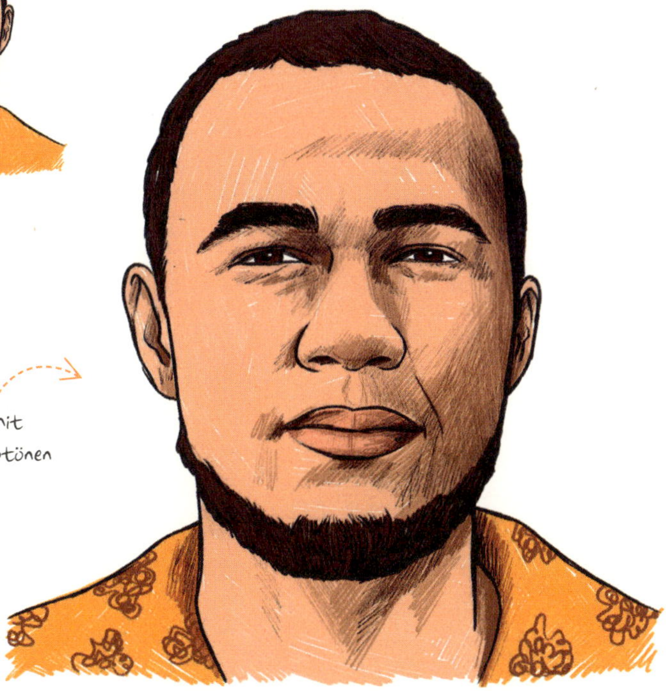

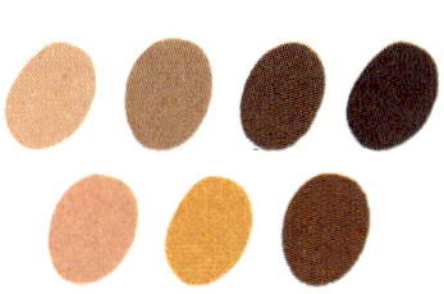

Rechteckig

Halbprofil 1

Bei diesem Halbprofil hilft eine rechteckige Hilfsform dabei, Proportionen und Perspektive richtig zu treffen.

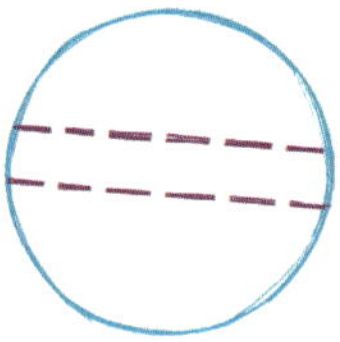

1 Mit einem Kreis beginnen. Zwei gestrichelte, waagerechte Linien einzeichnen, die von links nach rechts leicht abfallen.

2 Fügen Sie links unten an den Kreis ein Rechteck an.

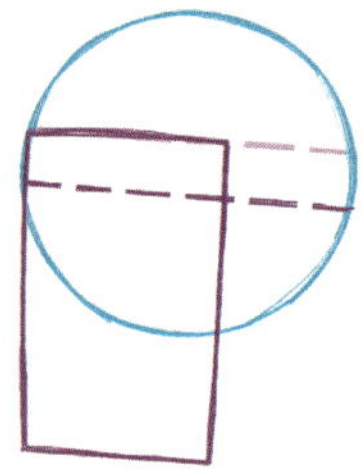

3 Zeichnen Sie den Umriss des Kiefers um das Rechteck herum und verbinden Sie es mit dem Kreis auf der rechten Seite. Ein kleines Oval für das Ohr hinzufügen.

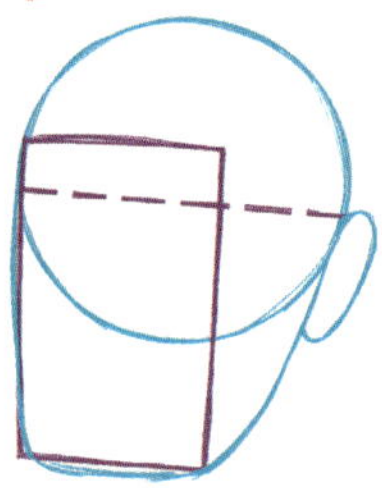

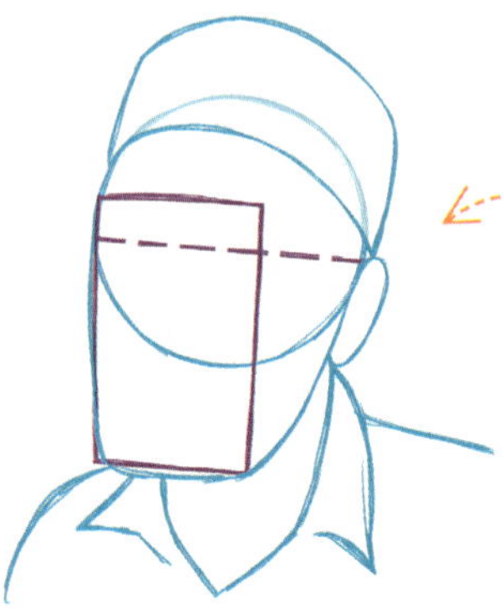

4 Die Mütze, die Schultern und den Hemdkragen skizzieren.

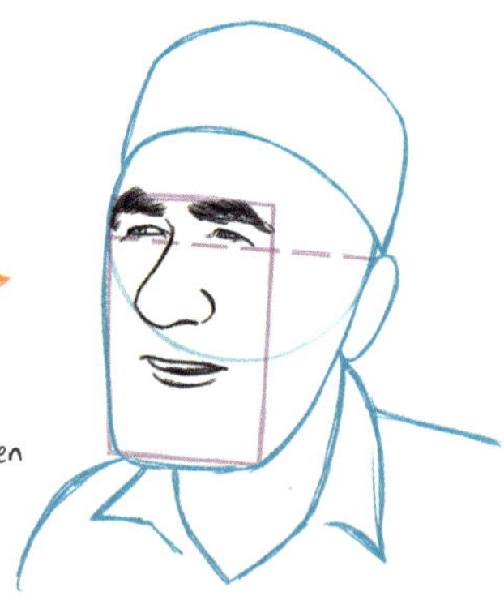

5 Die Augen und Augenbrauen werden entlang der gestrichelten Linie gezeichnet. Fahren Sie mit der Nase und dem Mund fort. Die Hilfslinien ausradieren.

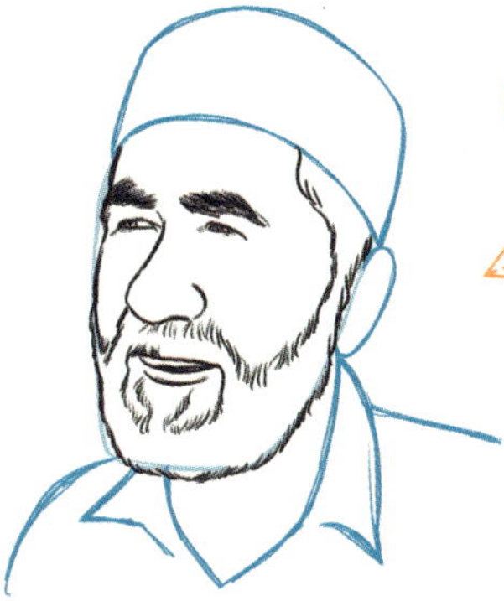

6 Die Umrisse des Gesichts und des Barts werden mit kurzen Strichen angedeutet.

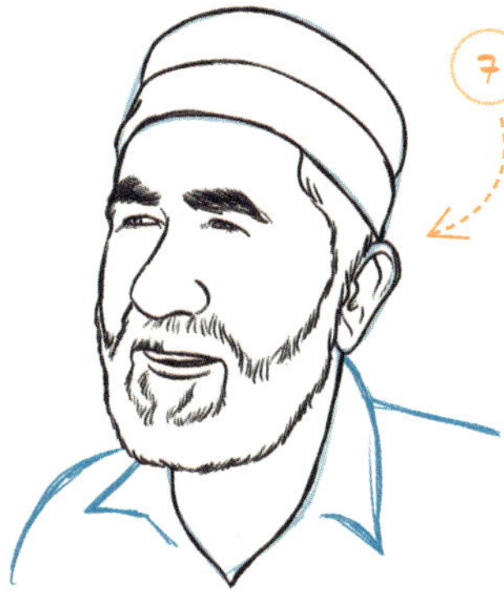

7 Nun Details von Ohr und Mütze ausarbeiten.

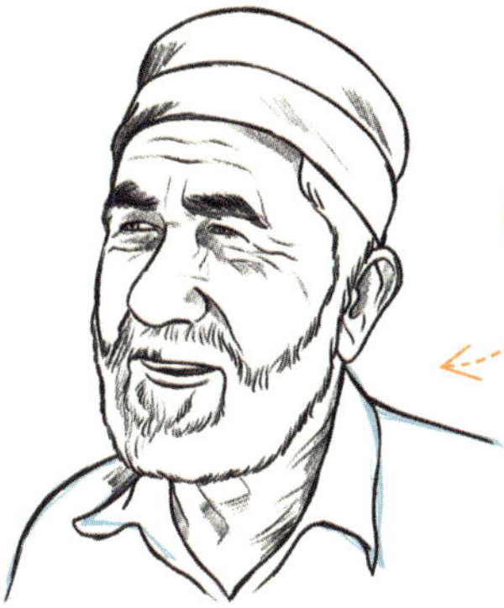

8 Schultern und Hemdkragen deutlicher zeichnen. Erste Schatten hinzufügen.

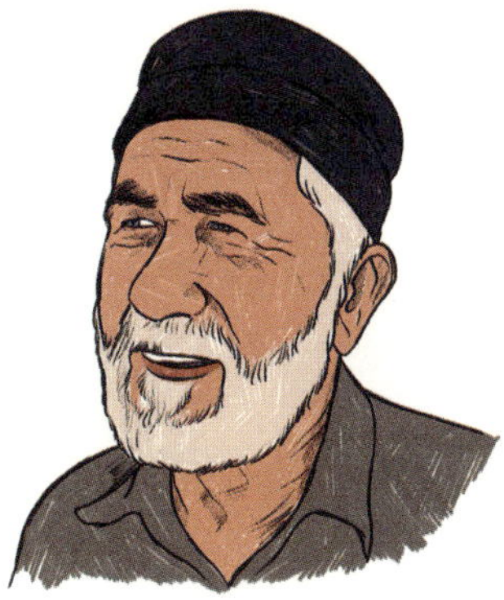

9 Jetzt wird die Zeichnung koloriert.

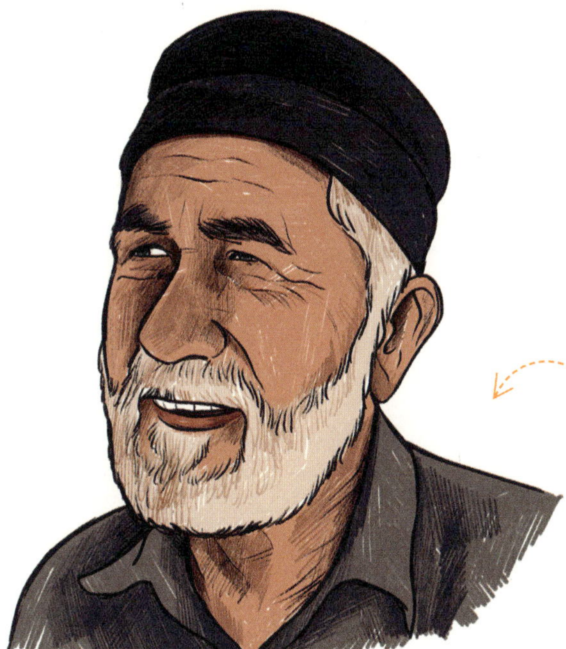

10 Für die tieferen Schatten dunklere Farbtöne verwenden.

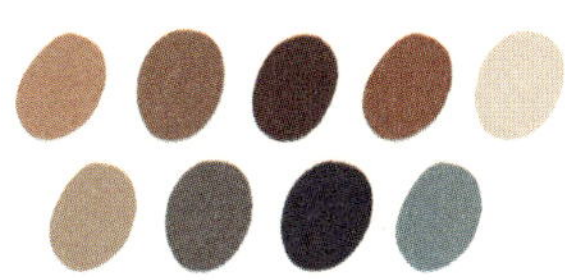

Rechteckig

Halbprofil 2

Es ist interessant, ältere Gesichter zu zeichnen. Ein Hut, eine Brille oder andere Accessoires können Porträtzeichnungen aufwerten.

1 Beginnen Sie mit einem Kreis. Eine gestrichelte Hilfslinie in der oberen Hälfte einzeichnen, die nach rechts leicht ansteigt. Unten links ein Rechteck anfügen.

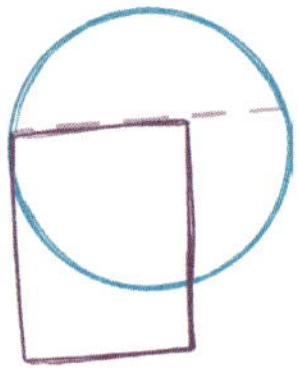

2 Die Kieferkontur aus dem Rechteck entwickeln und nach rechts mit dem Kreis verbinden. Ein kleines Oval für das Ohr zeichnen. Die Form des Huts über dem Gesicht skizzieren.

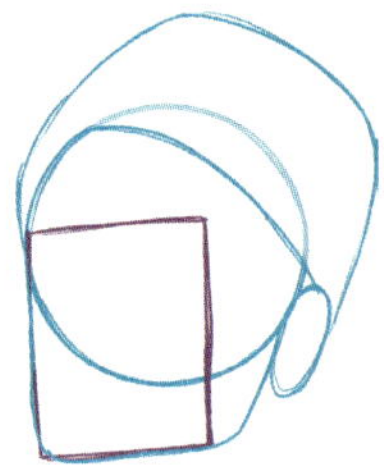

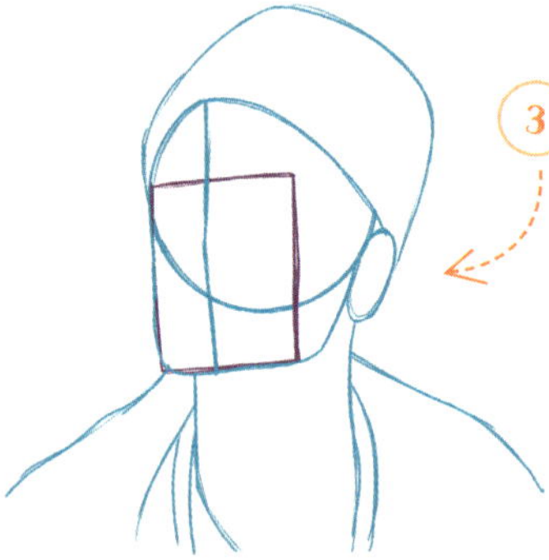

3 Eine senkrechte Linie bis zum Kinn ziehen. Die Umrisse von Hals, Schultern, Kleidung und Halskette andeuten.

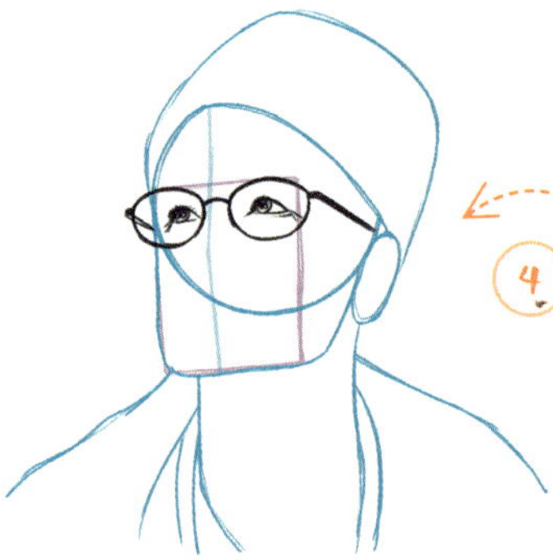

4 Die Brille und die Augen hinter den Brillengläsern einzeichnen. Achten Sie auf die kleinen Striche an den äußeren Augenwinkeln.

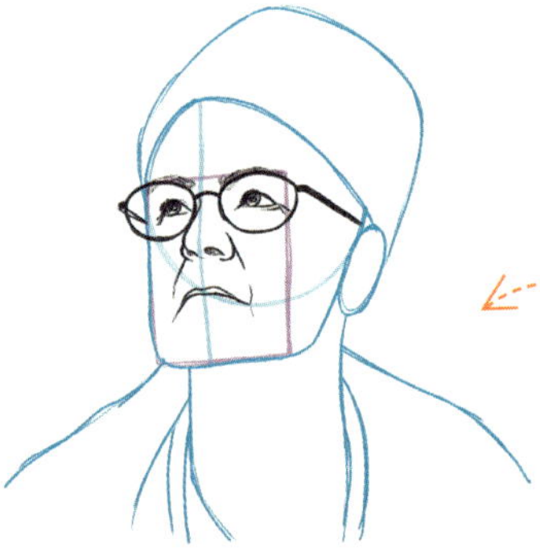

5 Fahren Sie mit Augenbrauen, Nase und Mund fort. Danach die Hilfslinien ausradieren.

6 Die Haare unter dem Hut mit gebogenen Strichen andeuten. Die Umrisse von Gesicht, Hals und Ohr deutlicher ausarbeiten.

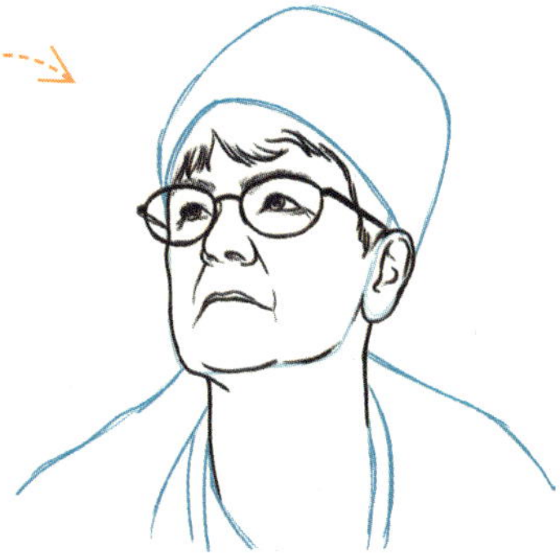

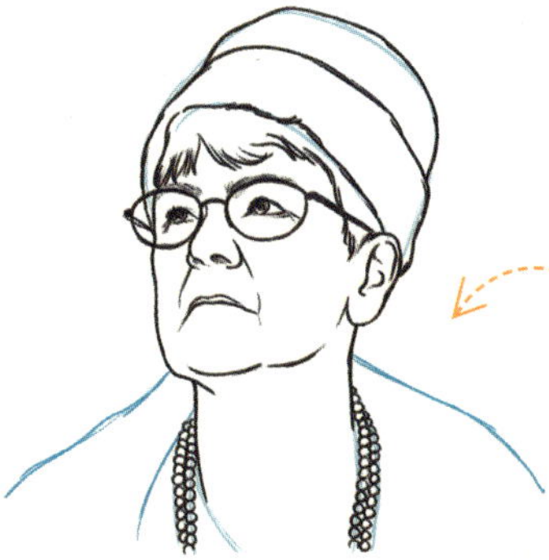

7 Die Umrisse von Hut und Halskette verfeinern.

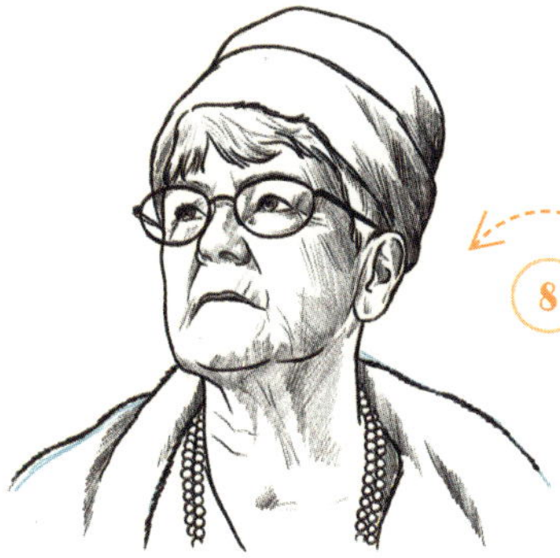

8 Details und Schattierungen auf Haut, Kleidung und Accessoires einzeichnen. Achten Sie dabei auf Falten.

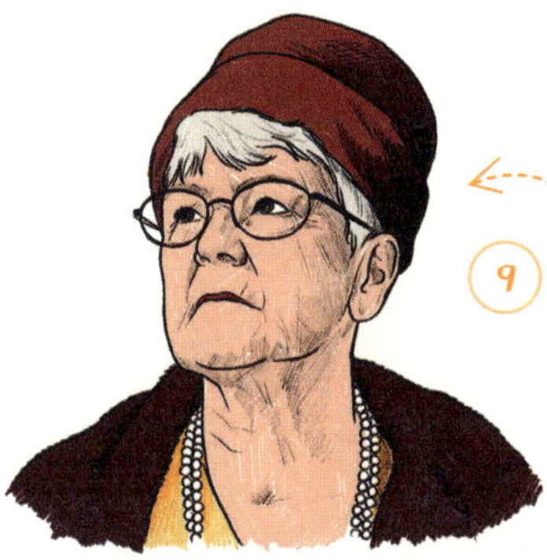

9 Jetzt wird das gesamte Porträt koloriert.

10 Zuletzt die Schatten mit dunkleren Farbtönen vertiefen.

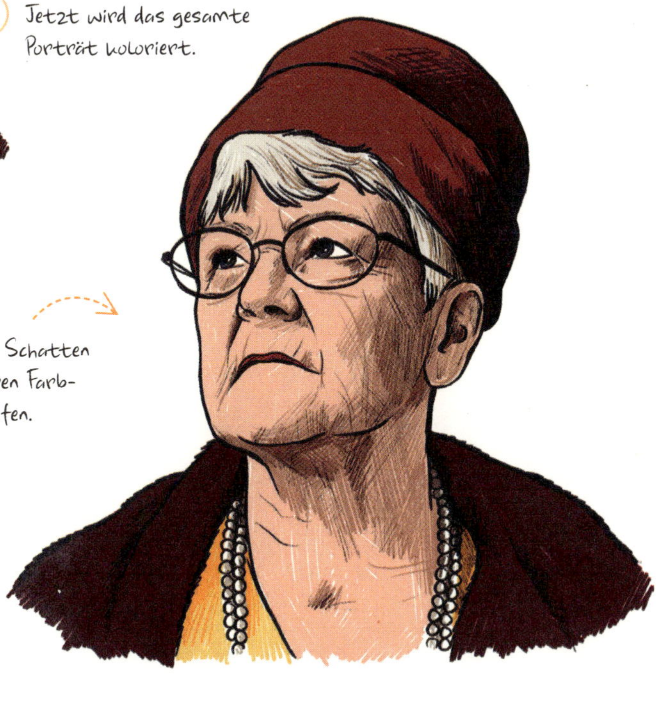

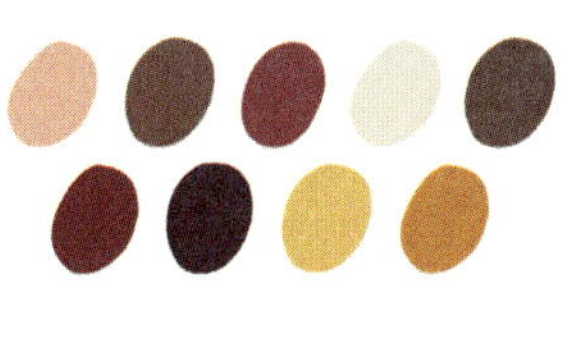

Rund

Halbprofil

An diesem Porträt mit dichten Haaren und Vollbart können Sie verschiedene Strichtechniken üben.

1 Beginnen Sie mit einem Kreis. Darunter eine U-Form für den Kiefer anfügen.

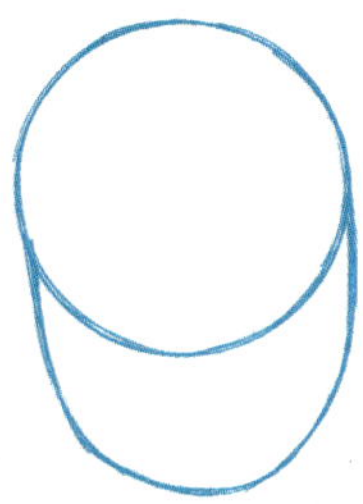

2 Einen zweiten Kreis (hier violett) rechts unten an den ersten anfügen. Darüber den Umriss der Haare skizzieren. Links ein kleines Oval für das Ohr zeichnen. Den ersten (blauen) Kreis ausradieren.

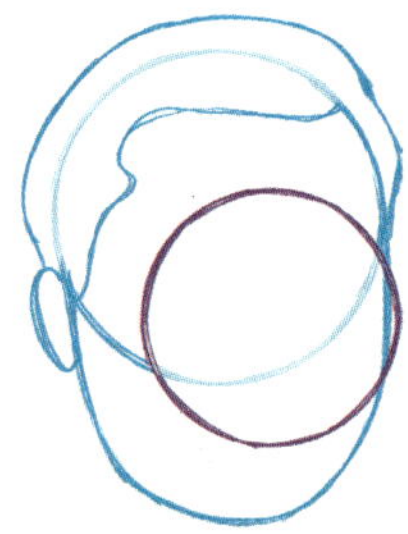

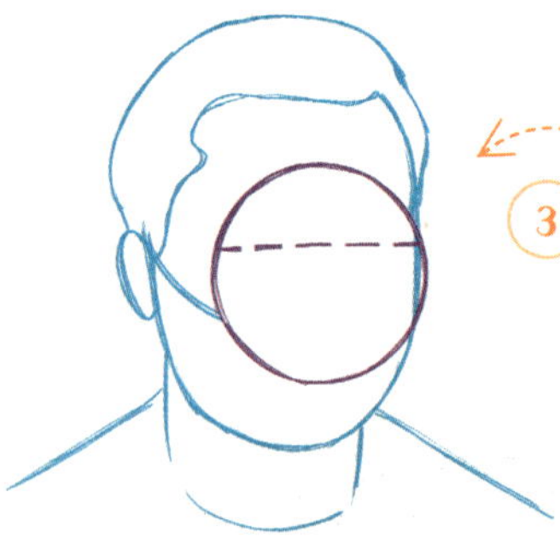

3 Zeichnen Sie jetzt Hals und Schultern. Eine waagerechte, gestrichelte Linie in den Kreis einfügen.

4 Augen und Augenbrauen auf der gestrichelten Linie einzeichnen.

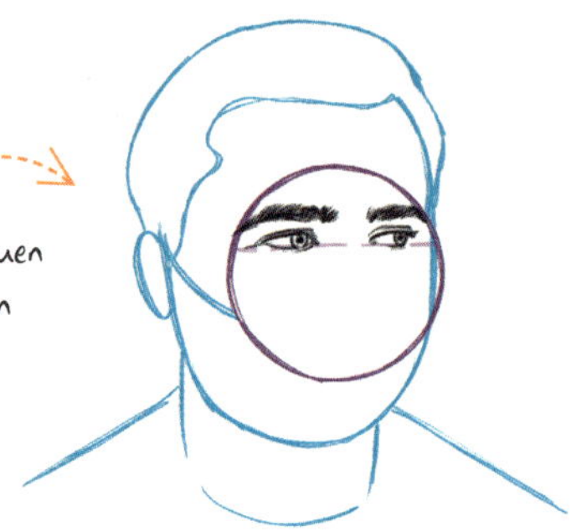

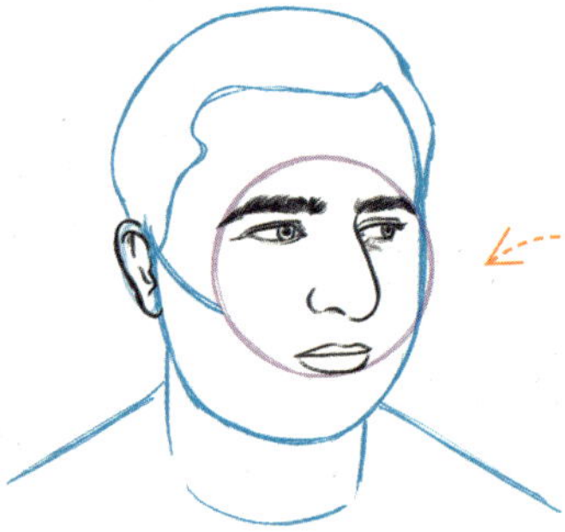

5 Fahren Sie mit Nase, Mund und Ohr fort. Dann radieren Sie die Hilfslinien aus.

6 Die Kontur des Kinns und den Bart mit kurzen Strichen darstellen.

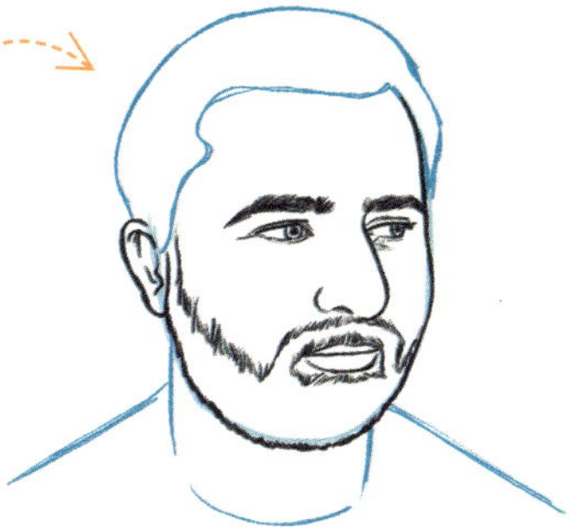

7 Für die Haare eher lockere Striche verwenden. Fügen Sie Details des Hemds hinzu.

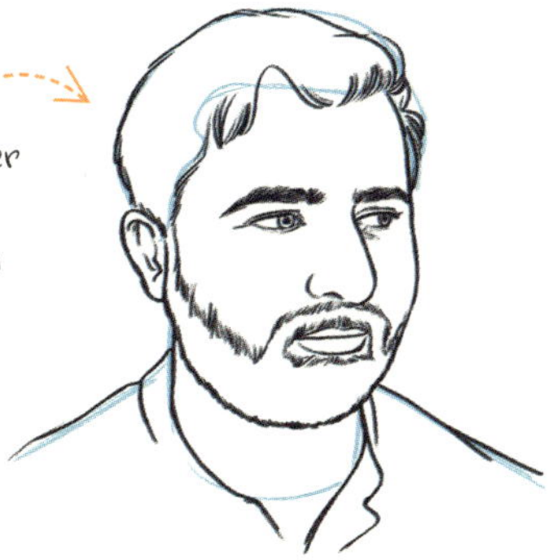

8 Haare und Bart mit unterschiedlichen Strichen ausfüllen, dabei erste Schatten berücksichtigen.

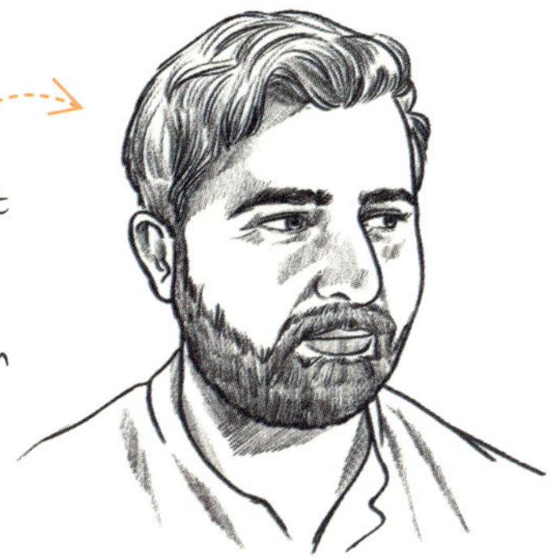

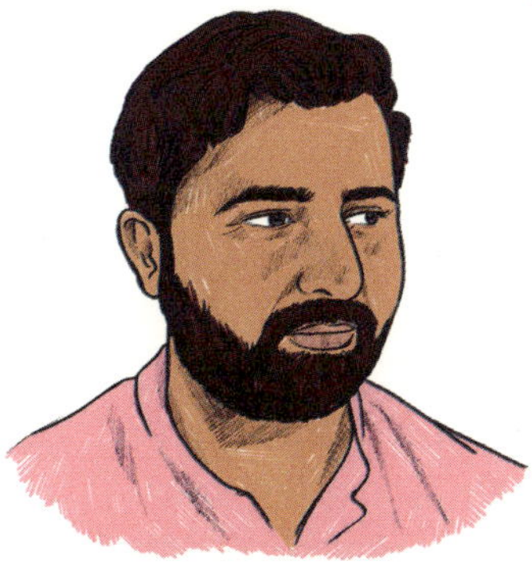

9 Kolorieren Sie jetzt Haut, Augen, Haare und Kleidung.

10 Zuletzt die Schatten mit dunkleren Farbtönen herausarbeiten.

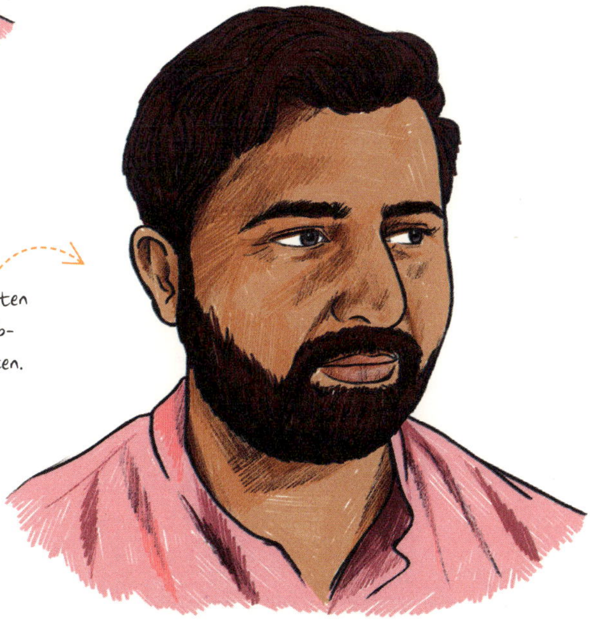

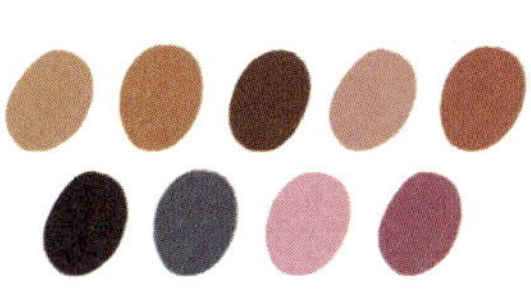

Quadratisch

Halbprofil

Der schlichte Kurzhaarschnitt vermittelt Individualität und Stärke, aber die Hand an der Wange wirkt etwas schüchtern.

1 Mit einem Oval beginnen und ein Quadrat hineinzeichnen.

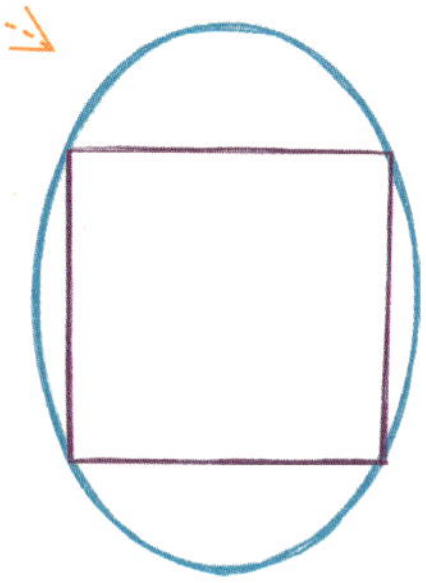

2 Das Quadrat mit einer gestrichelten Linie waagerecht halbieren. Einen Bogen für die Haare und ein kleines Oval für das Ohr hinzufügen.

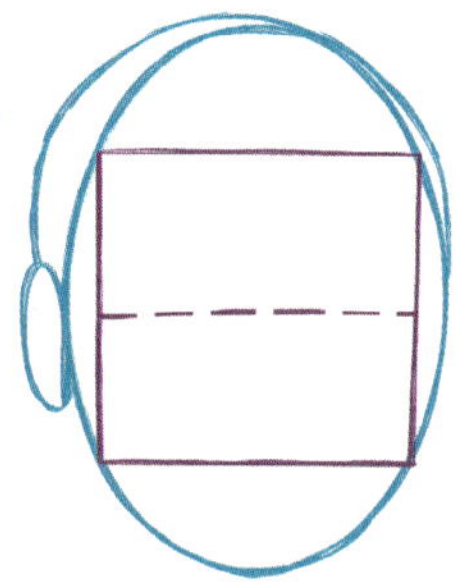

3 Hand, Hals und Schultern grob skizzieren.

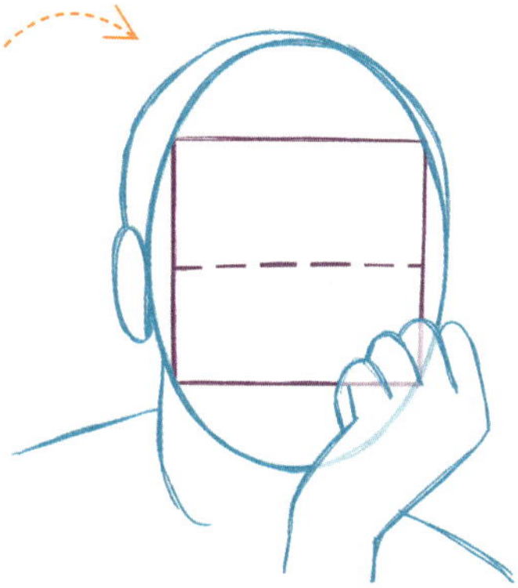

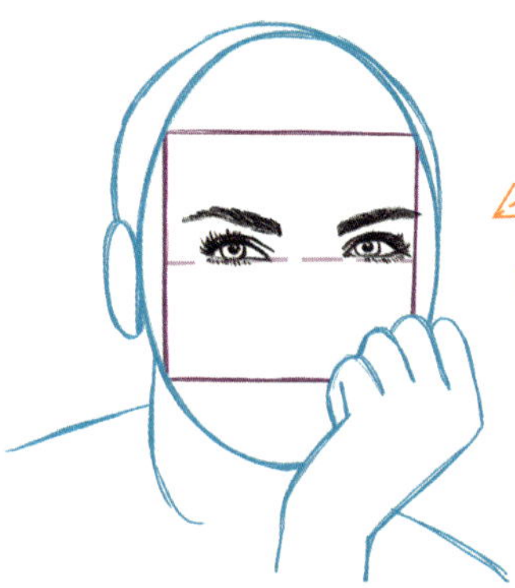

4 Zeichnen Sie dann Augen und Augenbrauen auf der gestrichelten Hilfslinie ein.

5 Nase und Mund einfügen, das Piercing nicht vergessen. Radieren Sie die Hilfslinien aus.

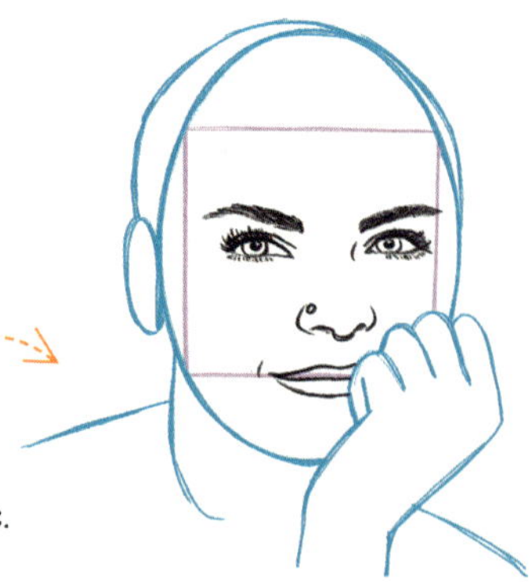

6 Zeichnen Sie den Umriss der Hand deutlicher.

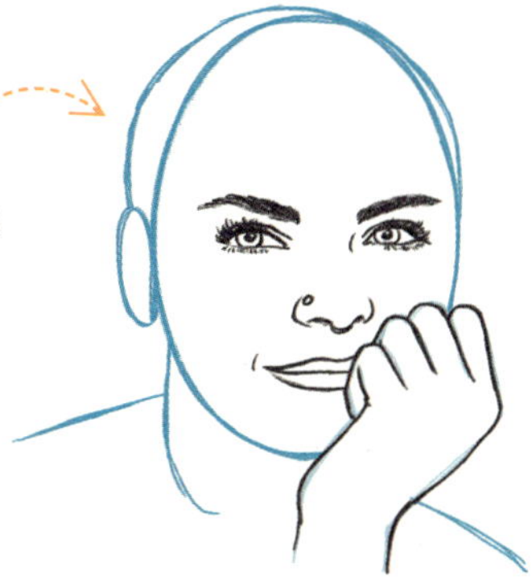

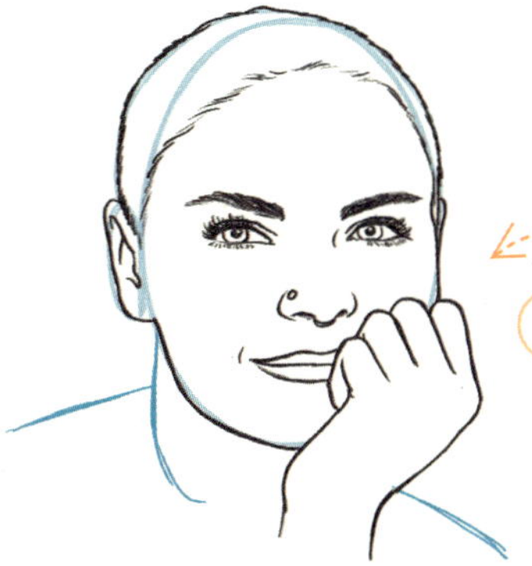

7 Die Haare anhand der Hilfslinien mit kurzen Strichen andeuten. Den Umriss des Gesichts und die Details des Ohrs deutlicher nachzeichnen.

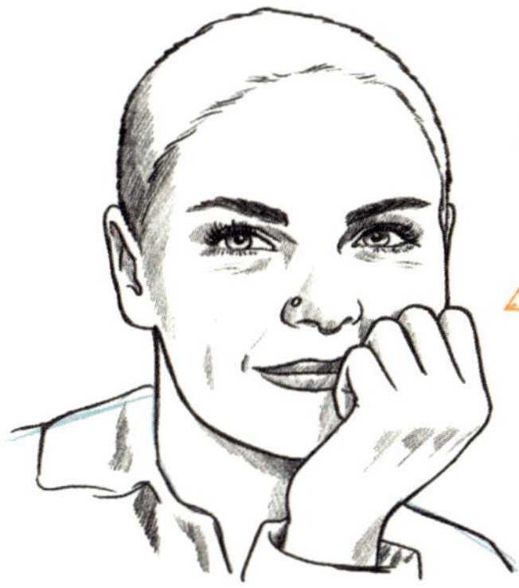

8 Hals, Kragen und Ärmel hinzufügen. Beim Einfügen der Schatten auf den Einfall des Lichts achten.

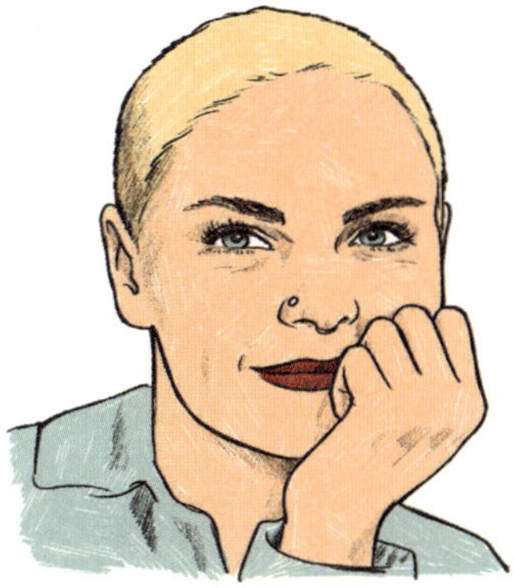

9 Jetzt wird das gesamte Porträt koloriert.

10 Zuletzt die Schatten mit dunkleren Farbtönen vertiefen.

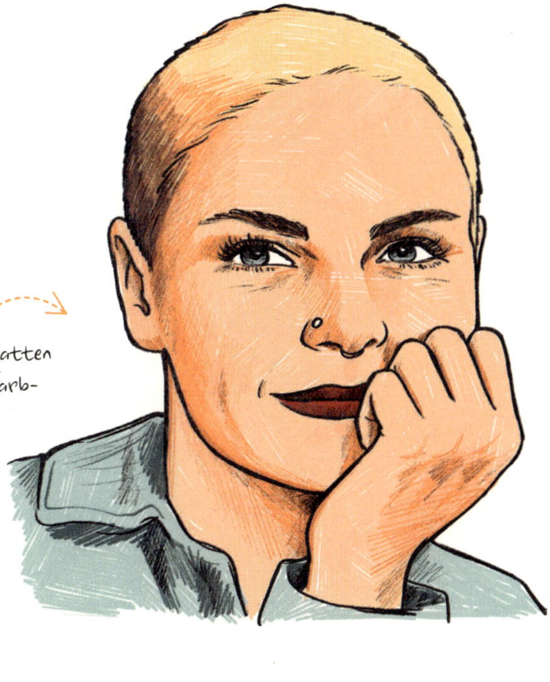

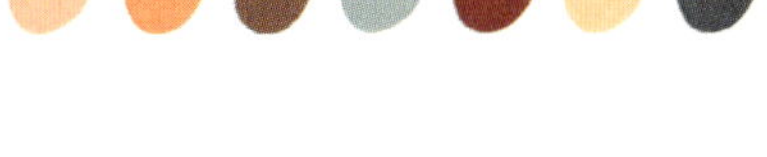

Quadratisch

Frontalansicht 1

Das quadratische Gesicht in der Frontalansicht wirkt kraftvoll und ausdrucksstark.

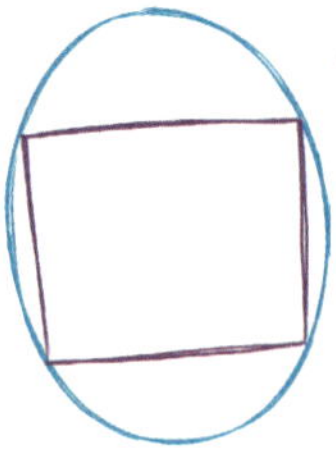

1 Mit einem Oval beginnen und ein Quadrat hineinzeichnen.

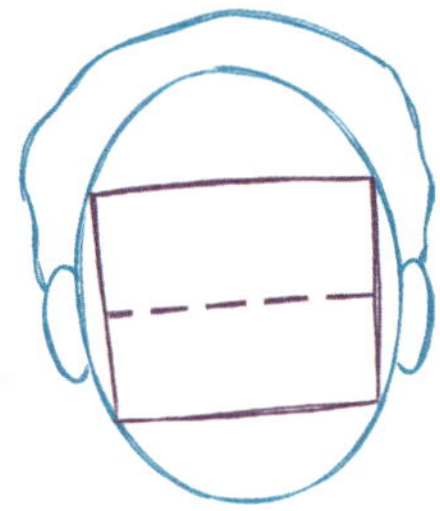

2 Das Quadrat mit einer gestrichelten, waagerechten Linie halbieren. Über dem Kopf einen Bogen für die Haare anfügen. Auf beiden Seiten kleine Ovale für die Ohren zeichnen.

3 Skizzieren Sie dann Hals und Schultern.

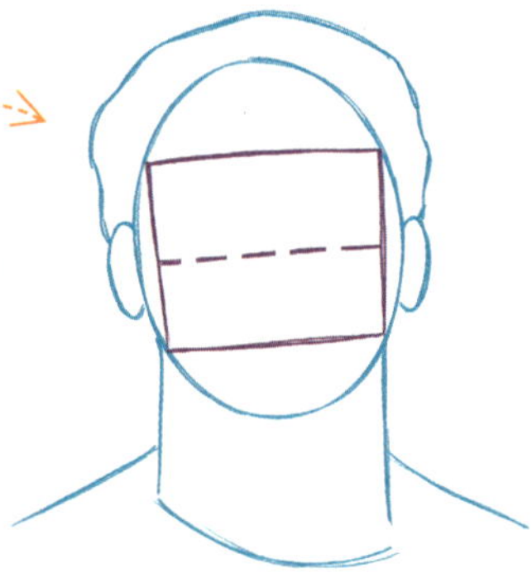

4 Die Augen und Augenbrauen unter die obere Linie des Quadrats zeichnen. Die Nase liegt auf der Mittellinie.

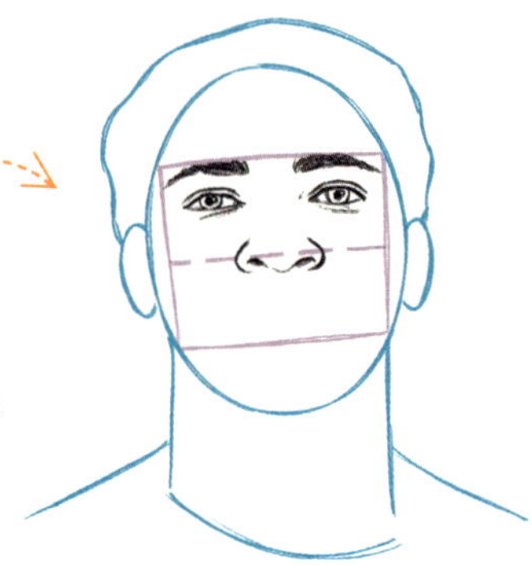

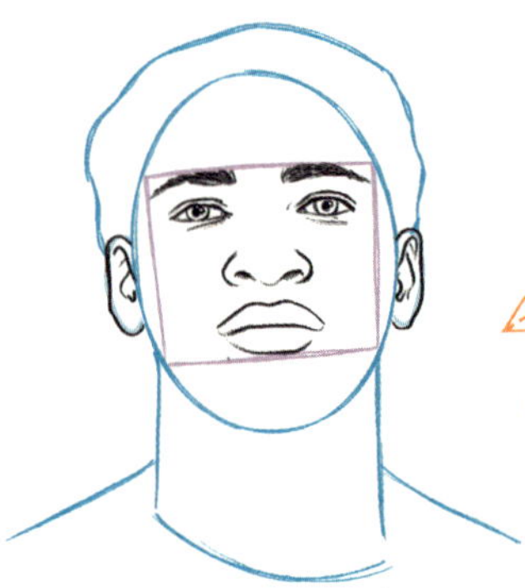

5 Fahren Sie mit Mund und Ohren fort. Danach radieren Sie die Hilfslinien aus.

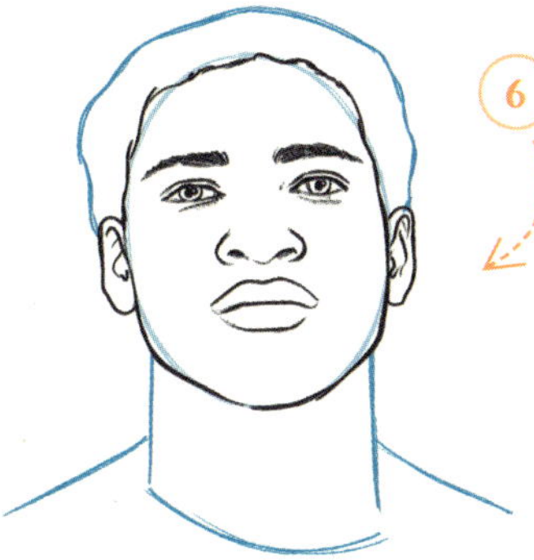

6 Die Konturen von Gesicht und Haaransatz ausarbeiten.

7 Mit welligen Strichen auf dem Oberkopf die fein gekräuselten Haare andeuten. Die Halskontur nachzeichnen.

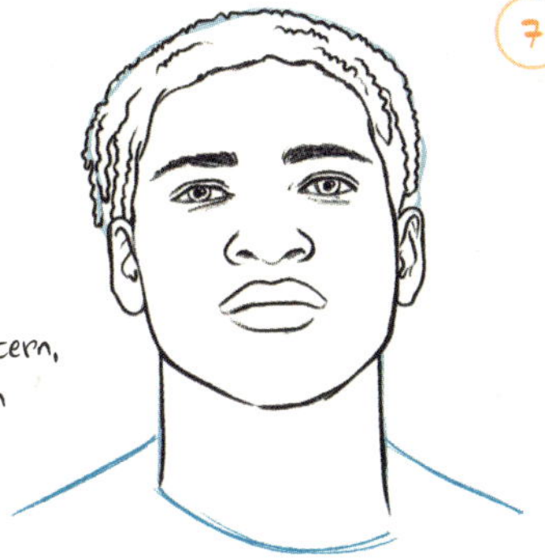

8 Arbeiten Sie nun Details von Schultern, Hemdkragen und T-Shirt aus. Fügen Sie erste Schatten ein.

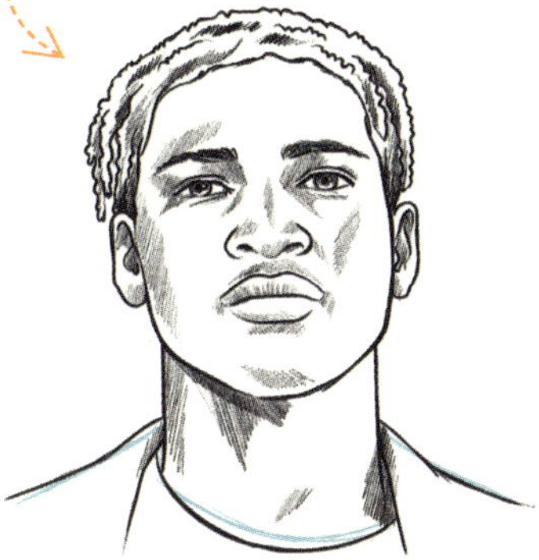

9 Jetzt wird das Porträt koloriert.

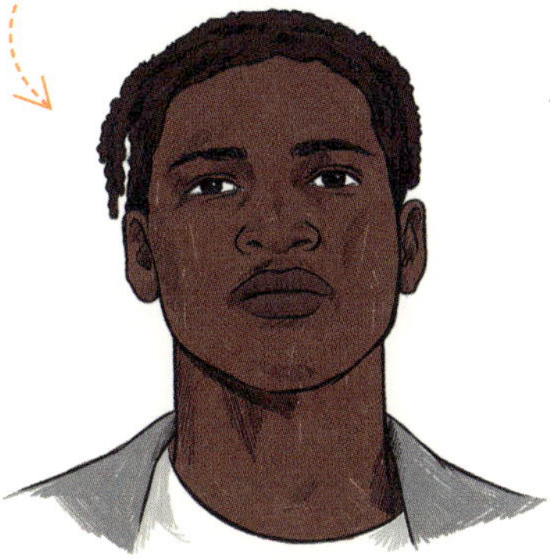

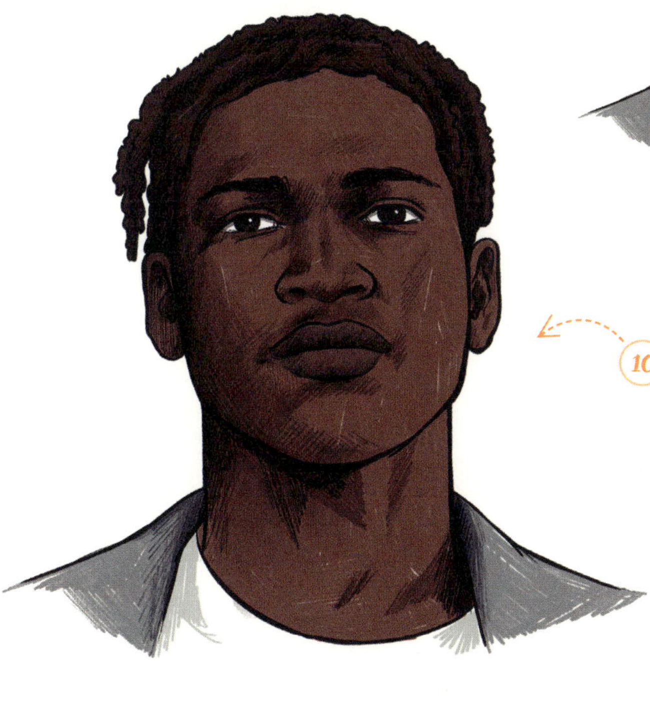

10 Zuletzt die Schatten mit dunkleren Farbtönen vertiefen.

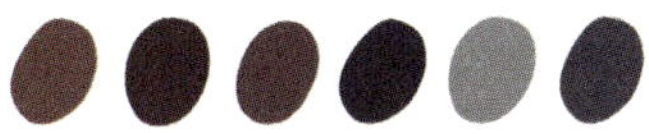

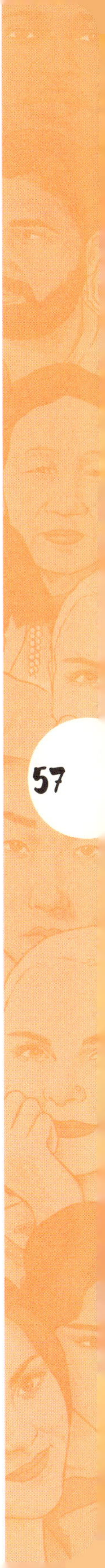

Quadratisch

Frontalansicht 2

Die Fältchen in einem alten Gesicht werden mit feinen Strichen angedeutet.

1 Beginnen Sie mit einem Oval, und zeichnen Sie ein Quadrat hinein.

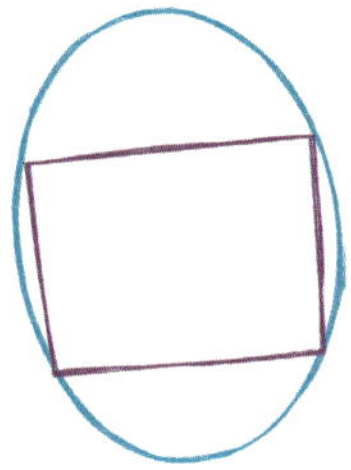

2 Das Quadrat mit zwei waagerechten, gestrichelten Hilfslinien unterteilen. Eine Senkrechte durch die Mitte des Ovals ziehen.

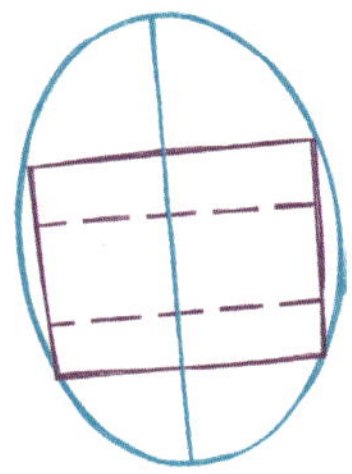

3 Den Umriss der Haare und der Blüte an der Seite skizzieren. Beidseitig kleine Ovale für die Ohren hinzufügen. Hals und Schultern vorzeichnen.

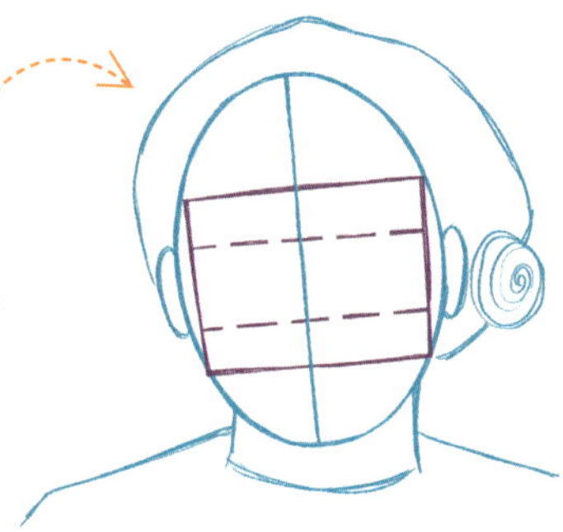

4 Zeichnen Sie Augen und Augenbrauen zwischen die Oberkante des Quadrats und die obere, gestrichelte Linie.

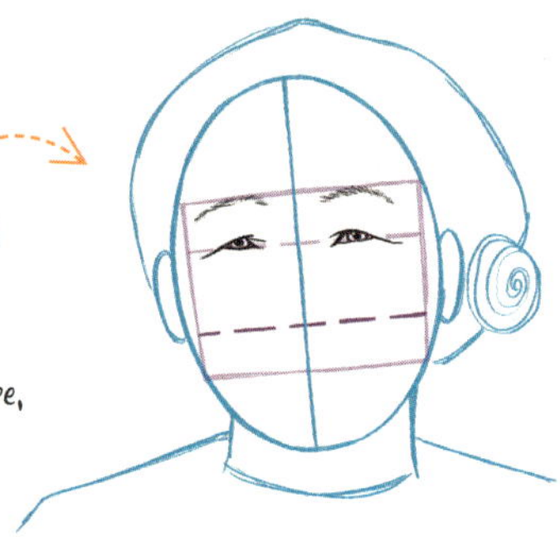

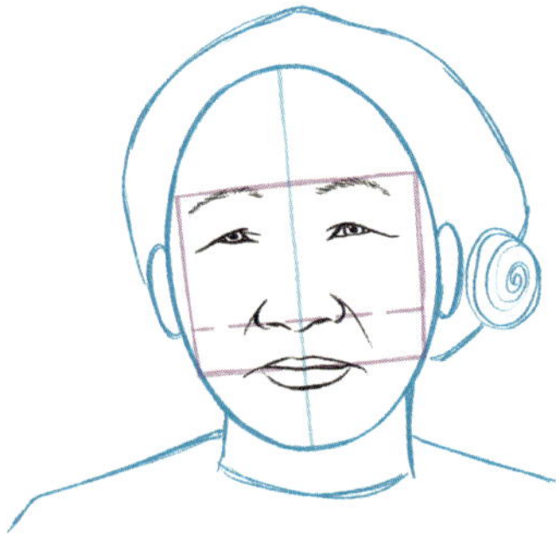

5 Fahren Sie mit Nase und Mund fort. Danach die Hilfslinien ausradieren.

6 Den Umriss des Gesichts sauber nachzeichnen.

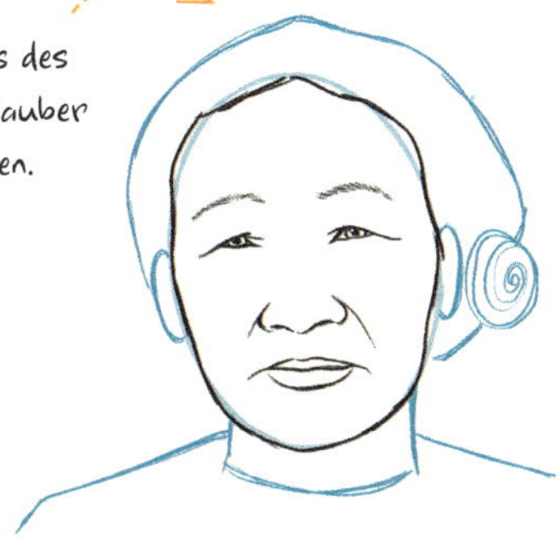

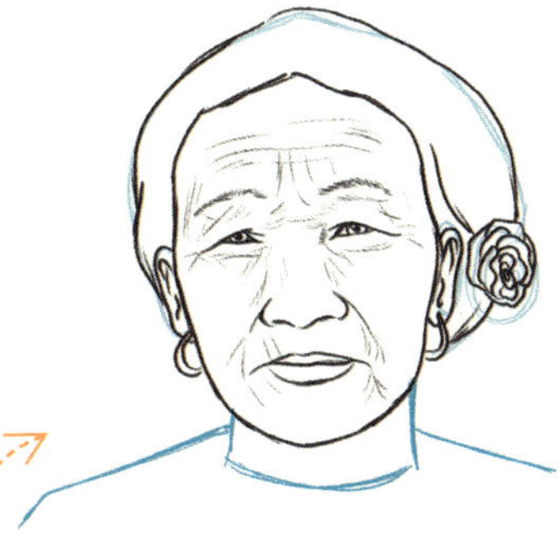

7 Die Haare, die Blüte und die Ohrringe ausarbeiten. Das Alter durch einige feine, gekrümmte Linien für die Fältchen andeuten.

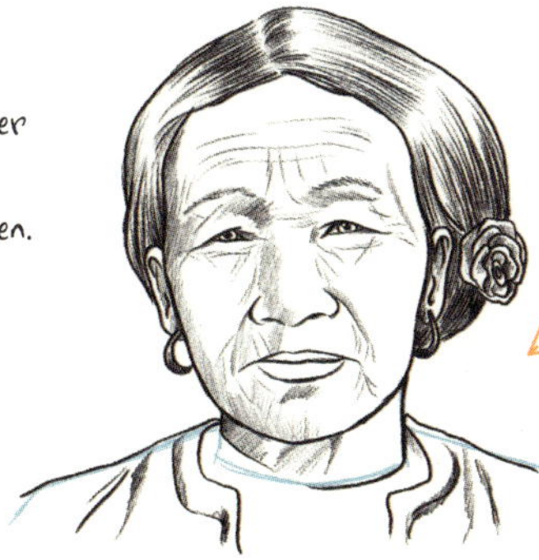

8 Die Haare mit langen geraden Strichen darstellen und die Schatten andeuten.

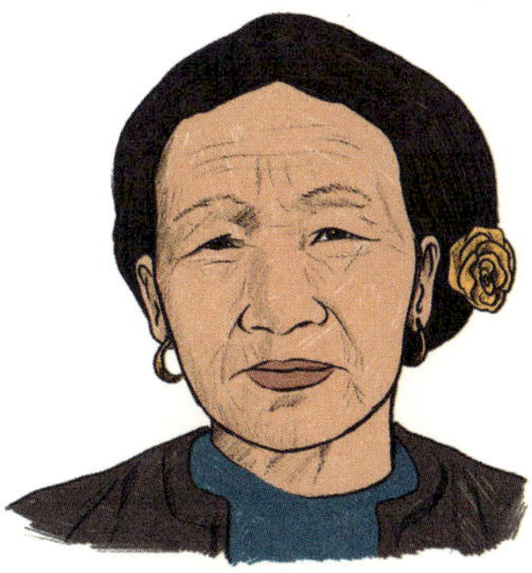

9 Kolorieren Sie jetzt das gesamte Porträt.

10 Die Schatten werden mit dunkleren Farbtönen vertieft.

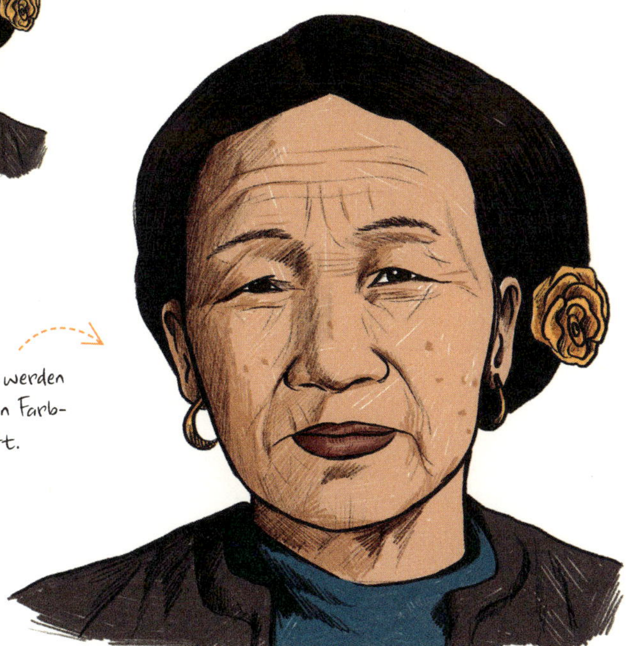

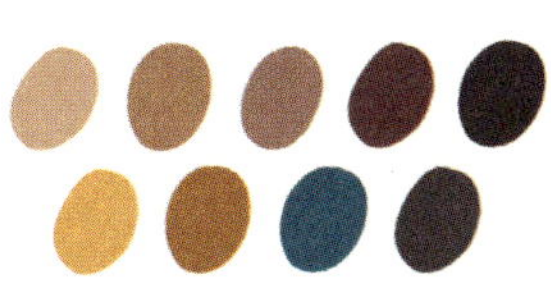

Rautenförmig

Halbprofil 1

Typisch für ein rautenförmiges Gesicht ist das spitze Kinn. Kiefer und Stirn sind relativ schmal.

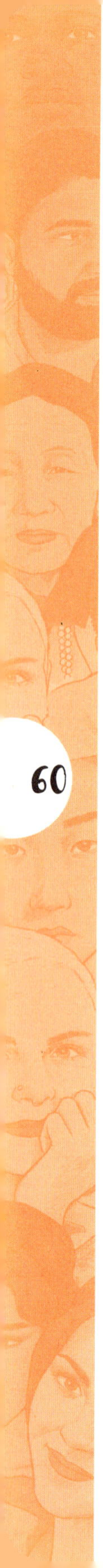

1 Beginnen Sie mit einem Kreis. Fügen Sie eine gerade Mittellinie ein. Darunter eine abgerundete V-Form für das Kinn setzen.

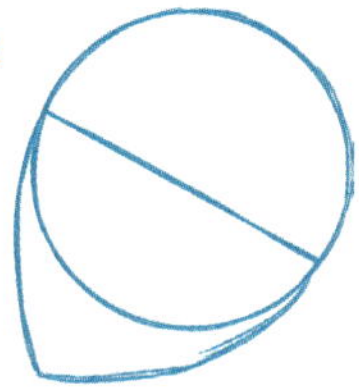

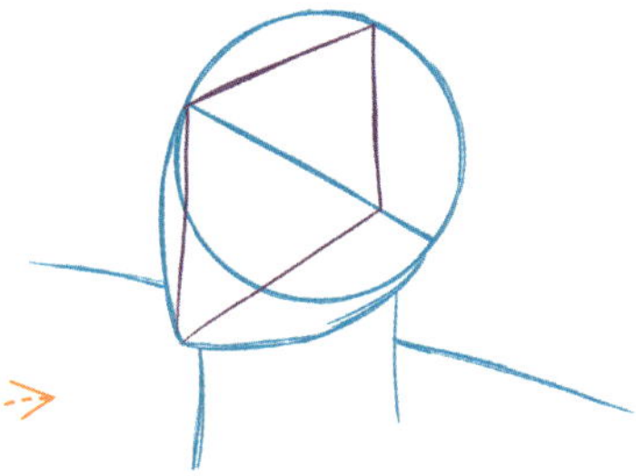

2 Die Umrisse von Hals und Schultern skizzieren. In die Kopfform eine Raute zeichnen.

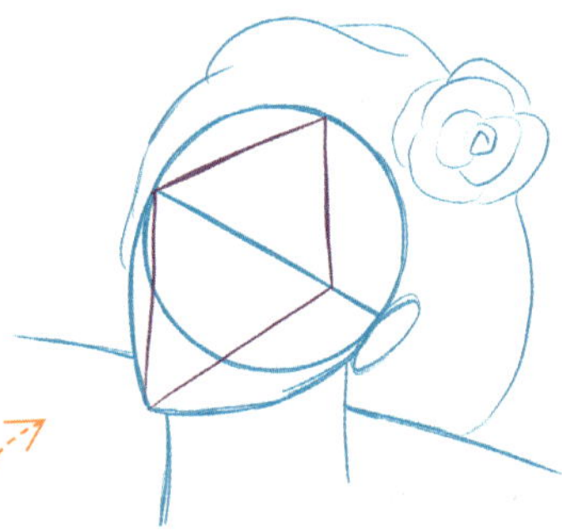

3 Den Umriss der Haare andeuten und die Blume skizzieren. An einer Seite des Kopfs ein Oval für das Ohr anfügen.

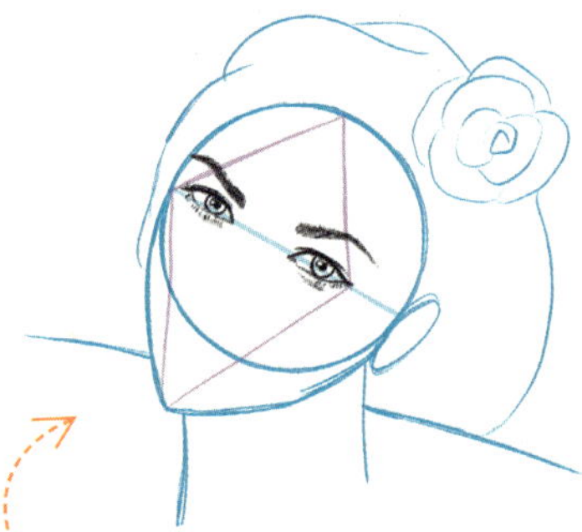

4 Die Augen auf die gerade Mittellinie zeichnen, die Augenbrauen darüber. Die äußeren Augenwinkel liegen in den Ecken der Rautenform.

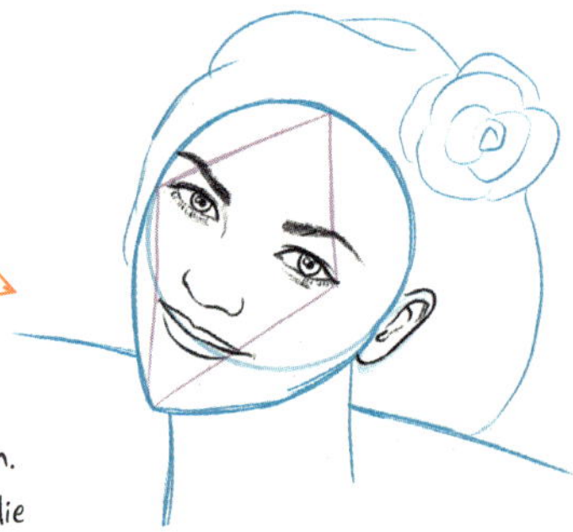

5 Mit Nase, Mund und Ohr fortfahren. Radieren Sie dann die Hilfslinien aus.

6 Die Umrisse von Gesicht und Haaren sauber nachzeichnen.

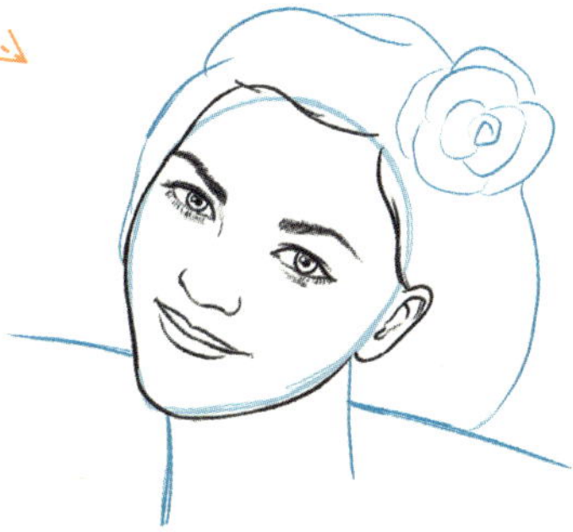

7 Die Haare weiter ausarbeiten und Details der Rose einfügen.

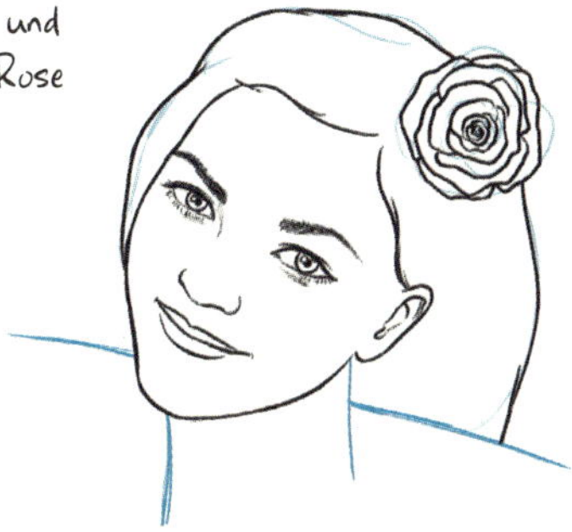

8 Hals und Schultern sauber nachzeichnen. Achten Sie auf den Lichteinfall und deuten Sie die Schatten an.

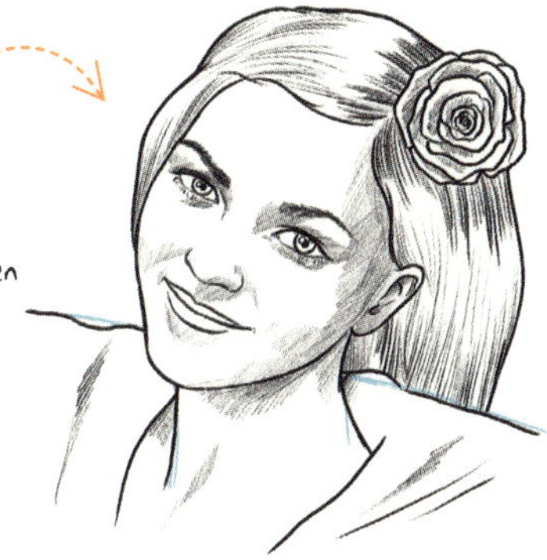

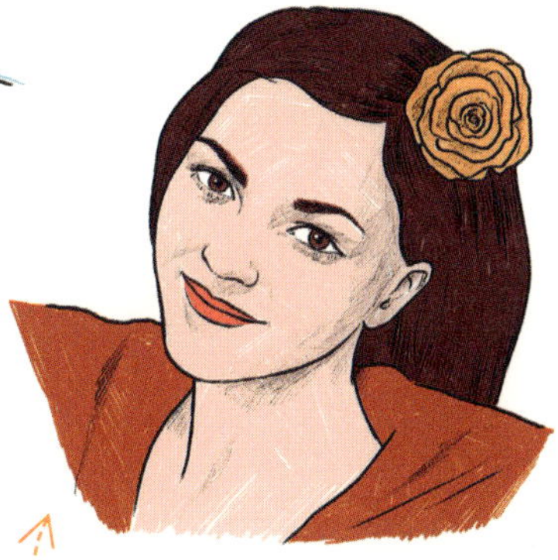

9 Haut, Augen, Haare und Kleidung kolorieren. Wählen Sie für den Lippenstift eine leuchtende Farbe.

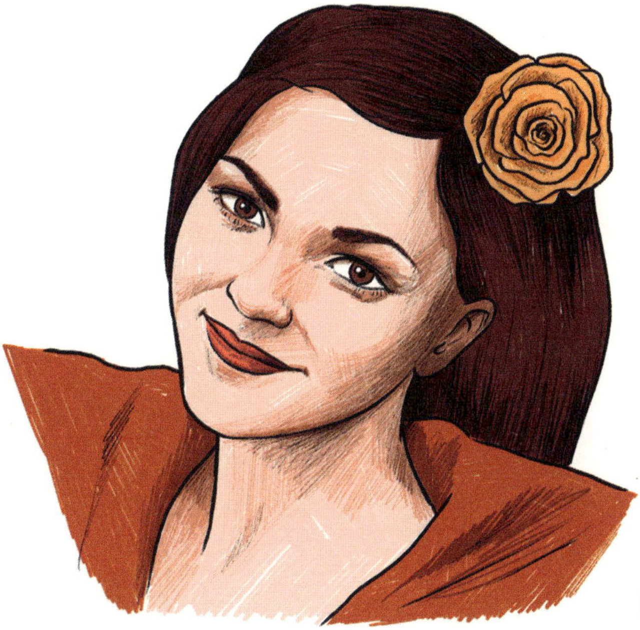

10 Zuletzt werden die Schatten mit dunkleren Farbtönen vertieft.

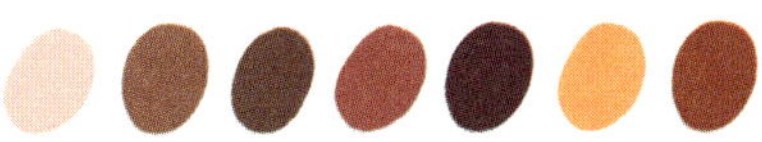

Rautenförmig

Halbprofil 2

Um das Halbprofil abzuwandeln, können Sie den Winkel der Rautenform verändern.

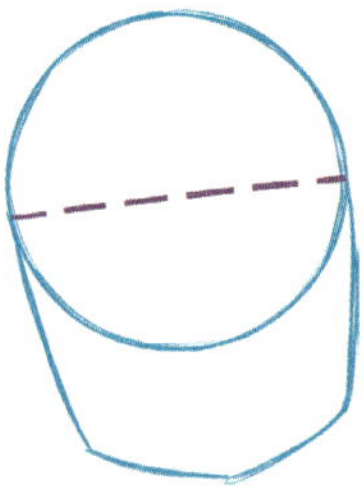

1 Beginnen Sie mit einem Kreis. Fügen Sie eine horizontale Mittellinie ein. Darunter eine kantige V-Form für das Kinn setzen.

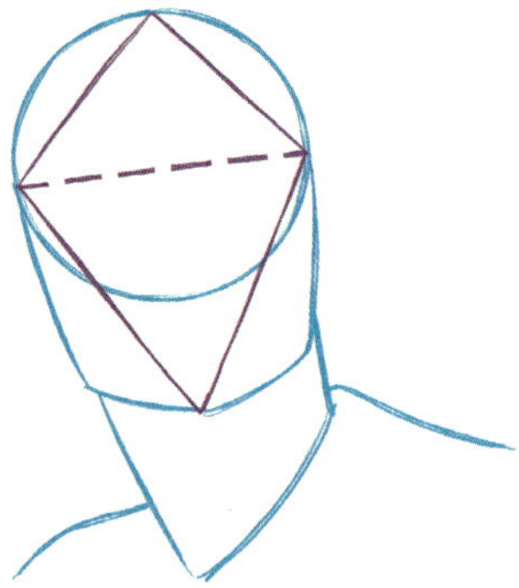

2 In die Kopfform eine Raute zeichnen, die unten über den Kreis hinausragt. Die Umrisse von Hals und Schultern skizzieren.

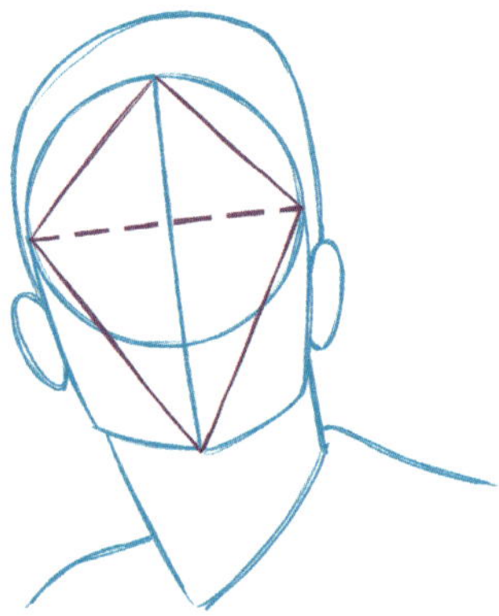

3 Die Konturen der Haare und der Ohren an die Kopfform anfügen.

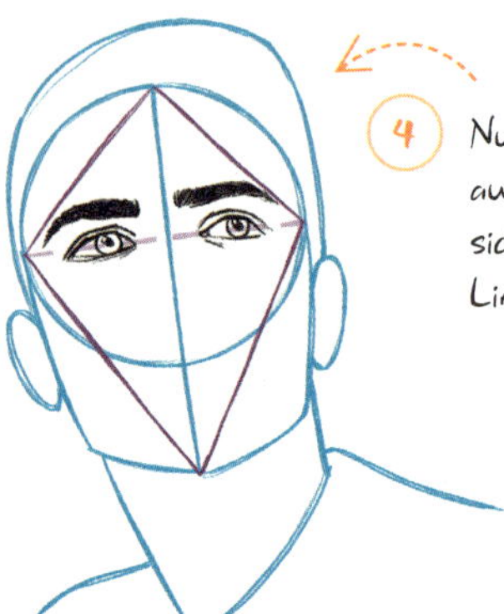

4 Nun Augen und Augenbrauen ausarbeiten. Orientieren Sie sich dabei an der gestrichelten Linie und der Raute.

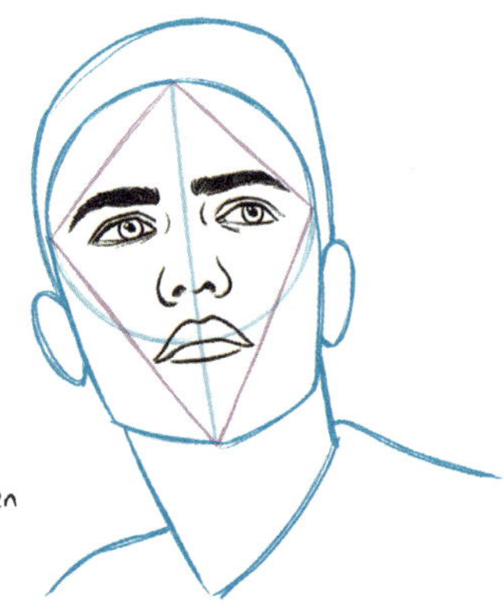

5 Mit Nase und Mund fortfahren. Die Hilfslinien ausradieren.

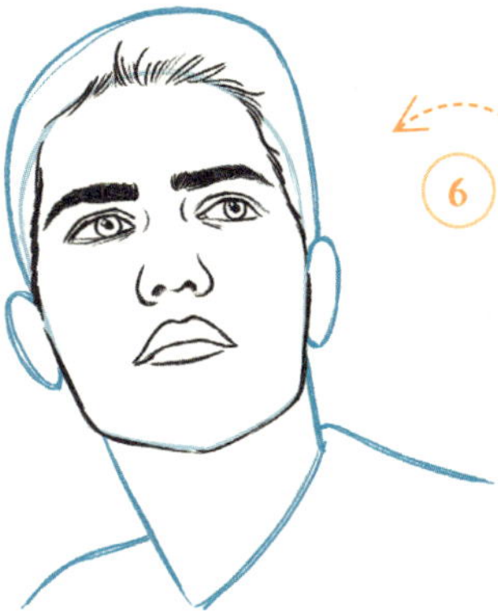

6 Den Haaransatz mit kurzen Strichen andeuten.

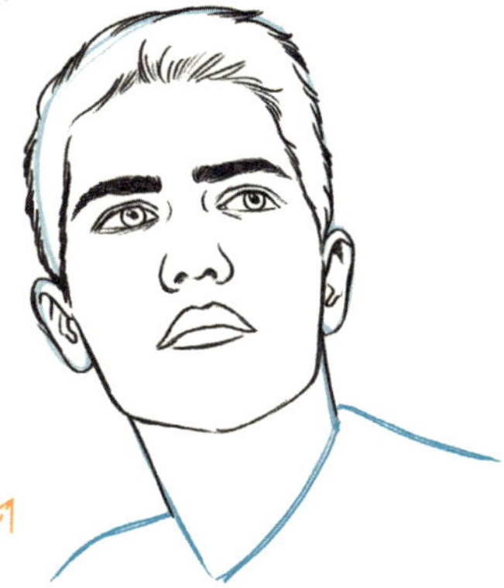

7 Mit der oberen Kontur der Haare und den Ohren fortfahren.

8 An Oberkopf und Seiten weitere Striche für die Haare einfügen. Hals und Schultern sauber nachzeichnen. Achten Sie auf den Lichteinfall und deuten Sie die Schatten an.

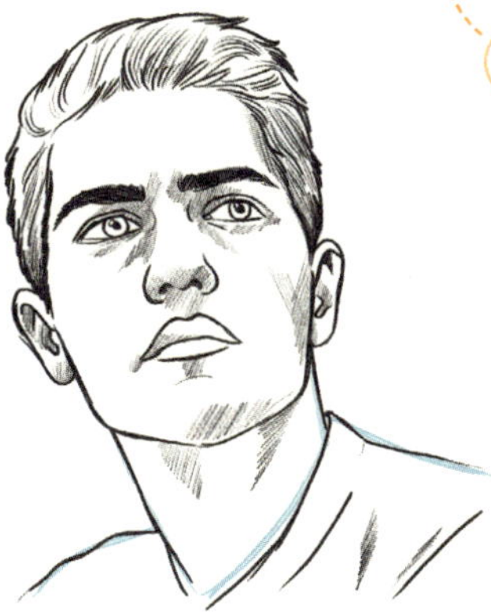

9 Jetzt wird das Porträt koloriert.

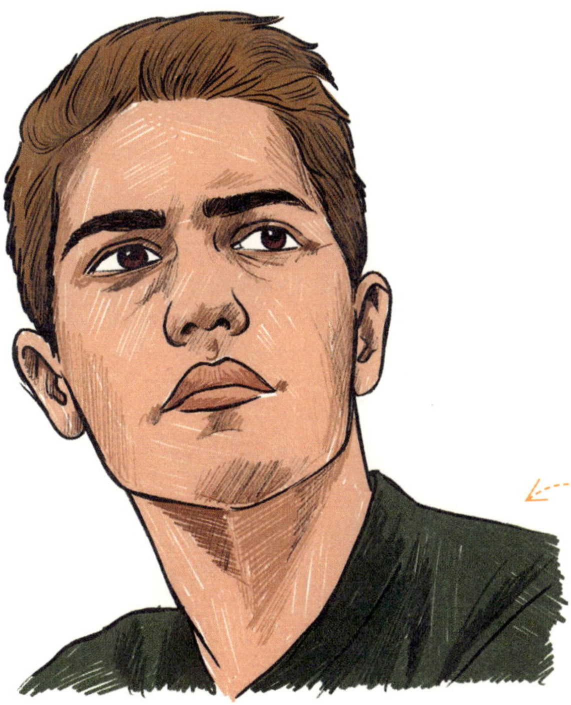

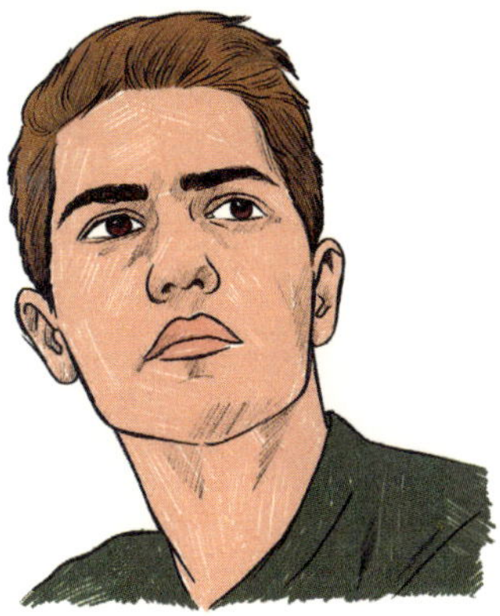

10 Die Schatten mit dunkleren Farbtönen vertiefen.

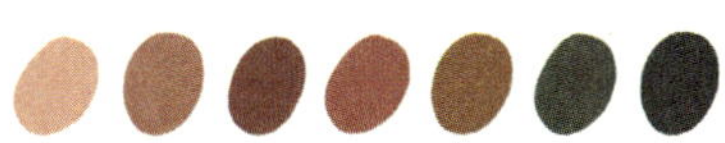

Rautenförmig

Frontalansicht

Die Frontalansicht wirkt natürlicher, wenn der Kopf leicht zur Seite geneigt ist.

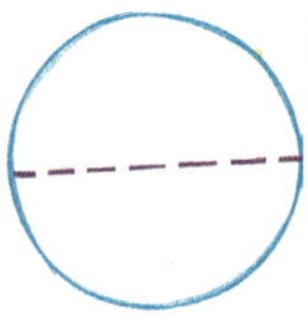

1 Einen Kreis zeichnen. Eine gestrichelte Linie horizontal in der Mitte einfügen.

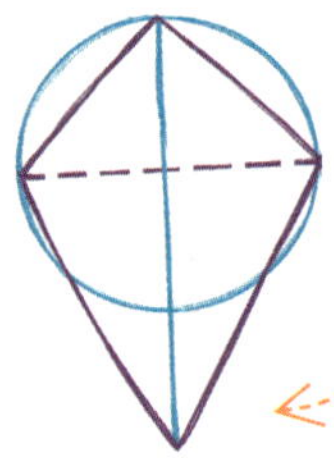

2 Anhand der Hilfslinie eine Raute zeichnen, die unten aus dem Kreis herausragt. Sie hilft dabei, die Proportionen des Gesichts richtig zu treffen.

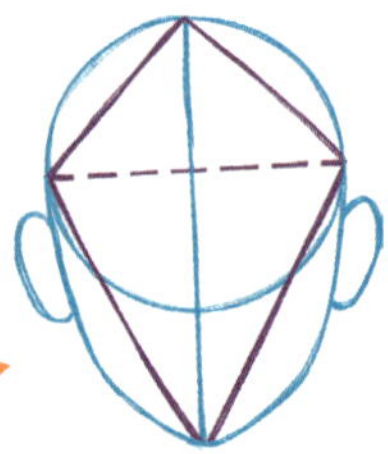

3 Die Umrisse von Kinnpartie und Ohren um die Raute herum vorzeichnen.

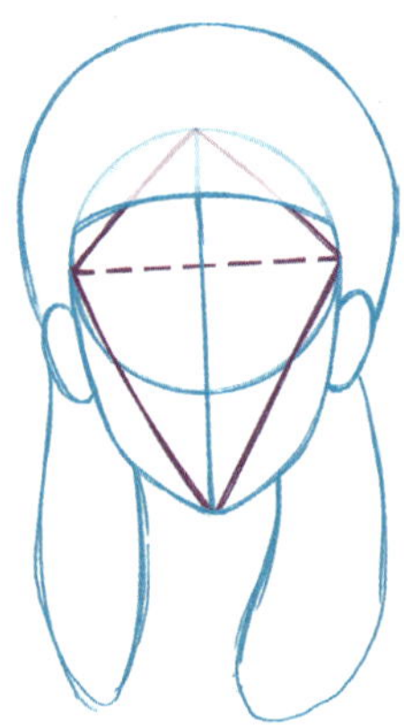

4 Die Konturen des Fahrradhelms und der Haare zeichnen.

5 Die Schultern skizzieren. Augen und Augenbrauen einzeichnen. Orientieren Sie sich dabei an der gestrichelten Linie.

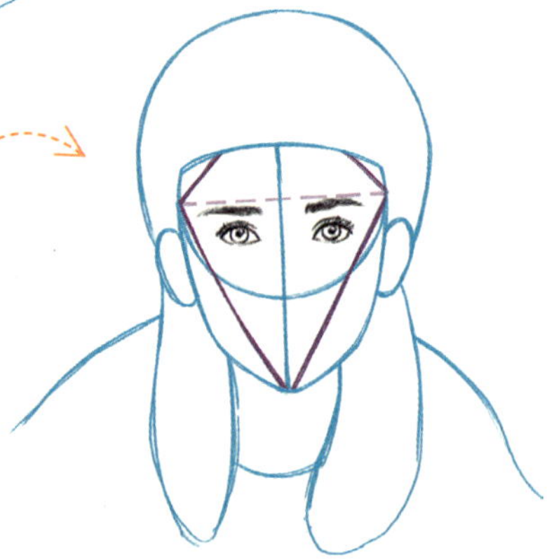

6 Fahren Sie mit Nase und Mund fort. Danach überflüssige Hilfslinien ausradieren. Die Konturen des Fahrradhelms sauber nachzeichnen und die nicht mehr benötigten Hilfslinien ausradieren.

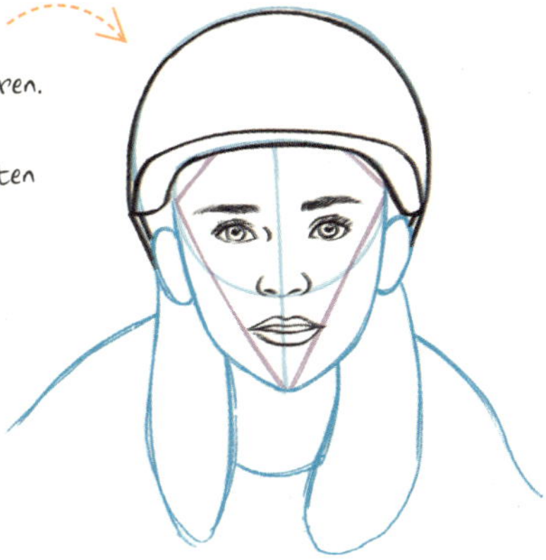

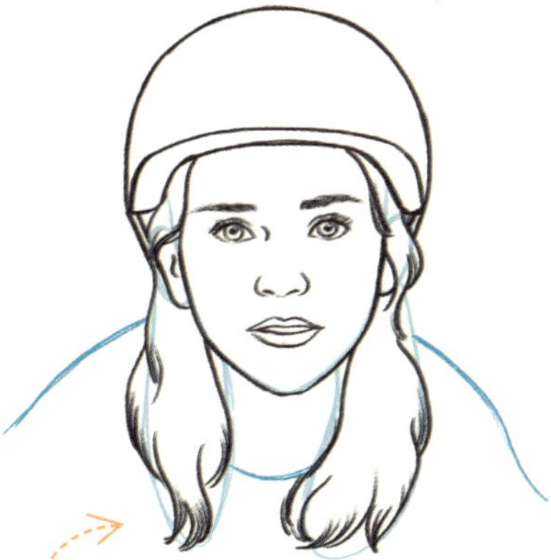

7 Zeichnen Sie die Konturen von Gesicht, Ohren und Haaren sauber nach.

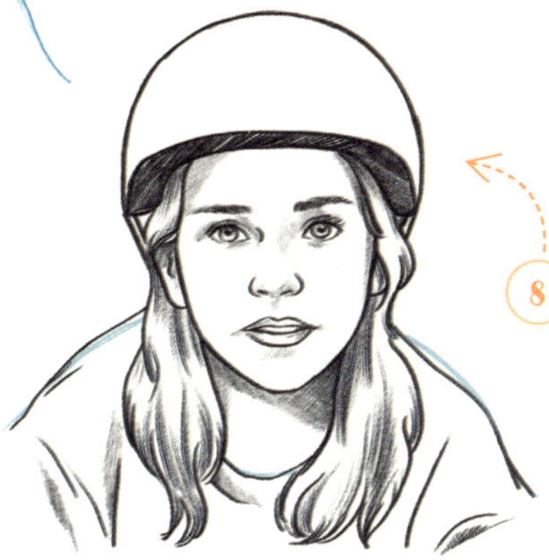

8 Die Schultern und den Ausschnitt des Shirts ausarbeiten. Achten Sie auf den Lichteinfall und deuten Sie die Schatten an.

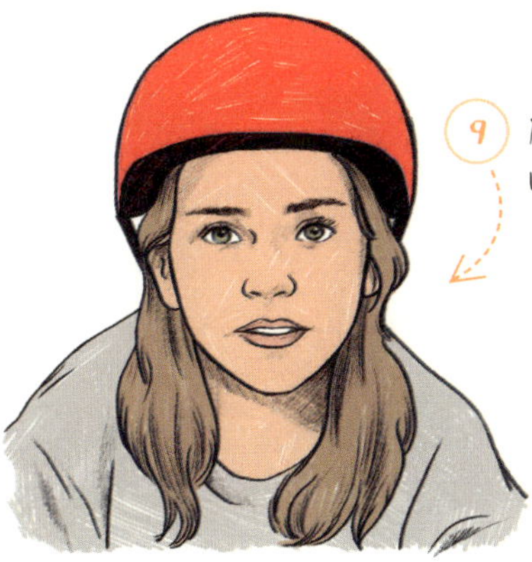

9 Nun das Porträt kolorieren.

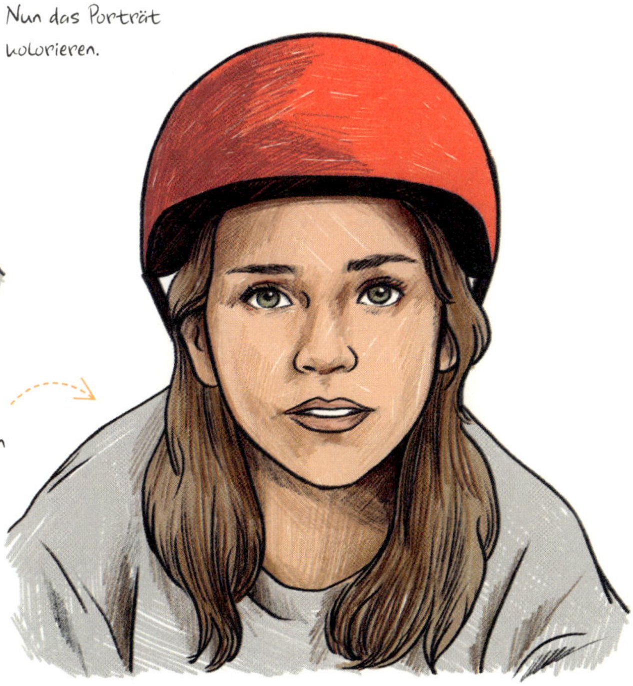

10 Zuletzt die Schatten mit dunkleren Tonwerten vertiefen.

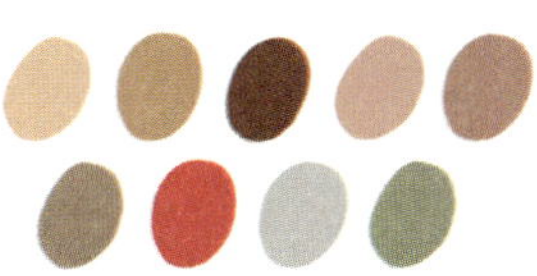

Herzförmig

Frontalansicht 1

Bei einem herzförmigen Gesicht ist die Stirn breiter als die Kinnpartie. Wir beginnen mit der Ansicht von vorn.

1 Beginnen Sie mit einem Kreis. Eine senkrechte Mittellinie einfügen und unter den Kreis einen Bogen für das Kinn setzen.

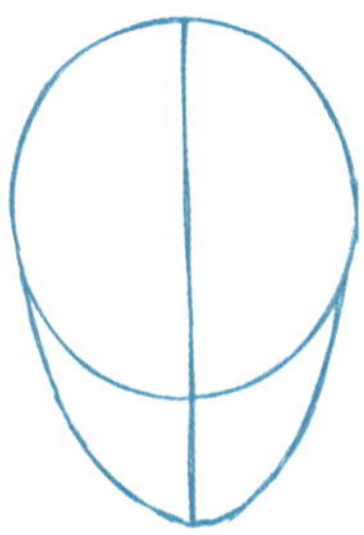

2 Eine Herzform einfügen, um die Proportionen des Gesichts richtig zu treffen.

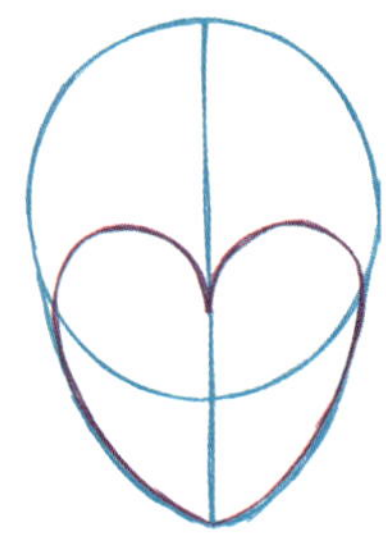

3 Die Umrisse von Hals, Schultern und Kragen skizzieren. Die Ohrringe durch kleine Rauten beiderseits des Kopfs andeuten.

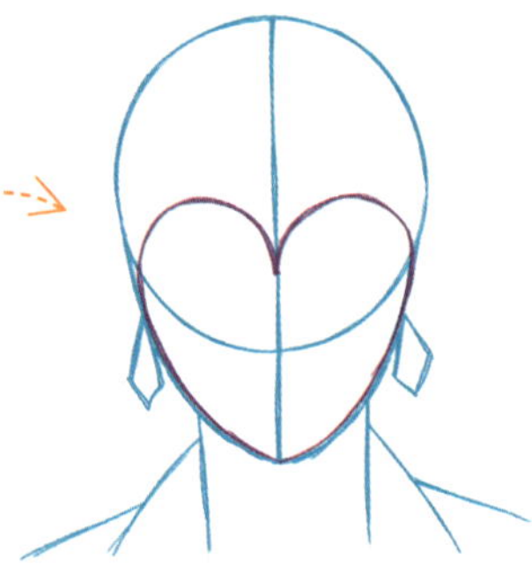

4 Augen und Augenbrauen am oberen Rand der Herzform einzeichnen. Die Nase sitzt dort, wo sich die Hilfslinien kreuzen. Nicht mehr benötigte Hilfslinien ausradieren.

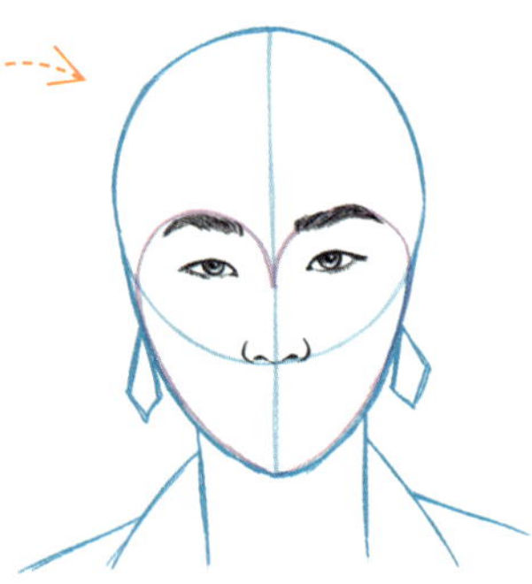

5 Den Haaransatz mit gekrümmten Strichen andeuten.

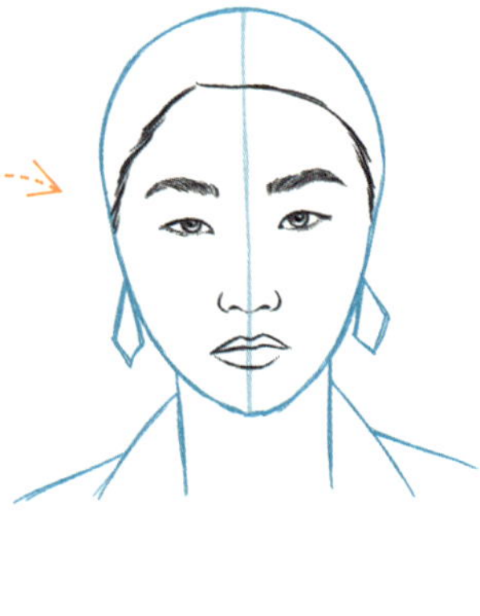

6 Die Umrisse von Kopf, Ohren und Gesicht sauber zeichnen und die Ohrringe ausarbeiten.

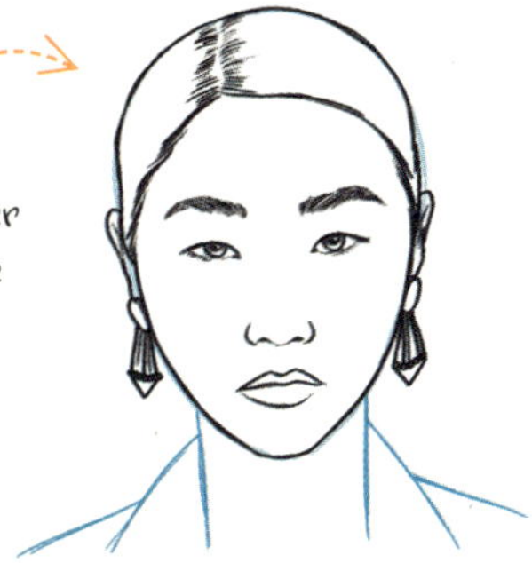

7 Die Konturen von Hals und Schultern nachzeichnen.

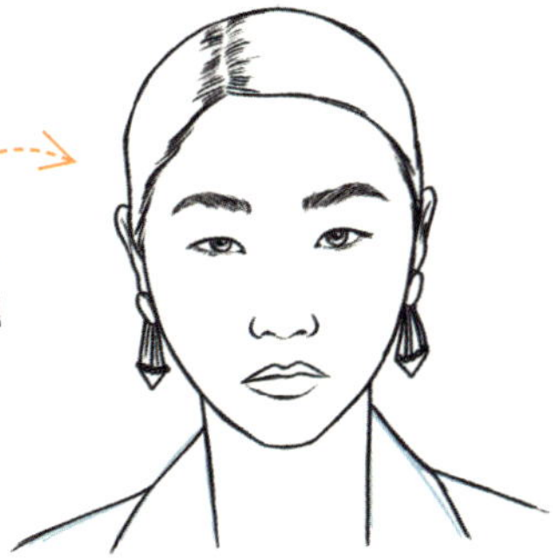

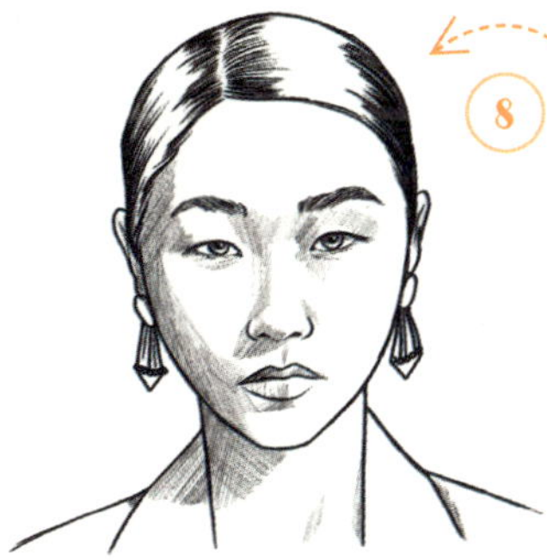

8 Achten Sie auf den Lichteinfall und deuten Sie die Schatten an.

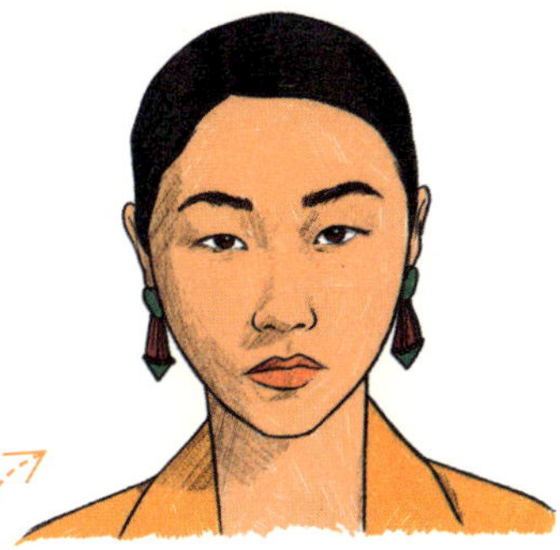

9 Das gesamte Porträt kolorieren.

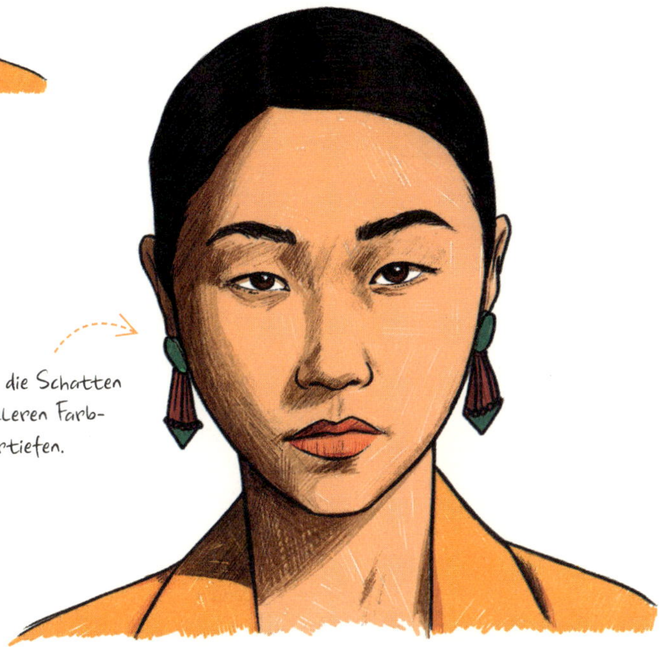

10 Zuletzt die Schatten mir dunkleren Farbtönen vertiefen.

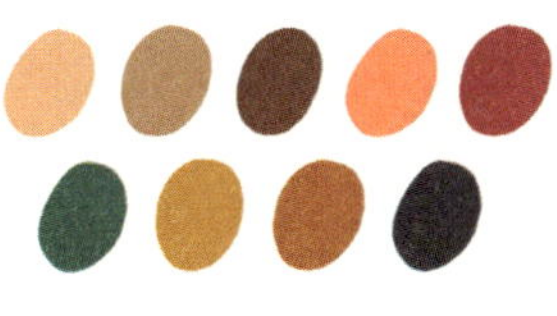

Herzförmig

Frontalansicht 2

Die Hand am Gesicht gibt diesem Porträt einen nachdenklichen Ausdruck.

1 Beginnen Sie mit einem Kreis. Eine senkrechte Mittellinie einfügen und unter den Kreis eine U-Form für das Kinn setzen.

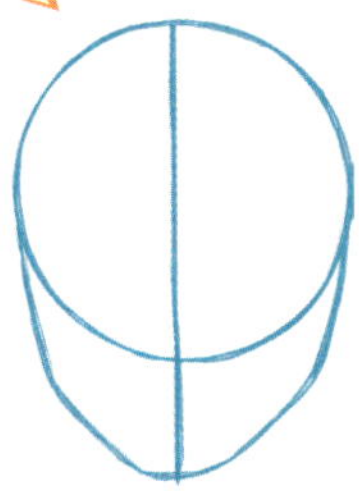

2 Eine Herzform einfügen. Sie dient als Hilfslinie für den unteren Teil des Gesichts.

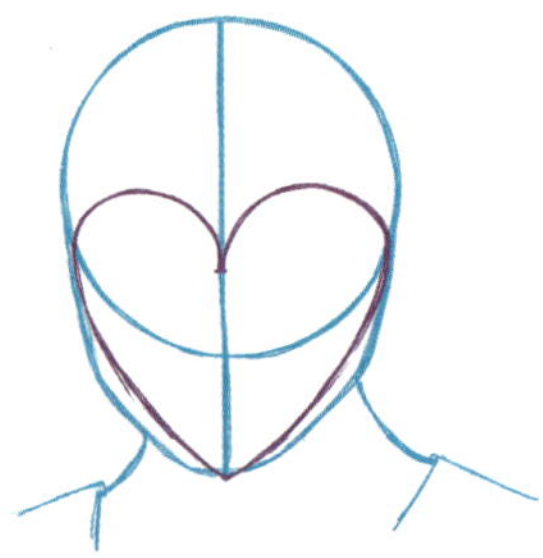

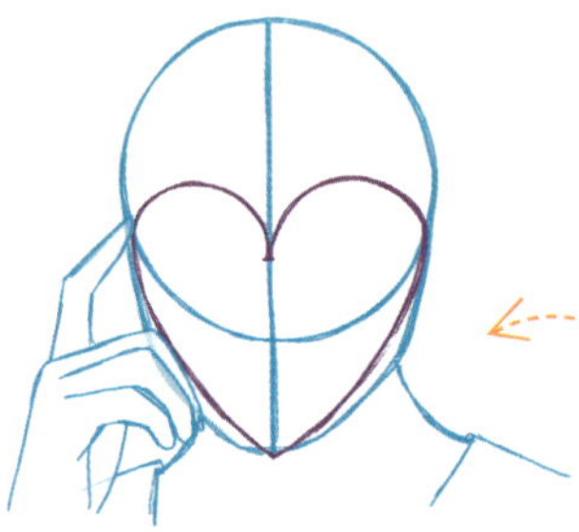

3 Skizzieren Sie danach die Hand.

4 Die Mütze grob skizzieren und die Ohren hinzufügen.

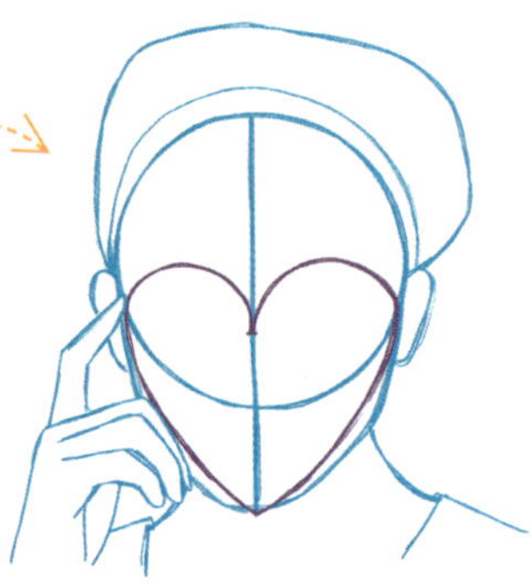

5 Augen und Augenbrauen innerhalb der Herzform einzeichnen. Die Nase sitzt dort, wo sich die Hilfslinien kreuzen. Darunter den Mund zeichnen.

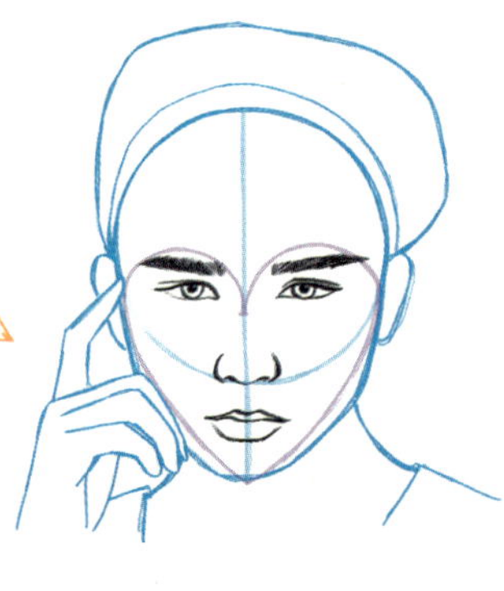

6 Überflüssige Hilfslinien ausradieren. Die Umrisse von Gesicht und Ohren sauber nachzeichnen.

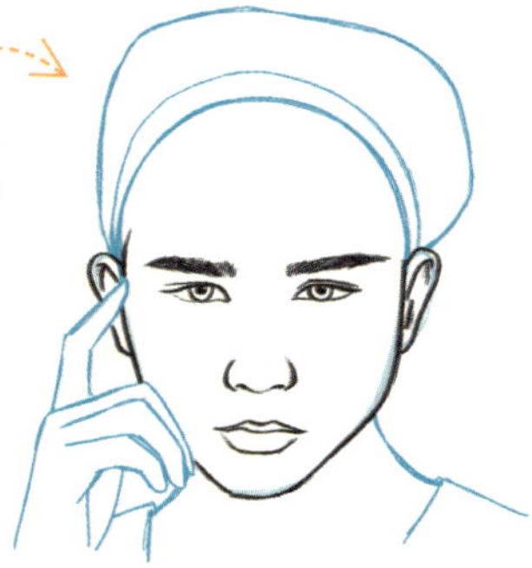

7 Hand, Haare und Mütze ausarbeiten.

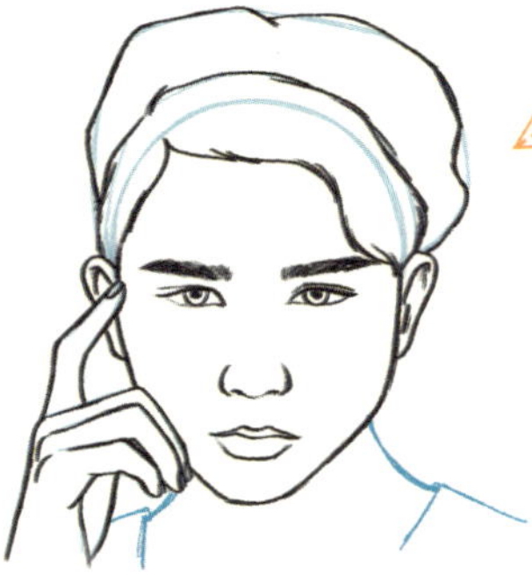

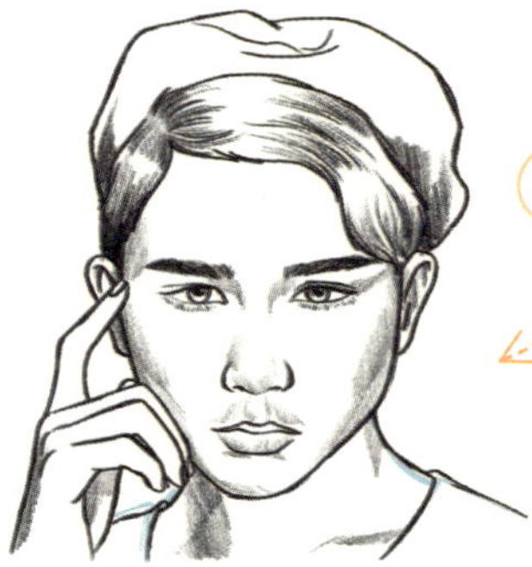

8 Jetzt Hals und Schultern zeichnen. Achten Sie auf den Lichteinfall und fügen Sie die Schatten ein.

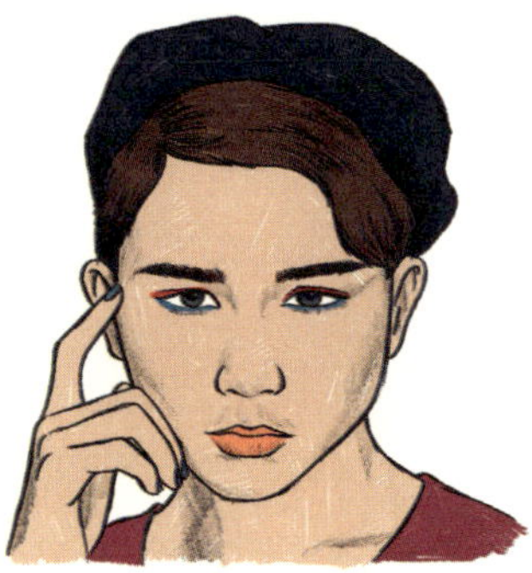

9 Das Porträt kolorieren. Wählen Sie für Make-up und Fingernägel leuchtende Farben.

10 Zuletzt die Schatten mit dunkleren Farbtönen vertiefen.

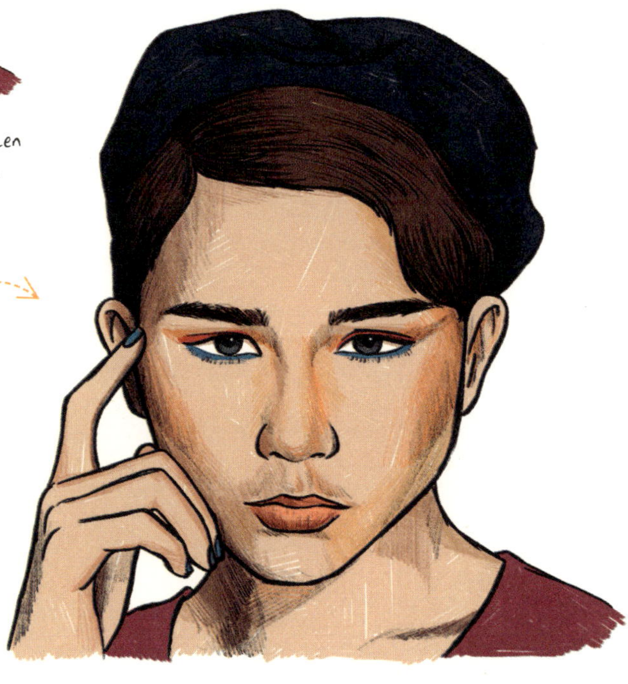

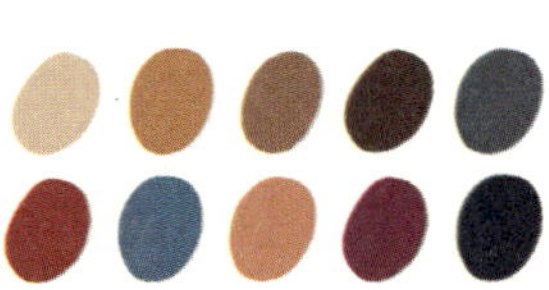

Herzförmig

Halbprofil

Wenn das Gesicht gesenkt und vom Licht abgewandt ist, fallen die Schattenbereiche stärker auf.

1 Mit einem Kreis beginnen. Eine leicht gekrümmt Mittelsenkrechte einzeichnen. Ein Herz als Hilfslinie für den unteren Teil des Gesichts hinzufügen. Beide Formen sind leicht geneigt, um das gesenkte Gesicht darzustellen.

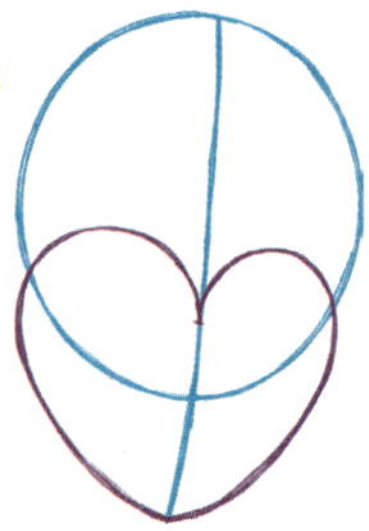

2 Die Ohren andeuten, dann eine gestrichelte Linie durch das Herz einfügen.

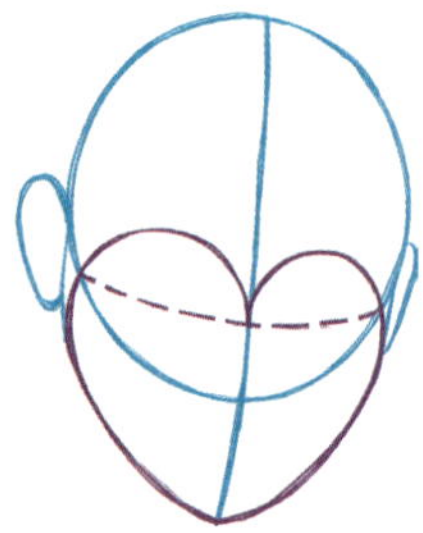

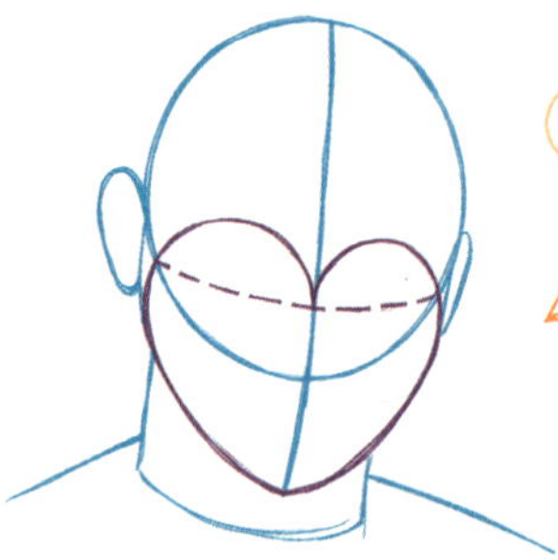

3 Skizzieren Sie nun Hals und Schultern.

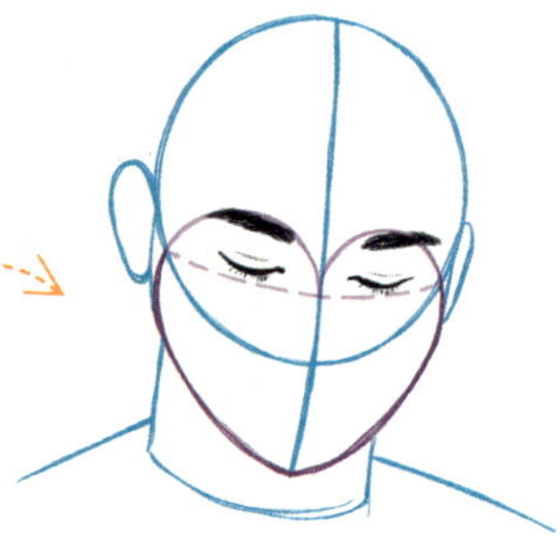

4 Die Augen und Augenbrauen innerhalb der Herzform zeichnen. Überflüssige Hilfslinien ausradieren.

5 Die Nase dort einfügen, wo sich die Hilfslinien kreuzen. Der Mund sitzt darunter.

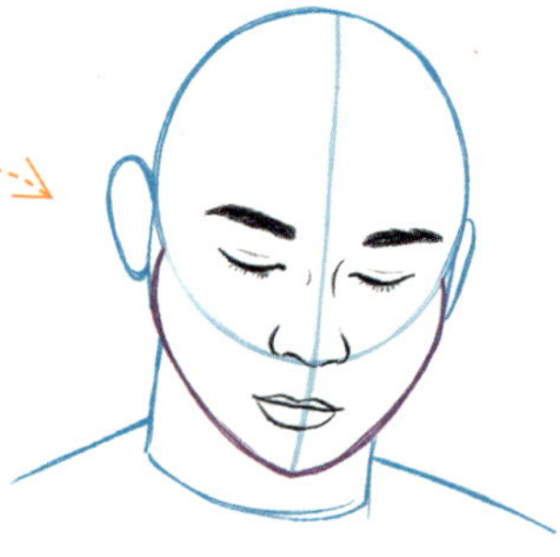

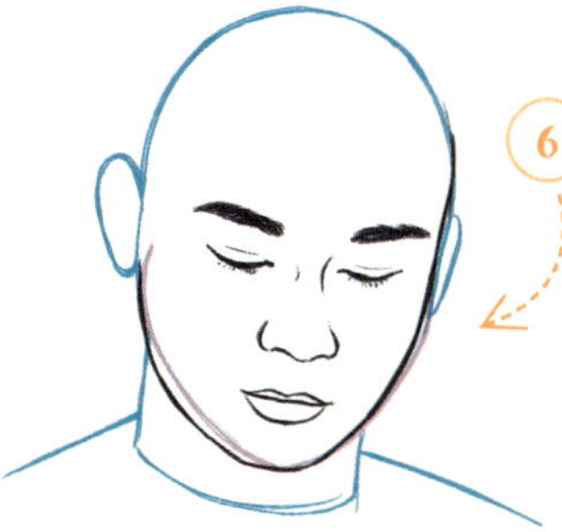

6 Die Kontur des Gesichts sauber nachzeichnen.

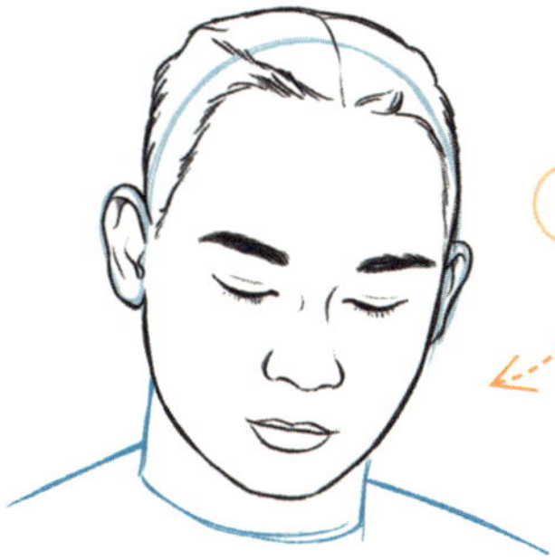

7 Ohren und Haare genauer ausarbeiten.

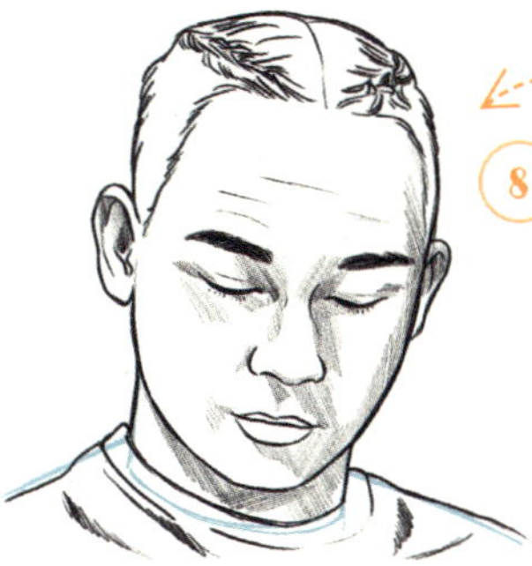

8 Details von Hals und Schultern hinzufügen. Achten Sie auf den Lichteinfall und deuten Sie die Schatten an.

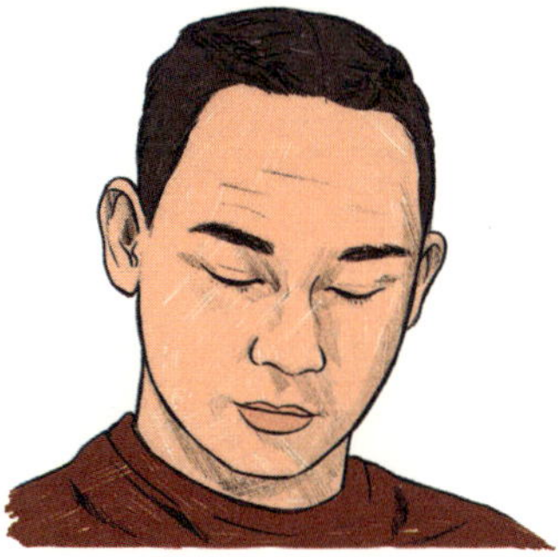

9 Nun kann das Porträt koloriert werden.

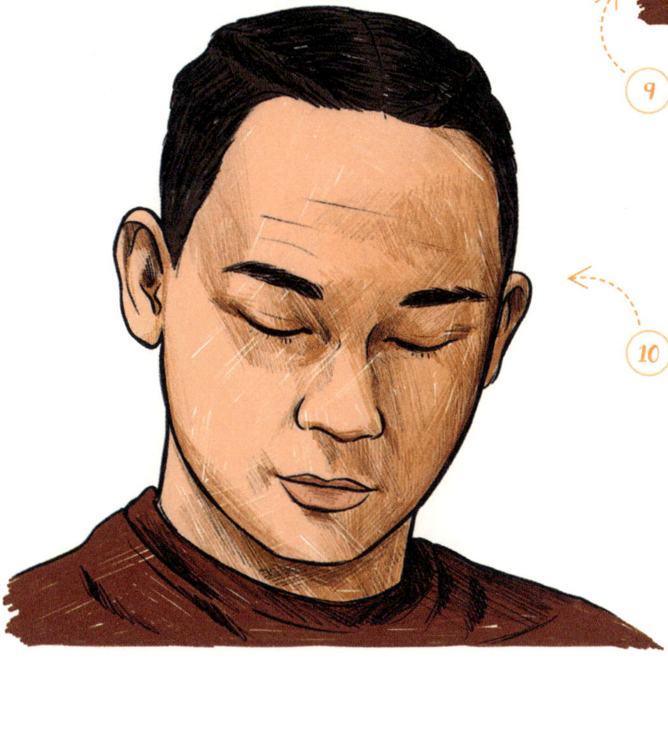

10 Zuletzt die Schatten mit dunkleren Farbtönen vertiefen.

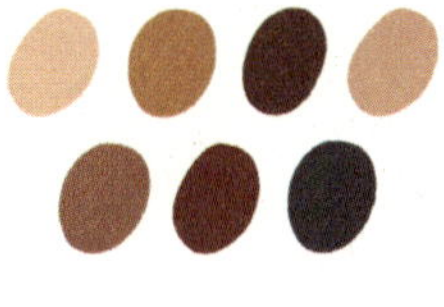

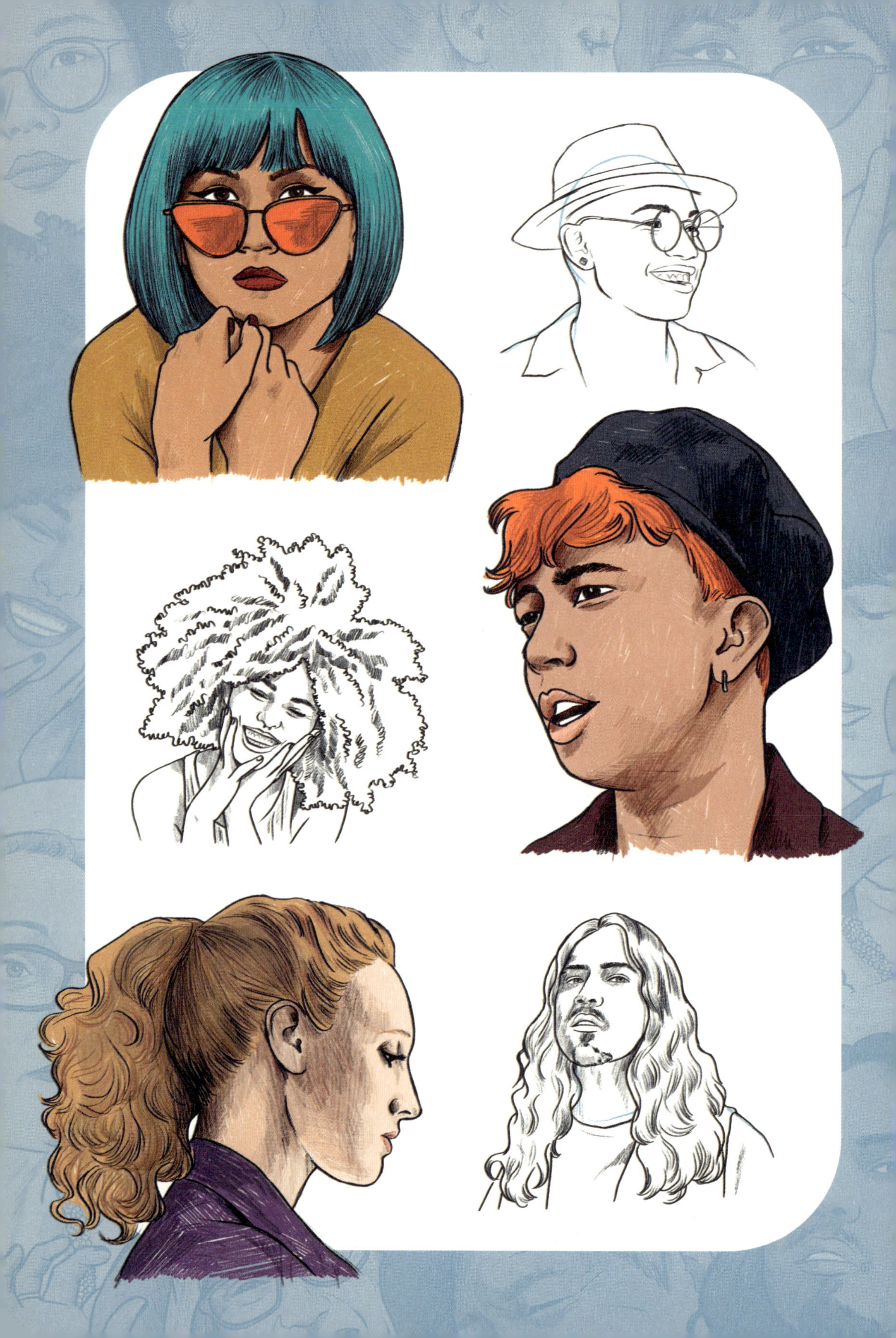

Mimik und Posen

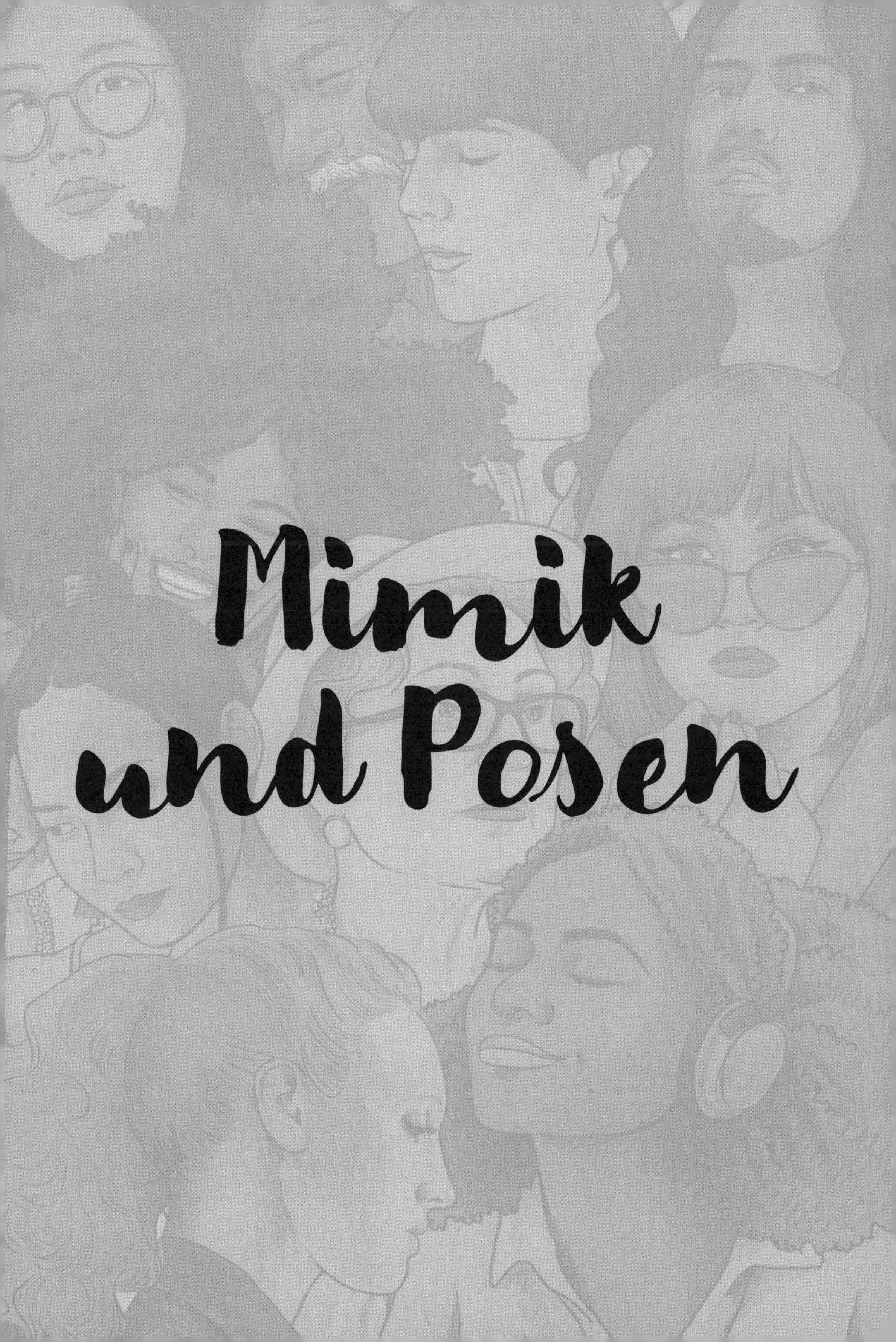

Gehobenes Kinn

Diese Kopfhaltung ist schmeichelhaft, denn sie wirkt selbstbewusst und stark.

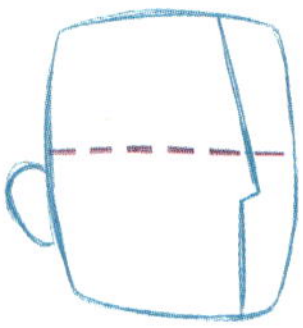

1 Mit einem groben Quadrat beginnen. Eine waagerechte, gestrichelte Linie in der Mitte einzeichnen. Eine senkrechte Linie mit einem kleinen Zacken unter der gestrichelten Linie hinzufügen. Sie dient als Orientierung für die Nase. Unter der gestrichelten Linie das Ohr andeuten.

2 Hals und Schultern skizzieren.

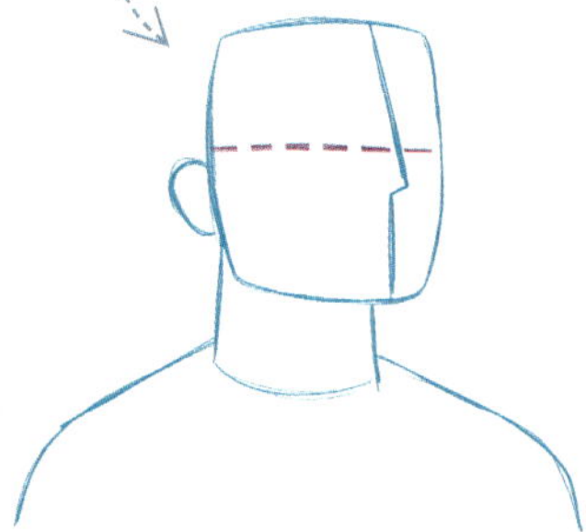

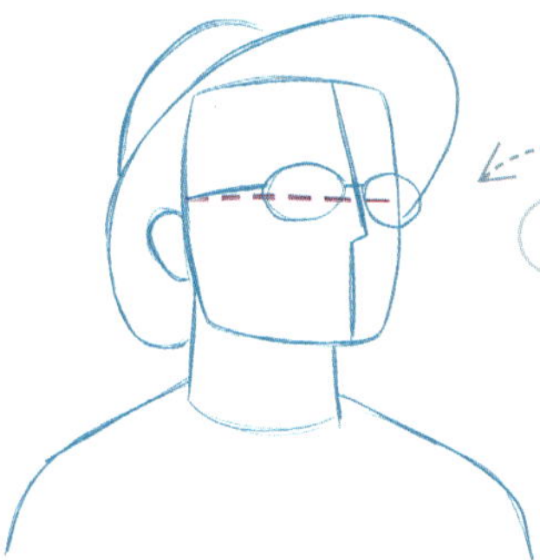

3 Auf der gestrichelten Linie die Brille einzeichnen, dann den Umriss des Huts skizzieren.

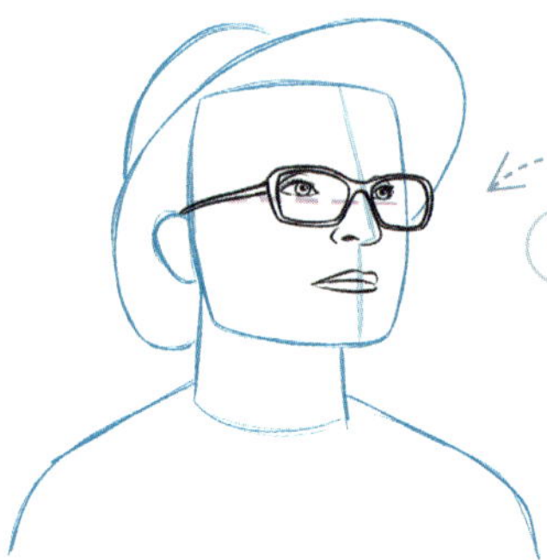

4 Nun die Brille ausarbeiten, weil sie die Augen überlagert. Nase und Mund auf der senkrechten Hilfslinie einzeichnen.

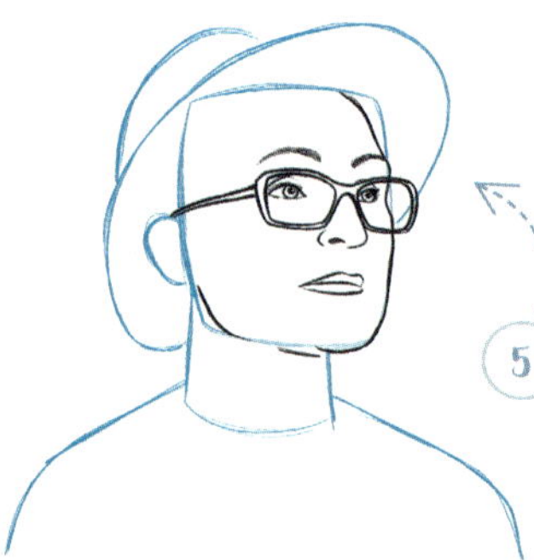

5 Den Umriss des Gesichts sauber nachzeichnen. Nicht mehr benötigte Hilfslinien ausradieren.

Tipp

Emotionen lassen sich beispielsweise durch eine gehobene Augenbraue oder ein kleines Lächeln ausdrücken.

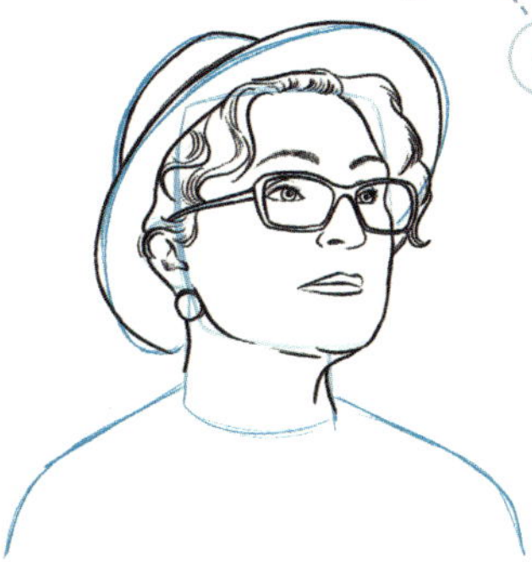

6 Den Hut genauer ausarbeiten. Die Haare darunter mit Wellenlinien darstellen. Das Ohr detailliert zeichnen und den Ohrring anfügen.

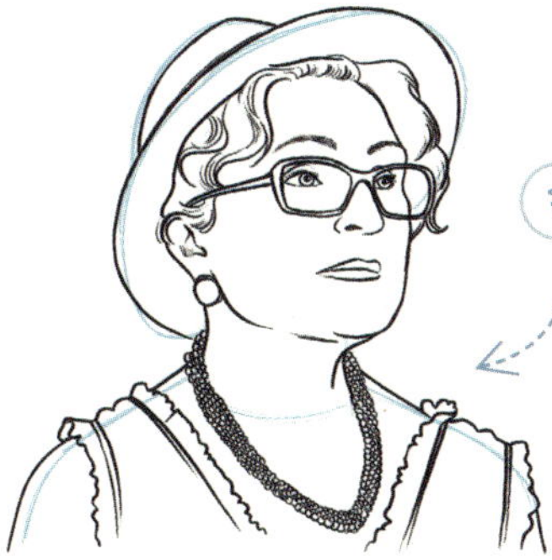

7 Die Halskette hinzufügen, dann die Feinheiten von Kleid und Schultern ausarbeiten.

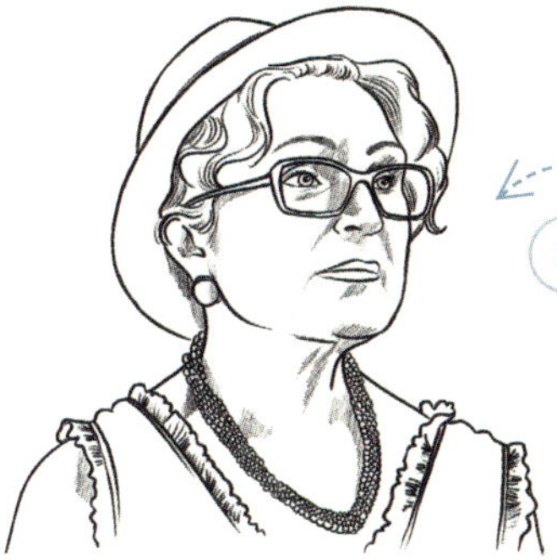

8 Achten Sie auf den Lichteinfall und deuten Sie die Schatten an.

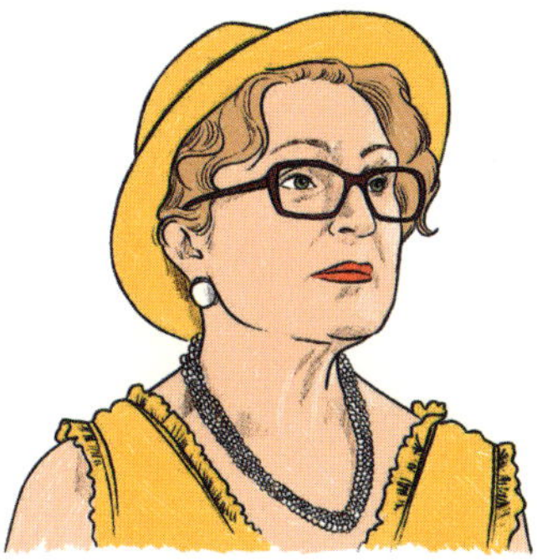

9 Jetzt wird das Porträt koloriert.

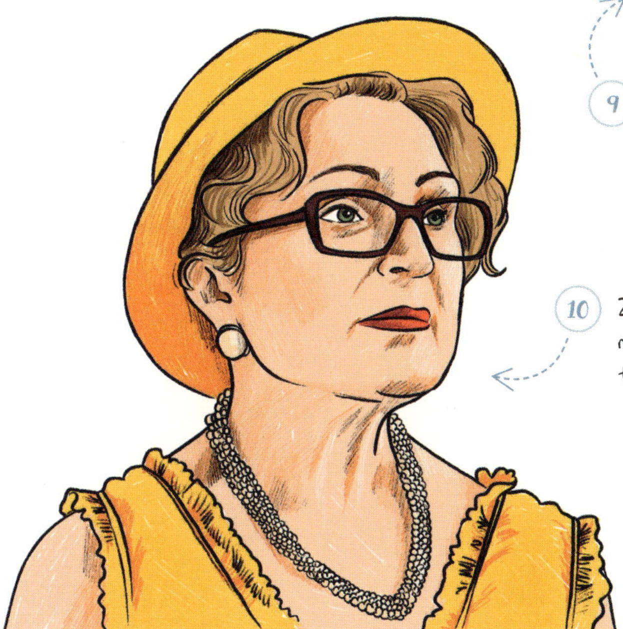

10 Zuletzt die Schatten mit dunkleren Farbtönen vertiefen.

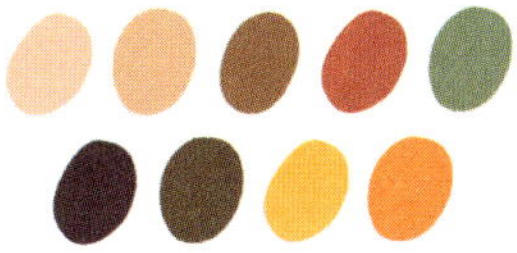

Cool!

Dieser junge Mann wirkt selbstbewusst
und von sich selbst eingenommen.

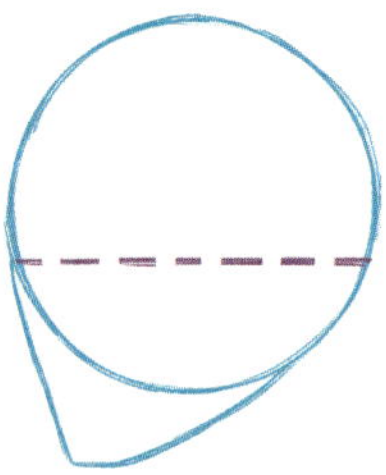

1 Mit einem Kreis für den Kopf beginnen. Im unteren Drittel eine gestrichelte, waagerechte Linie einzeichnen. Darunter eine V-Form für das Kinn anfügen.

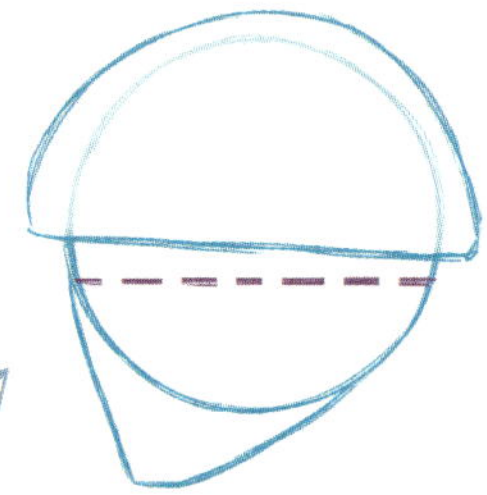

2 Ein Halbkreis über dem Kopf dient als Hilfslinie für die Haare.

3 Die Kreislinie innerhalb der Haare ausradieren. Hals und Schultern skizzieren.

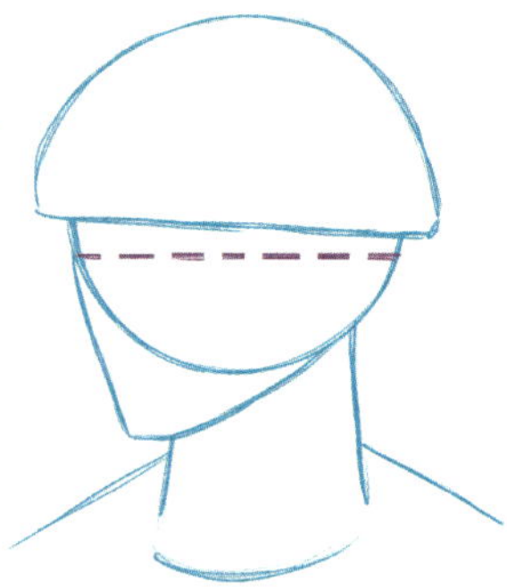

Tipp
Die Augenbrauen werden nicht gezeichnet, weil sie von den Haaren verdeckt sind.

4 Die Nase einzeichnen, dann die Augen auf die gestrichelte Linie setzen.

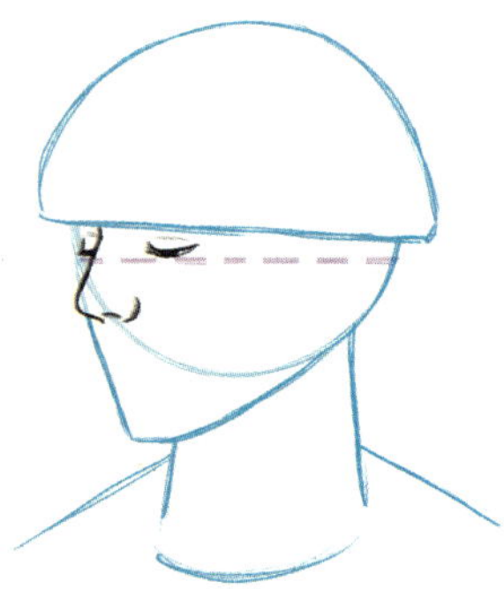

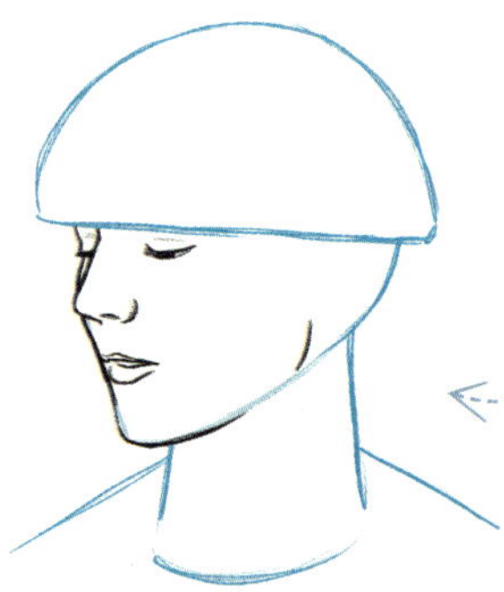

5 Den Mund und die Kontur des Gesichts hinzufügen. Überflüssige Hilfslinien ausradieren.

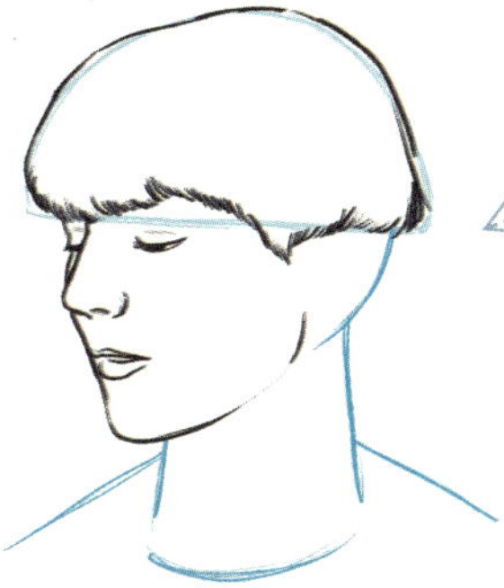

6 Den Umriss der Haare mit kurzen Strichen darstellen, die eine Wellenlinie am unteren Rand des Halbkreises beschreiben.

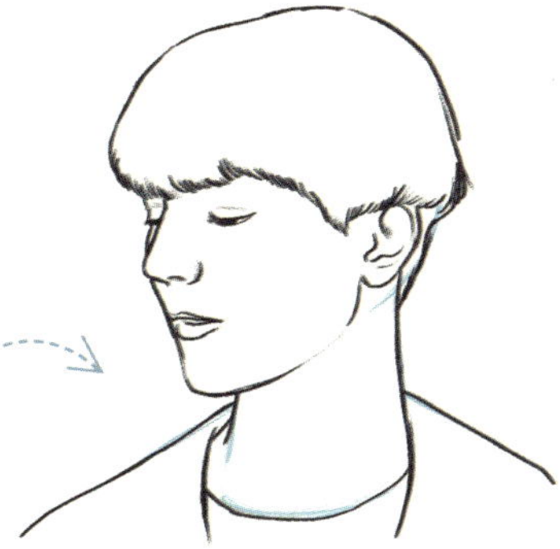

7 Zeichnen Sie jetzt Ohr, Hals und Schultern.

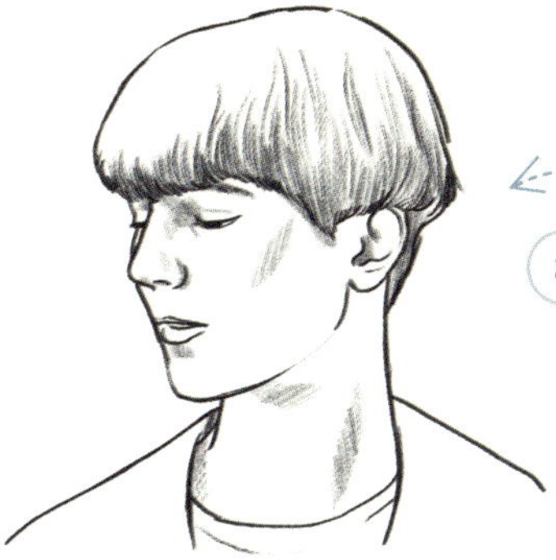

8 Weitere Haare mit längeren, gekrümmten Strichen einzeichnen. Die Schattenbereiche leicht abdunkeln.

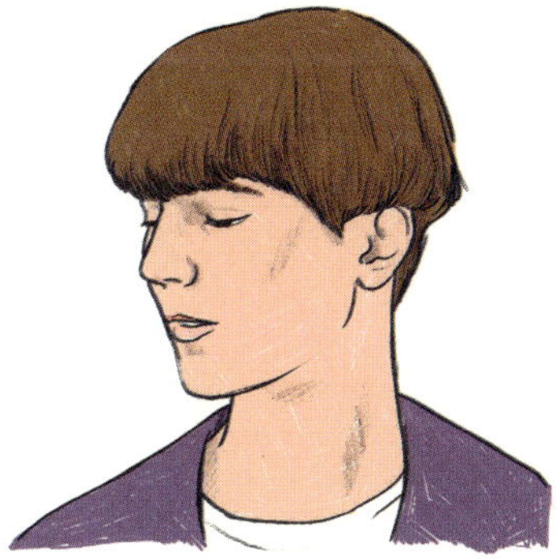

9 Beginnen Sie mit dem Kolorieren.

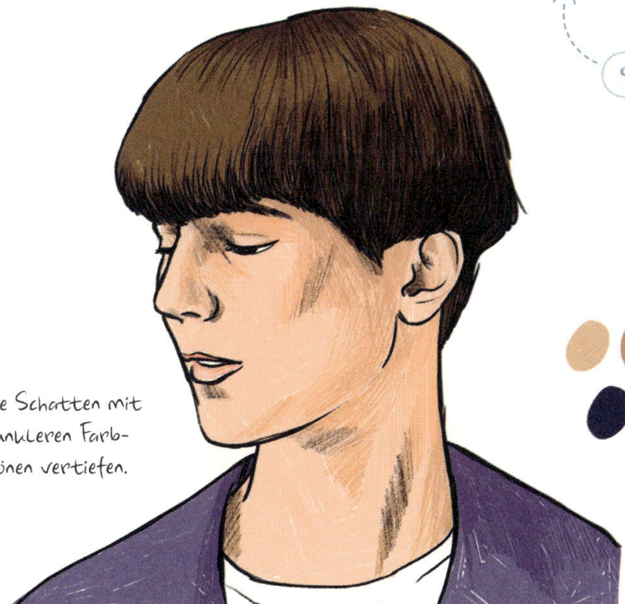

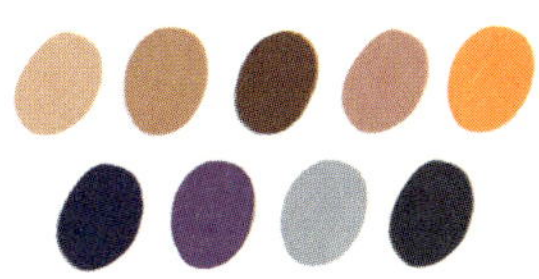

10 Die Schatten mit dunkleren Farbtönen vertiefen.

Skeptisch

Diese Pose wirkt cool, aber auch etwas angespannt und defensiv.

1 Mit einem Kreis für das Gesicht beginnen. Darüber einen Bogen für die Stirn anfügen.

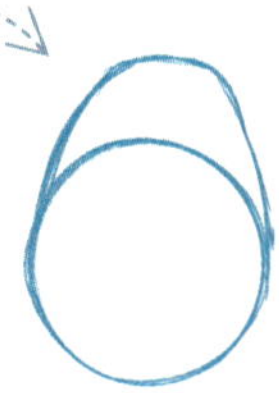

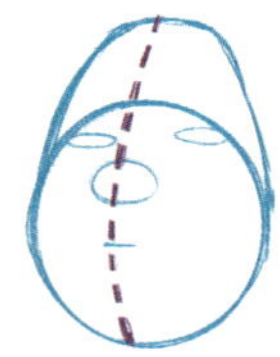

2 Von oben nach unten eine leicht gekrümmte, gestrichelte Mittellinie einzeichnen. Anhand dieser Linie Augen, Nase und Mund vorzeichnen.

3 Den Umriss der Haare mit langen, welligen Strichen skizzieren. Halsausschnitt und Schultern andeuten.

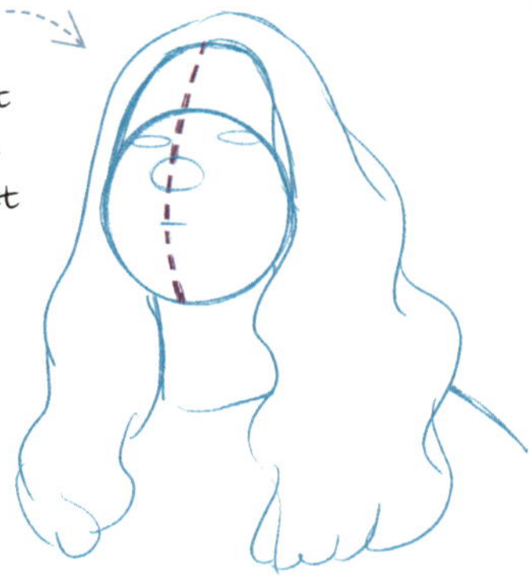

4 Augen und Augenbrauen auf die obere Kreislinie zeichnen.

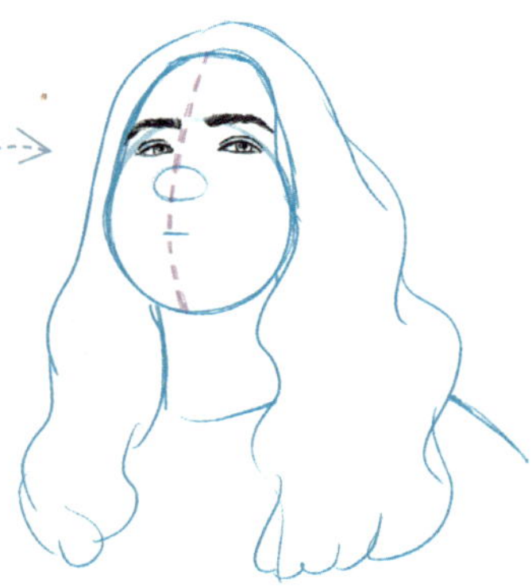

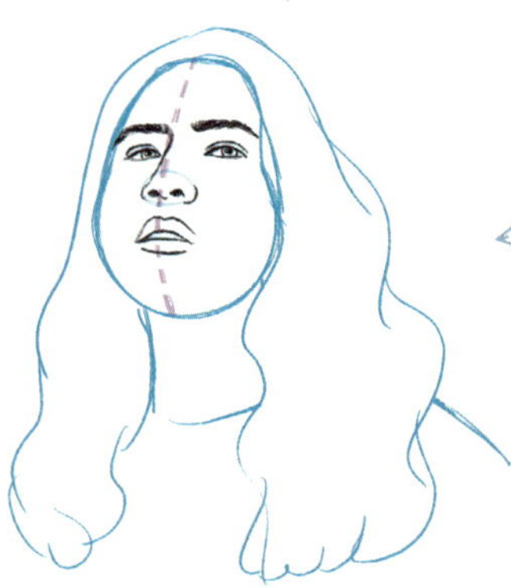

5 Nase und Mund auf der senkrechten Hilfslinie platzieren. Nicht mehr benötigte Hilfslinien ausradieren.

6 Die Kontur des Gesichts sauber nachzeichnen. Den kleinen Kinnbart mit kurzen Strichen andeuten.

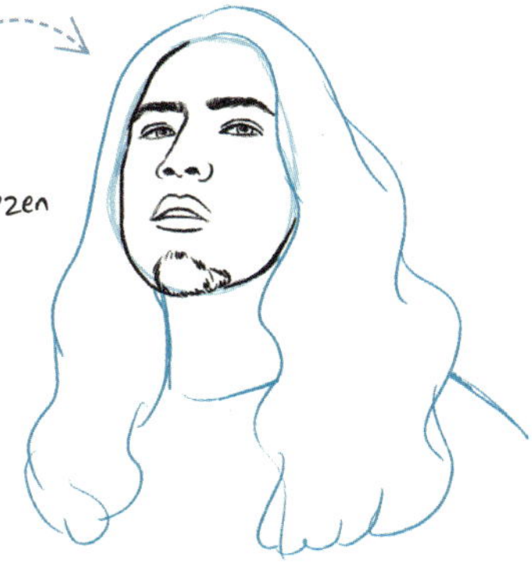

7 Den Umriss der Haare anhand der vorgezeichneten Striche ausarbeiten.

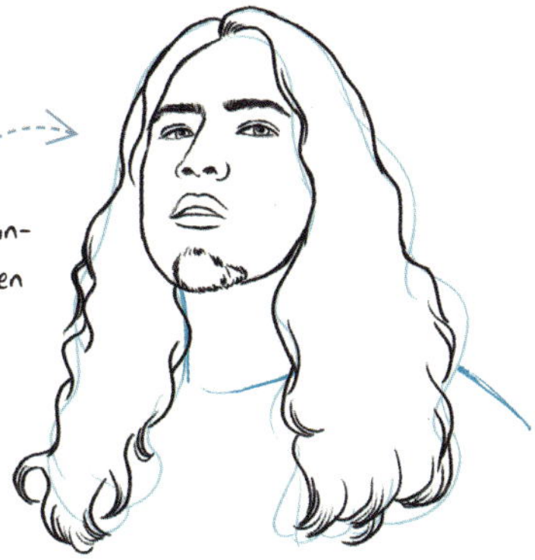

8 Auf den Lichteinfall achten und die Schatten andeuten.

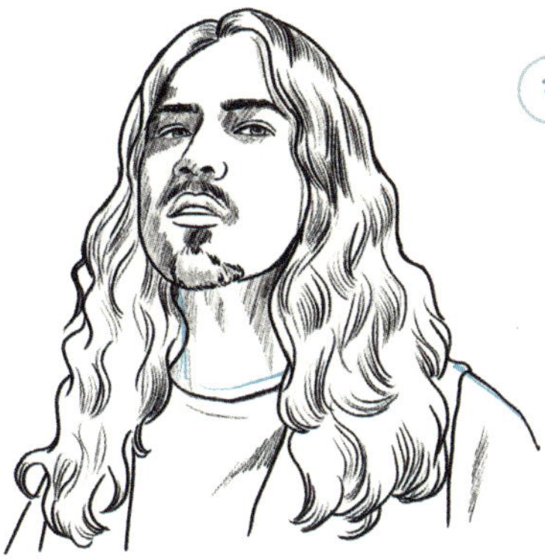

9 Das Porträt kolorieren.

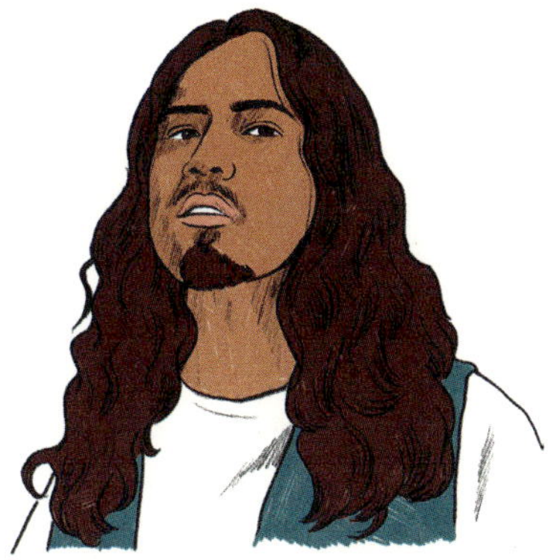

10 Zuletzt die Schatten mit dunkleren Tonwerten vertiefen.

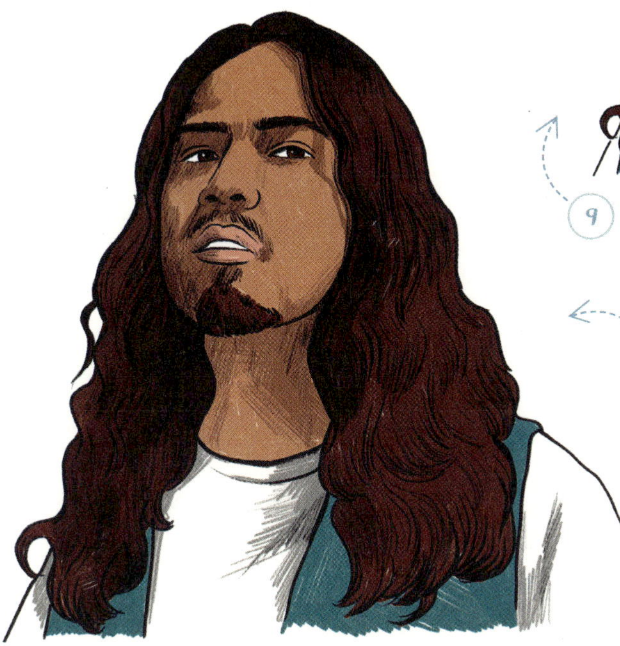

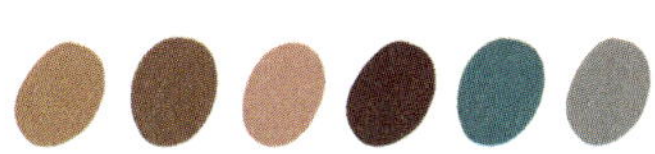

Peace!

Das Peace-Zeichen war ursprünglich ein Zeichen für den Sieg, dient heute aber auch einfach als Gruß.

1 Mit einem Kreis beginnen. Eine zugespitzte U-Form für das Kinn anfügen und eine gekrümmte Mittelsenkrechte einzeichnen.

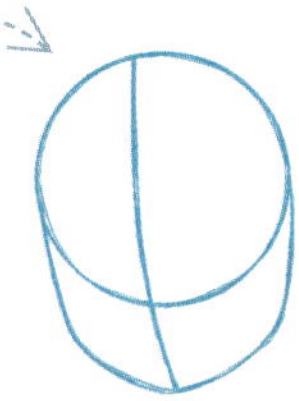

2 Eine gestrichelte Hilfslinie durch die Mitte des Kreises zeichnen. Haare und Hals grob skizziere.

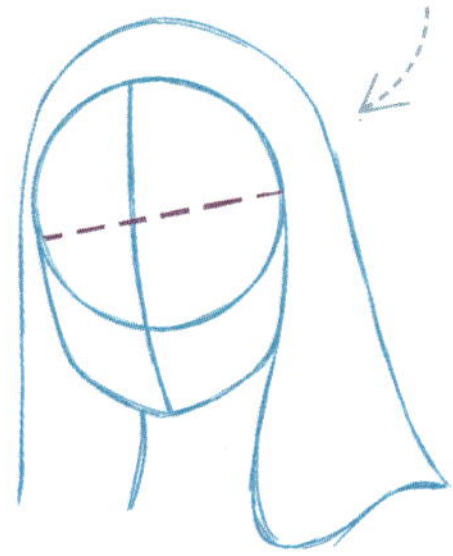

3 Die Umrisse von Hand und Shirt vorzeichnen.

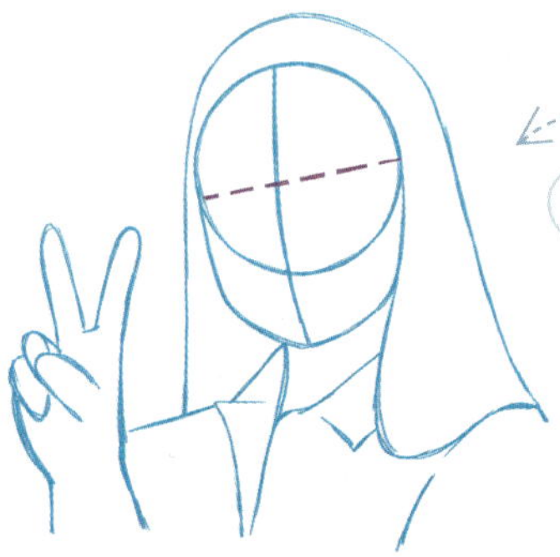

4 Die Augen auf die gestrichelte Linie zeichnen. Mund und Nase sitzen auf der senkrechten Hilfslinie. Setzen Sie auf eine Wange einen Schönheitsfleck. Nicht mehr benötigte Hilfslinien ausradieren.

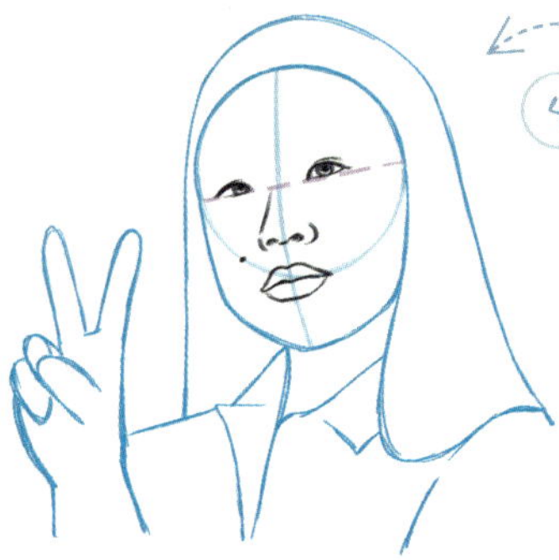

5 Die Brille um die Augen herum zeichnen, die Augenbrauen liegen über der Brille. Die Kontur der Kappe einzeichnen.

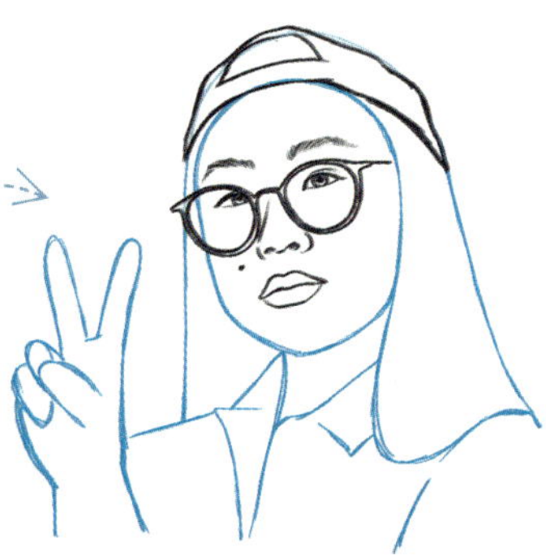

6 Die Hand sorgfältig ausarbeiten.

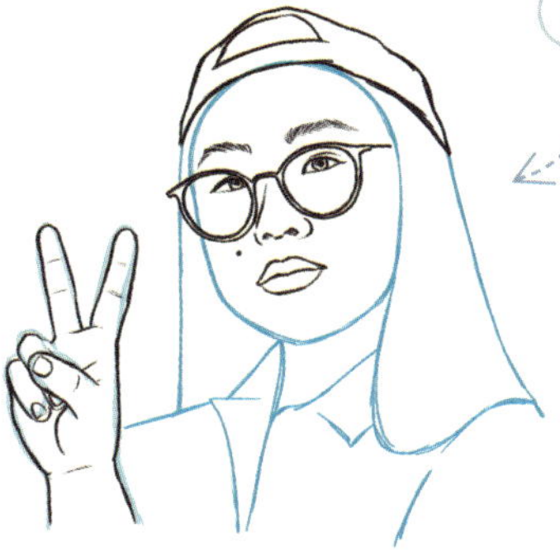

7 Die Kontur der Haare verfeinern.

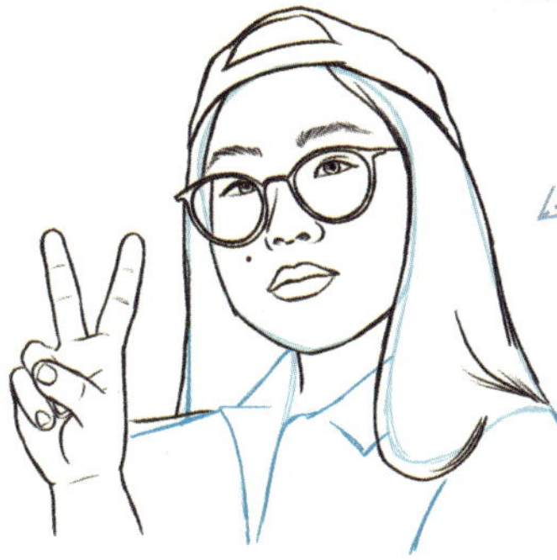

8 Die Haare mit langen, geraden Strichen darstellen. Bereiche, auf die das Licht fällt, bleiben weiß. Die Schatten andeuten.

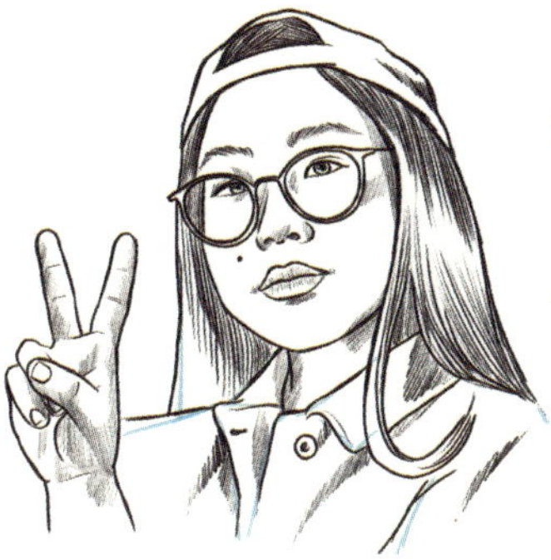

9 Das Motiv kolorieren.

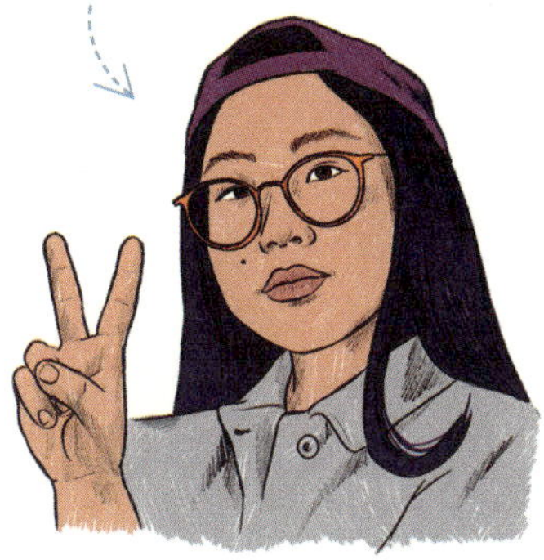

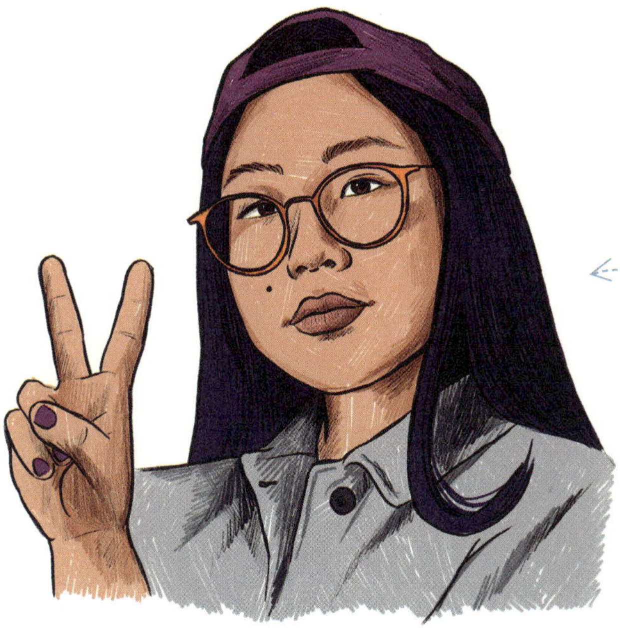

10 Die Schatten mit dunkleren Farbtönen vertiefen.

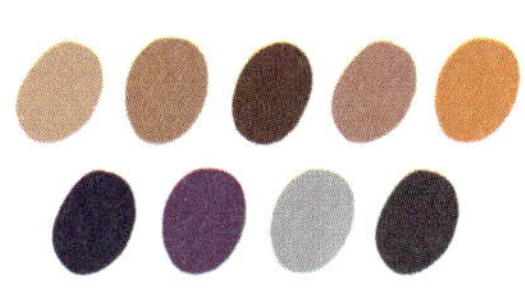

Weise

Ältere Gesichter mit wettergegerbter Haut und kleinen Fältchen sind interessant zu zeichnen.

1 Mit einem Kreis für das Gesicht beginnen. In der Mitte zwei waagerechte, gestrichelte Linien einzeichnen.

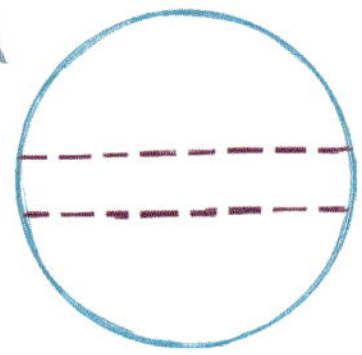

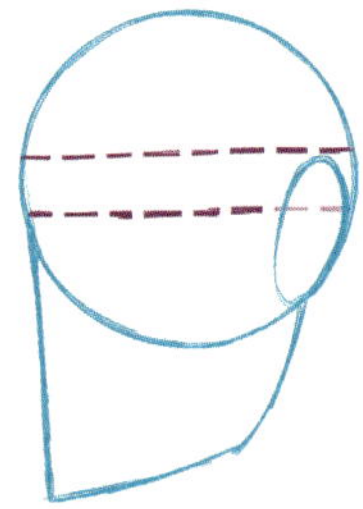

2 Unter dem Kreis eine Form für das Kinn anfügen. Ein Oval rechts innerhalb des Kreises deutet das Ohr an.

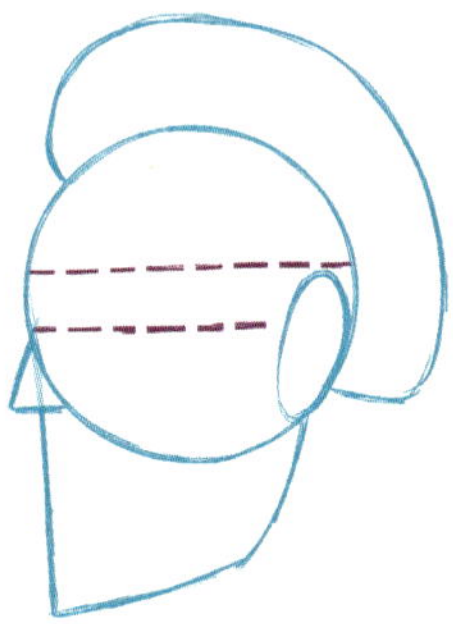

3 Den Umriss der Haare über dem Kopf skizzieren. Ein Dreieck für die Nase anfügen.

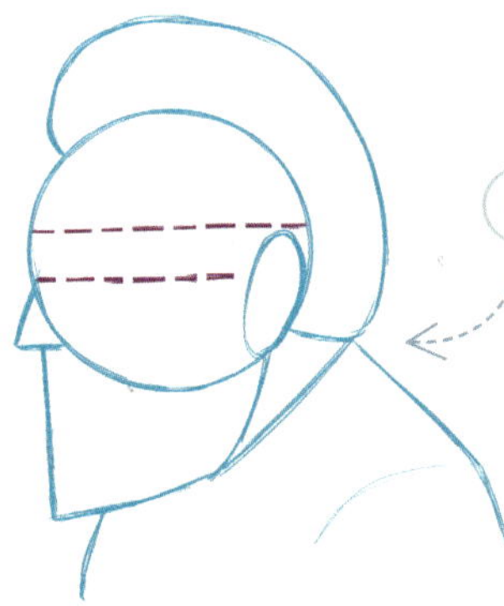

4 Nun noch Hals und Schultern grob vorzeichnen.

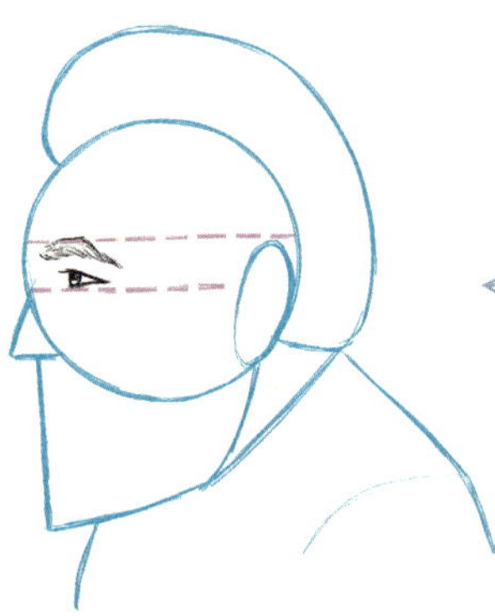

5 Auge und Augenbraue zwischen den gestrichelten Linien einzeichnen. Nicht mehr benötigte Hilfslinien ausradieren.

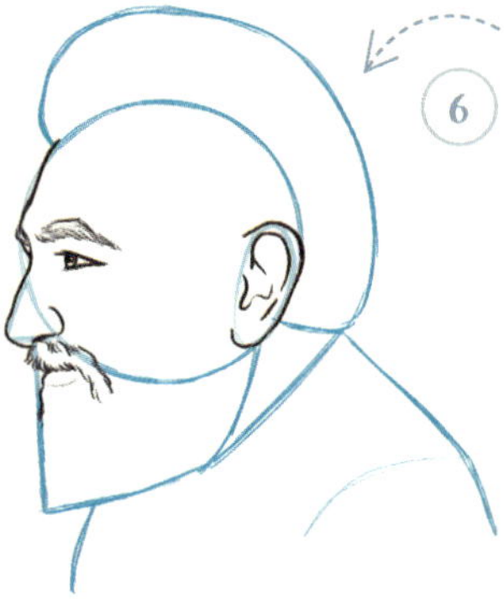

6 Die Konturen von Gesicht und Ohr sauber nachzeichnen. Den Schnurrbart mit kurzen Strichen darstellen.

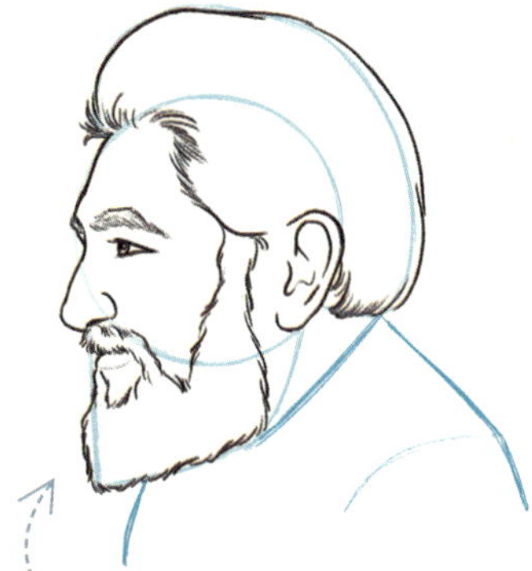

7 Die Umrisse von Haaren und Bart verfeinern.

8 Details von Haaren, Bart und Kleidung ausarbeiten. Die Falten in der Haut mit feinen, gekrümmten Strichen darstellen. Einige Schatten einfügen.

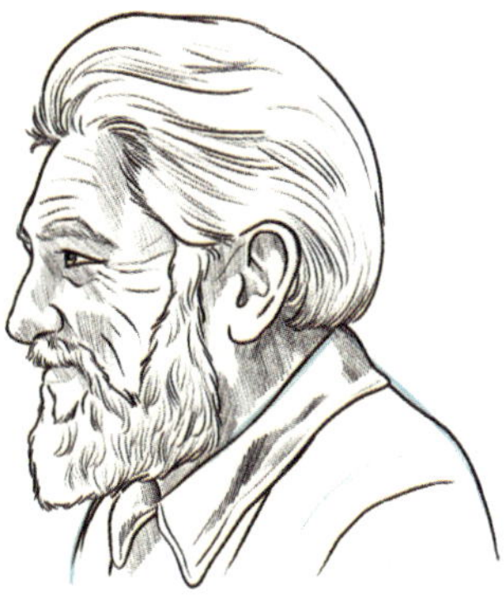

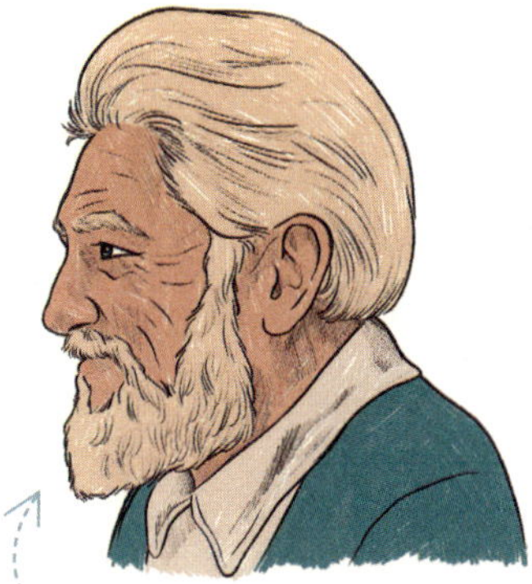

9 Haut, Augen, Haare und Kleidung kolorieren.

10 Zuletzt die Schatten mit dunkleren Farbtönen vertiefen.

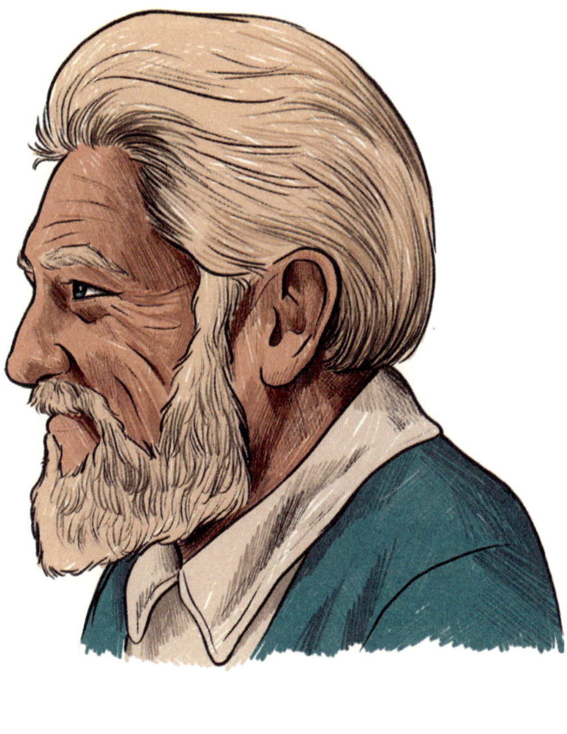

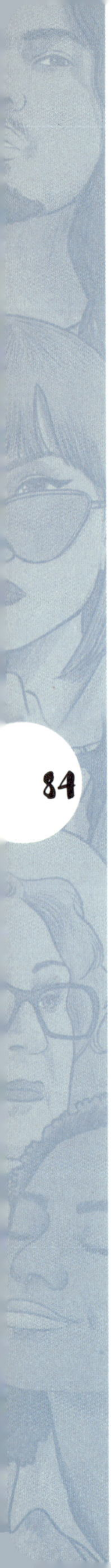

Gesenkter Blick

Der hohe Pferdeschwanz kontrastiert hier mit dem Gesichtsausdruck, der durch die Verwendung von dunklen Tönen auf den Wangen fast düster wirkt.

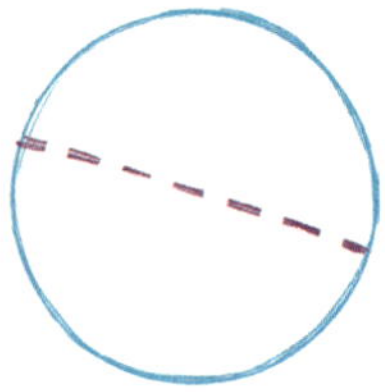

1 Mit einem Kreis für das Gesicht beginnen. Den Kreis mit einer schrägen, gestrichelten Linie halbieren.

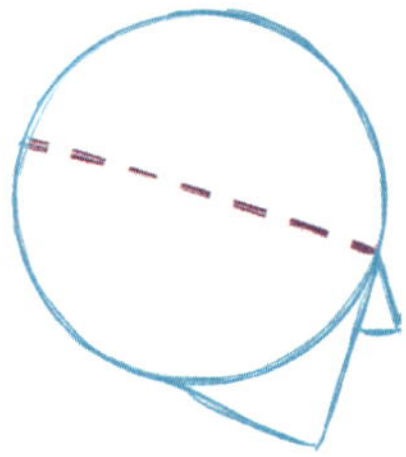

2 Unten links zwei Dreiecke anfügen: ein großes für das Kinn und ein kleines für die Nase.

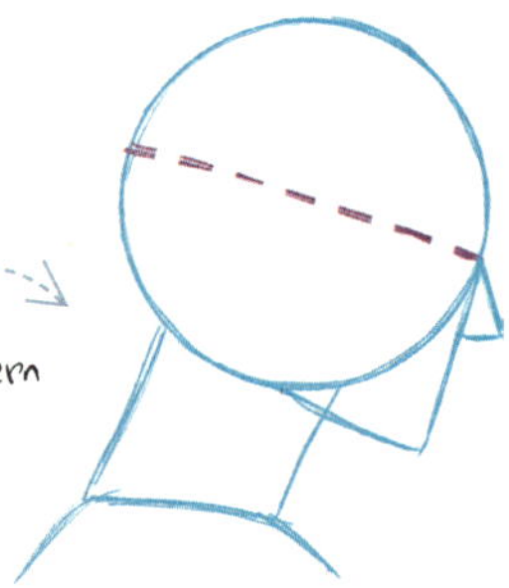

3 Hals und Schultern skizzieren.

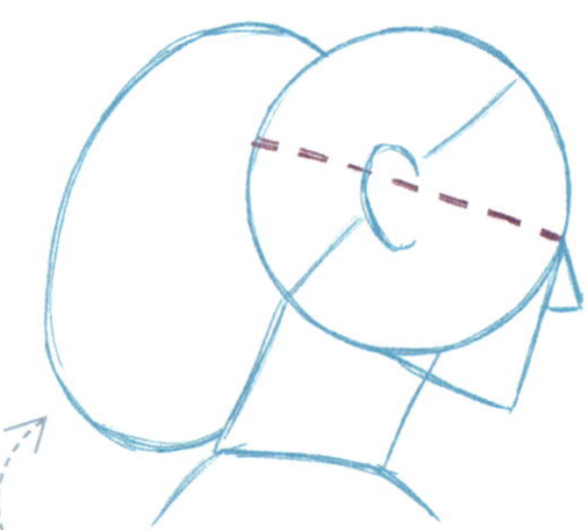

4 Den Pferdeschwanz grob vorzeichnen.

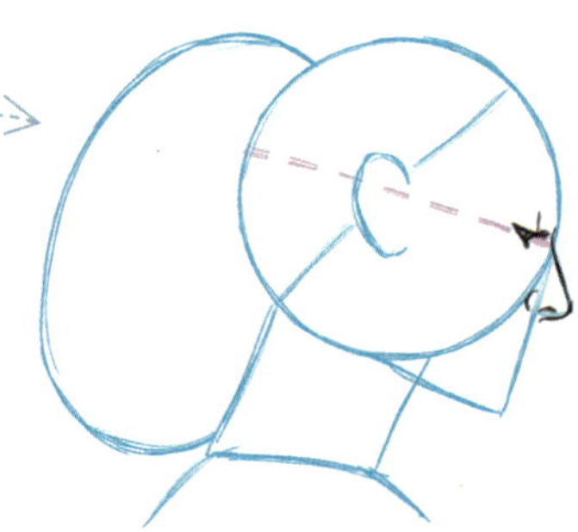

5 Auge und Nase anhand der Hilfslinien einzeichnen. Überflüssige Hilfslinien ausradieren.

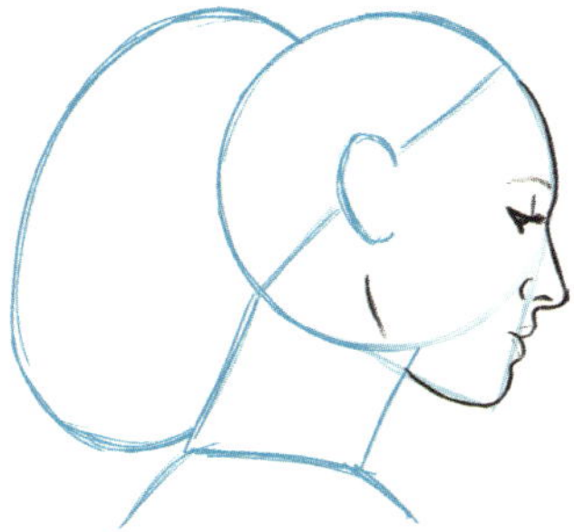

6 Nun die Kontur des Gesichts sauber nachzeichnen.

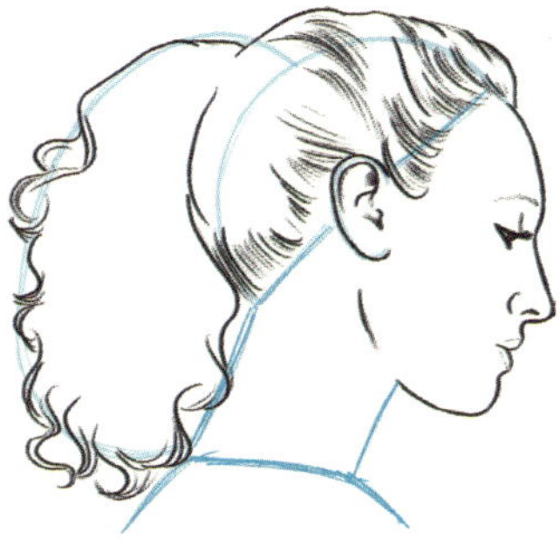

7 Das Ohr ausarbeiten. Die Haare mit welligen und geringelten Strichen darstellen.

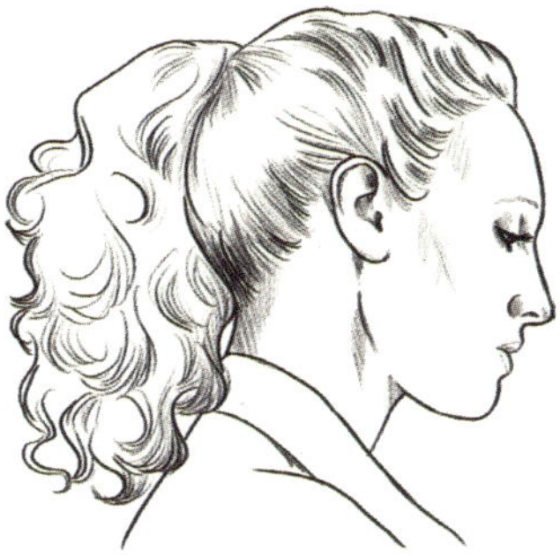

8 Weitere Locken in den Pferdeschwanz einfügen. Achten Sie auf den Lichteinfall, und deuten Sie die Schatten an.

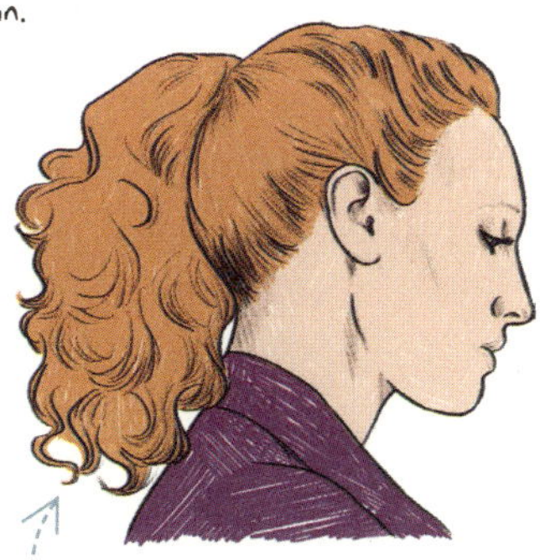

9 Das Porträt kolorieren.

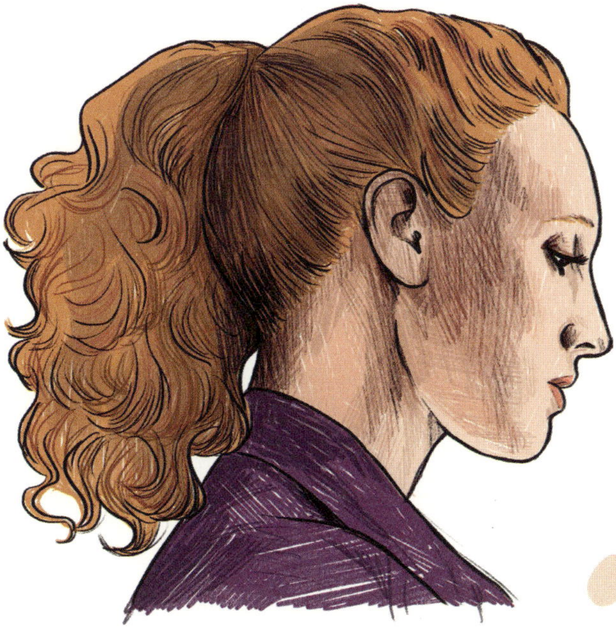

10 Zuletzt die Schatten mit dunkleren Farbtönen vertiefen.

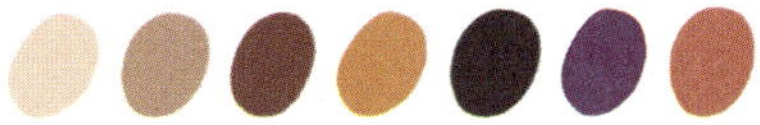

Nachdenklich

Dies ist eine interessante Pose, die durch den aufgestützten Kopf und den abgewandten Blick nachdenklich wirkt.

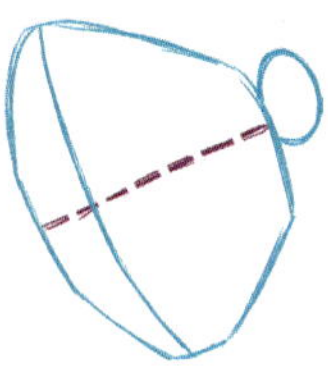

1 Den Umriss des Gesichts grob vorzeichnen. Senkrechte und waagerechte Hilfslinien durch die Mitte einzeichnen. Rechts ein kleines Oval für das Ohr anfügen.

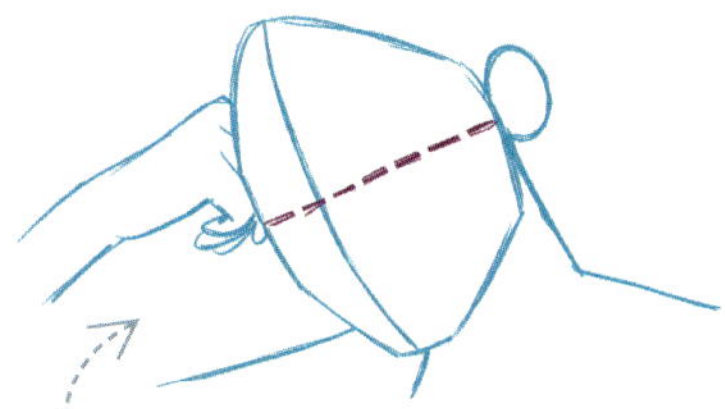

2 Hals und Schultern sowie die Hand, die den Kopf stützt, skizzieren.

3 Den Umriss der Haare vorzeichnen und die Zöpfe durch Striche andeuten.

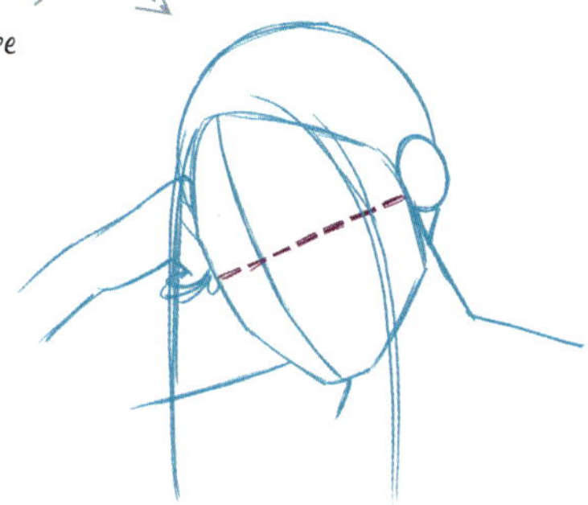

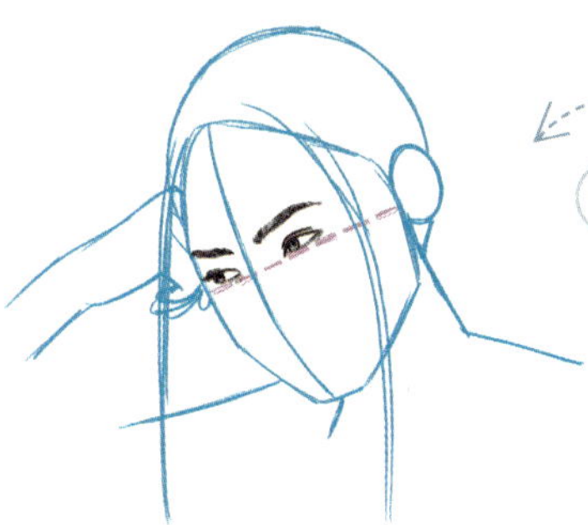

4 Augen und Augenbrauen auf der gestrichelten Linie einzeichnen. Überflüssige Hilfslinien werden ausradiert.

5 Mit Nase und Mund fortfahren.

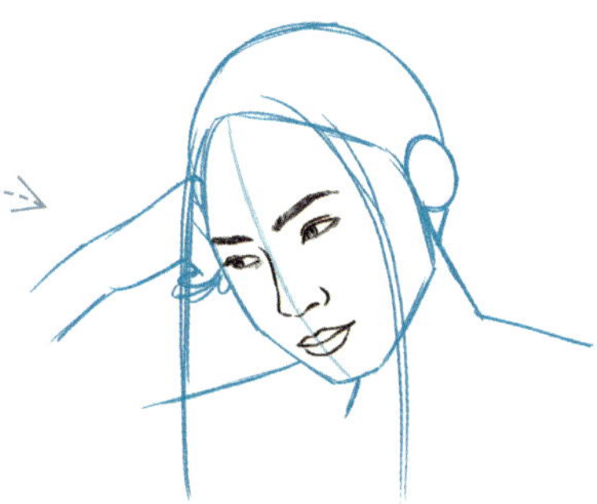

6 Für die dünnen Zöpfe paarweise angeordnete, kurze Striche verwenden, die nach unten hin kürzer werden. Die Kontur des Gesichts sauber nachzeichnen.

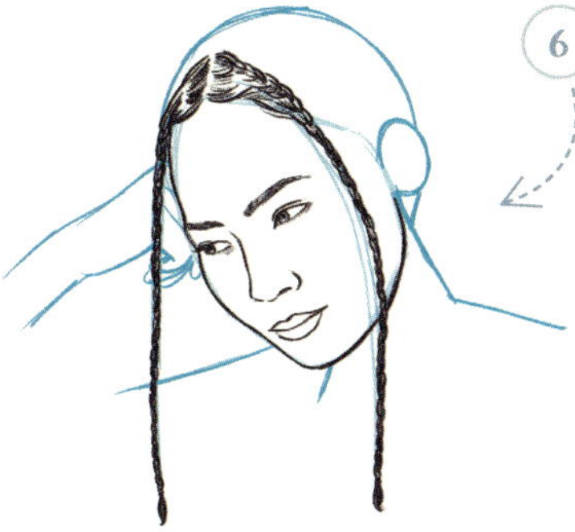

7 Die Haare hinzufügen. Den Umriss des Oberkopfs zeichnen, dann den Pferdeschwanz andeuten, der von einem breiten Haarband gehalten wird. Das Ohr ausarbeiten.

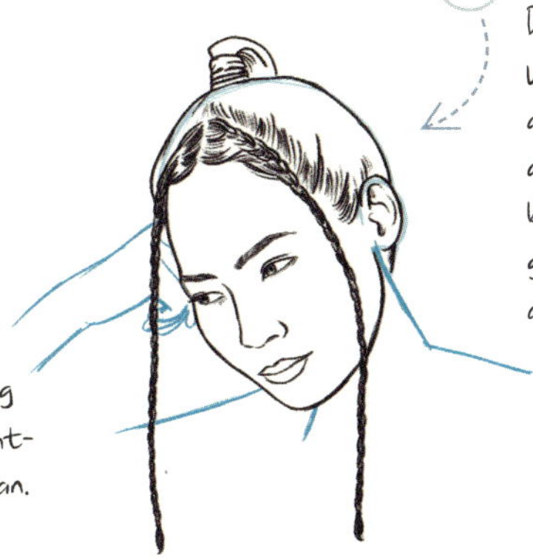

8 Hände, Hals und Schultern sorgfältig nachzeichnen. Achten Sie auf den Lichteinfall und deuten Sie die Schatten an.

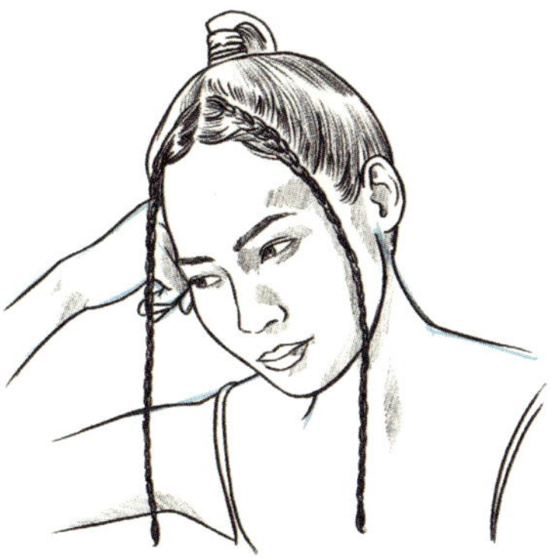

9 Wählen Sie nun die Farben für Haut, Haare und Make-up.

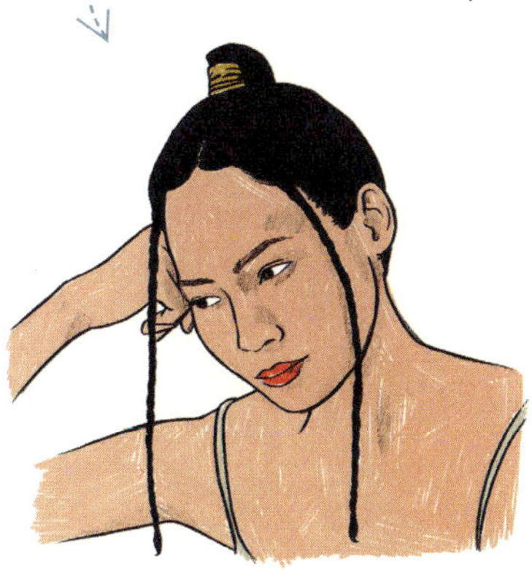

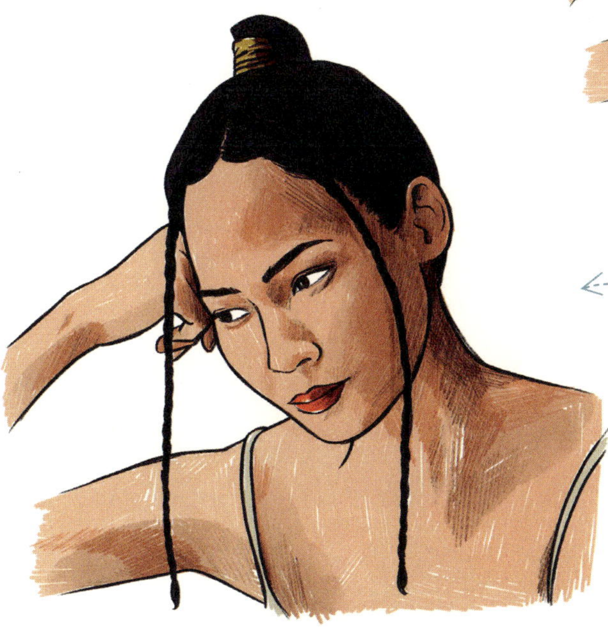

10 Zuletzt die Schatten mit dunkleren Farbtönen vertiefen.

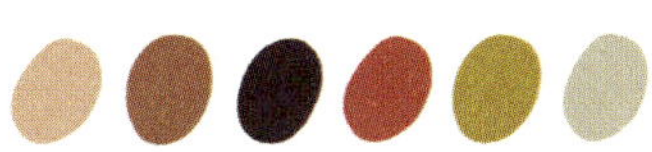

Fröhlich

Bei diesem Gesichtsausdruck erstreckt sich das Lachen nicht nur auf den Mund, sondern auf das ganze Gesicht.

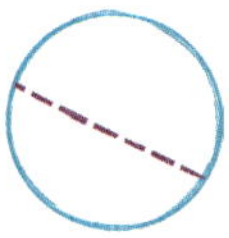

1 Mit einem Kreis für das Gesicht beginnen. Eine schräge, gestrichelte Mittellinie einzeichnen.

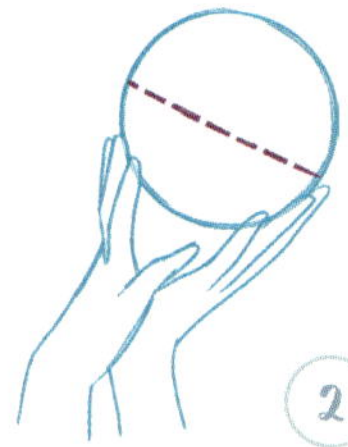

2 Die Hände grob vorzeichnen.

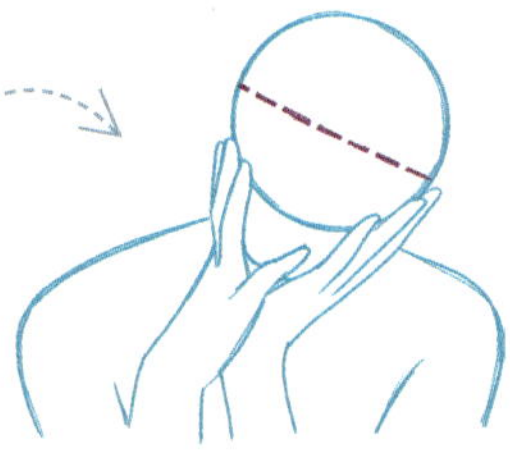

3 Die Schultern skizzieren.

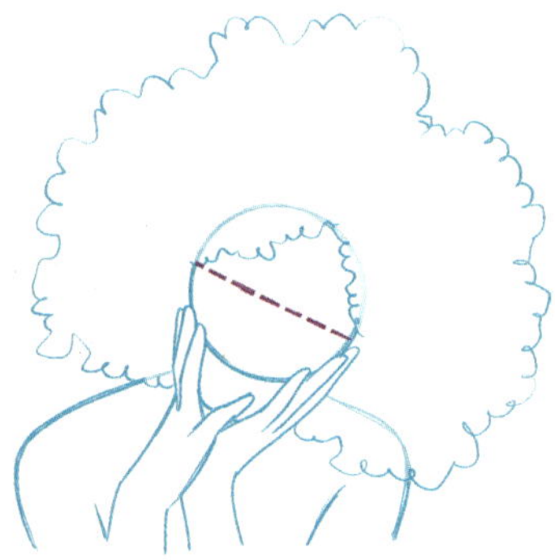

4 Den Umriss der Hare mit Wellenlinien andeuten.

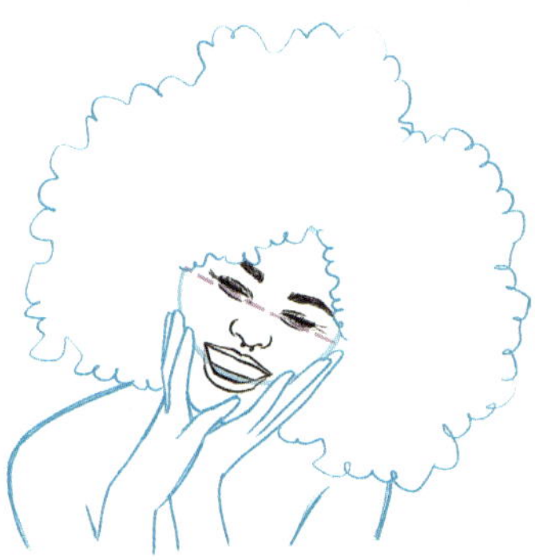

5 Lächelnde Augen, Augenbrauen, die Nase mit dem Piercing und den lachenden Mund einzeichnen. Orientieren Sie sich dabei an den Hilfslinien. Danach die Hilfslinien ausradieren.

6 Die Umrisse der Haare mit stärker gewellten Strichen nachzeichnen und auch einige Wellenlinien innerhalb der Haare einzeichnen.

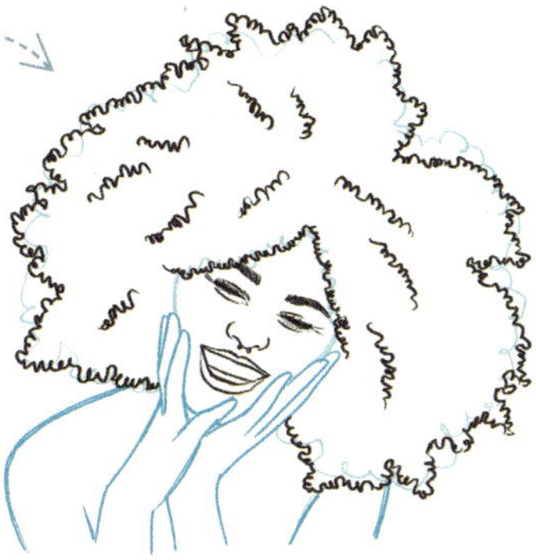

7 Hände, Schultern und Kleidung sorgfältig nachzeichnen.

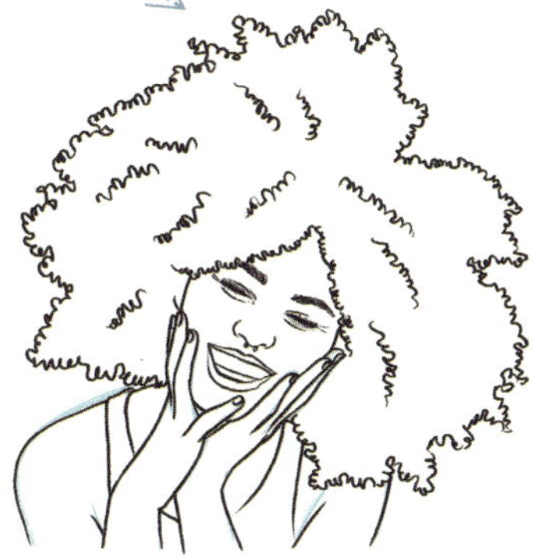

8 Die Schatten einfügen, auch zwischen den Locken und im Nackenbereich.

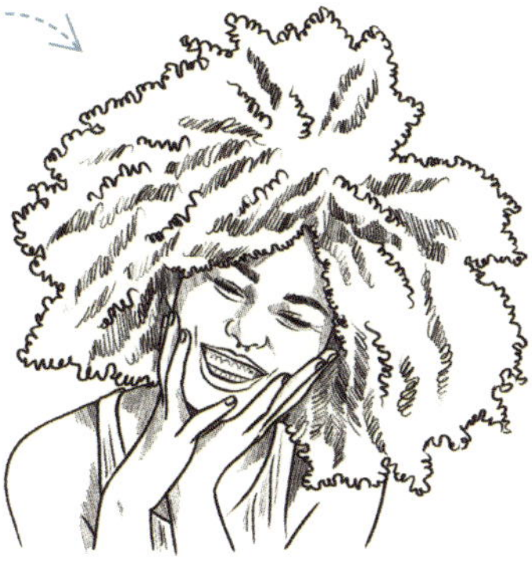

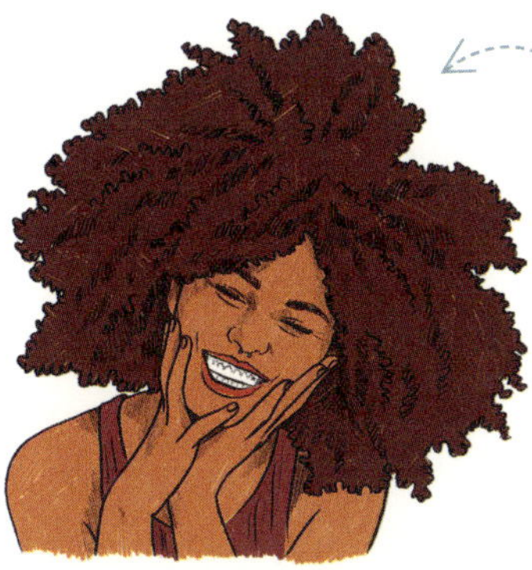

9 Das Porträt kolorieren.

10 Zuletzt die Schatten mit dunkleren Farbtönen vertiefen.

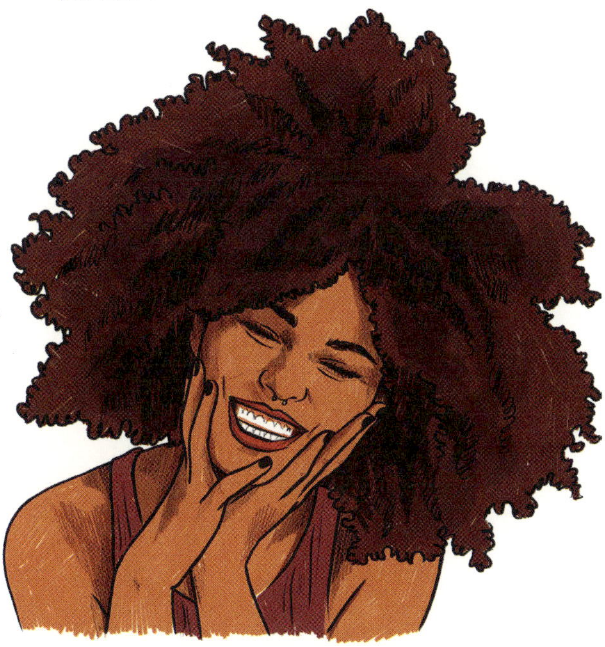

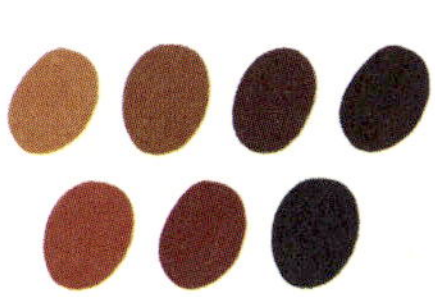

Sänger

Bei dieser selbstbewussten Pose mit halb abgewandtem Kopf kommt es darauf an, die Perspektive richtig zu treffen.

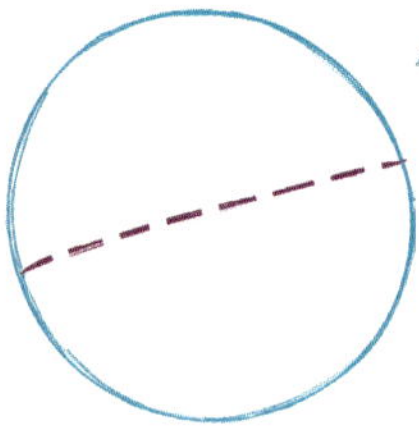

1 Mit einem Kreis für das Gesicht beginnen. Eine schräge, gestrichelte Mittellinie einzeichnen.

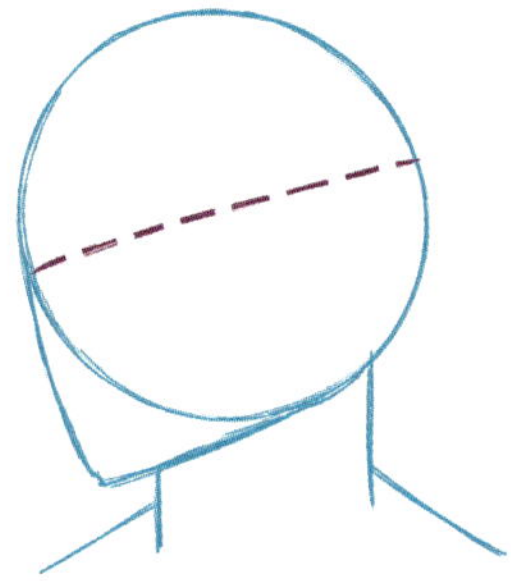

2 Unten links eine V-Form für das Kinn anfügen. Hals und Schultern vorzeichnen.

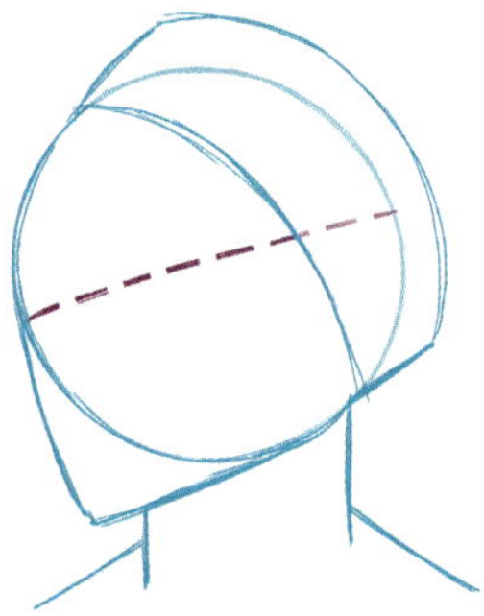

3 Die Kontur der Mütze über dem Hilfskreis hinzufügen.

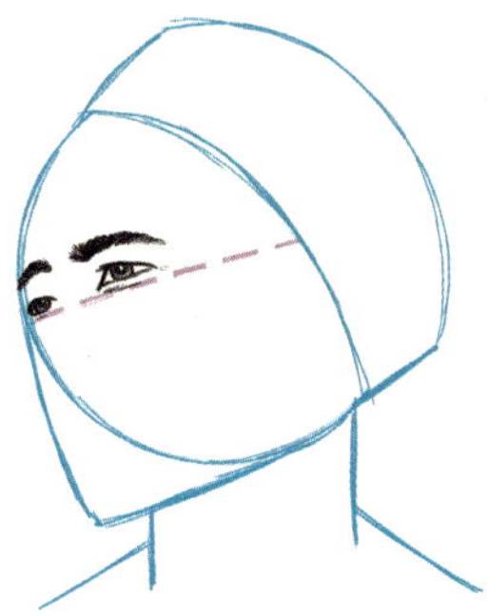

4 Augen und Augenbrauen über der gestrichelten Linie einzeichnen. Überflüssige Hilfslinien ausradieren.

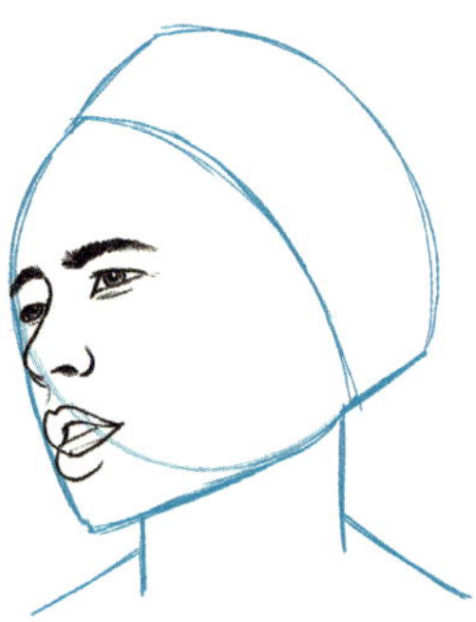

5 Mit Nase und Mund fortfahren. Achten Sie dabei auf die Perspektive.

6 Die Kontur des Gesichts sauber nachzeichnen. Über der Stirn mit lockeren, welligen Strichen einige Haare andeuten.

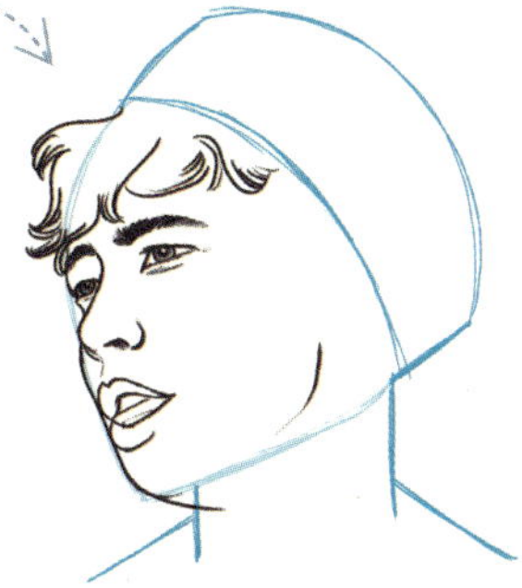

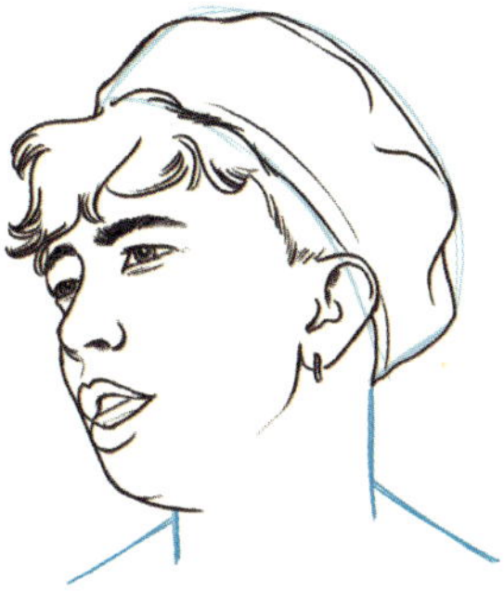

7 Weitere Haare an der Seite andeuten, dann das Ohr ausarbeiten und den Ohrring zeichnen. Die Mütze ausarbeiten.

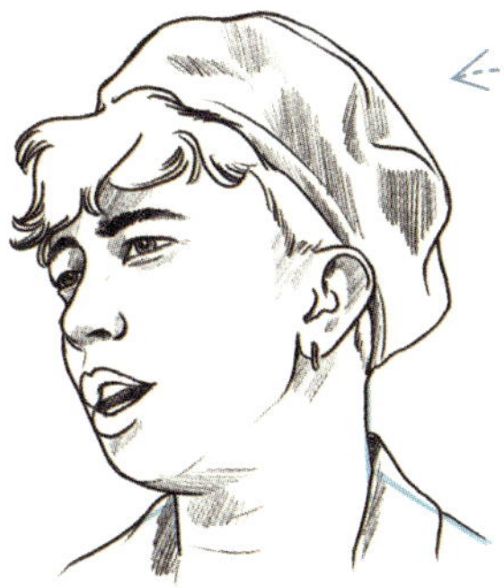

8 Achten Sie auf den Lichteinfall und fügen Sie die Schatten ein.

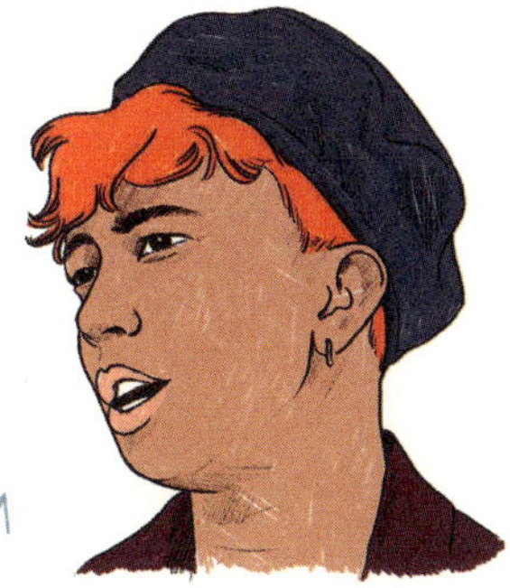

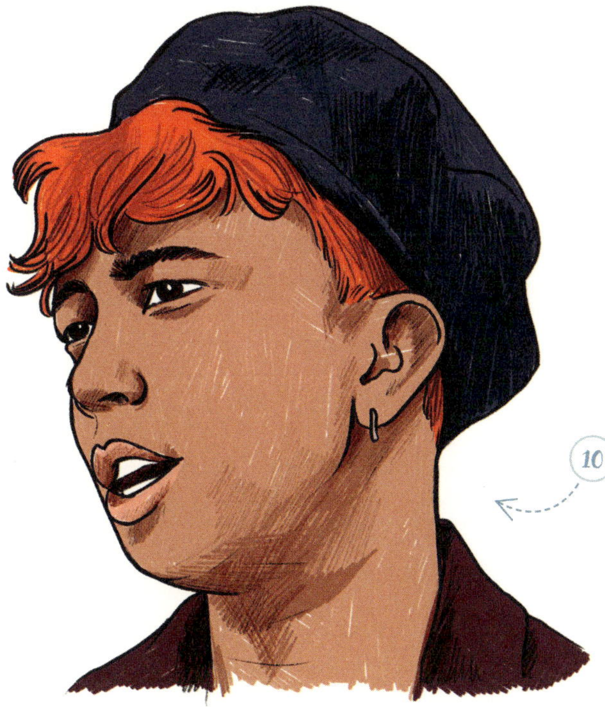

9 Nun das Porträt kolorieren. Die Haarfarbe können Sie selbst wählen.

10 Zuletzt die Schatten mit dunkleren Farbtönen vertiefen.

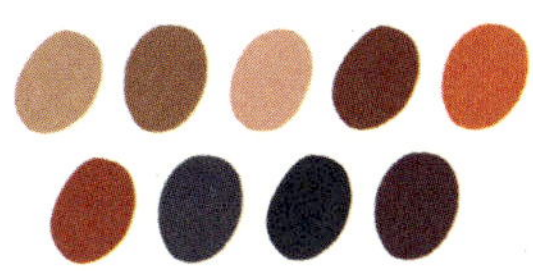

Blauer Bob

Eine interessante Pose! Der Blick wirkt cool und selbstbewusst,
aber die Hände am Kinn verraten Unsicherheit.

1 Mit einem Kreis für das Gesicht beginnen. Darunter eine leicht kantige Form für das Kinn anfügen.

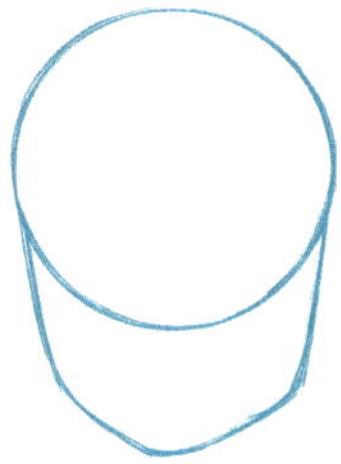

2 Eine Mittelsenkrechte und eine gestrichelte Waagerechte durch den unteren Teil des Kreises einzeichnen.

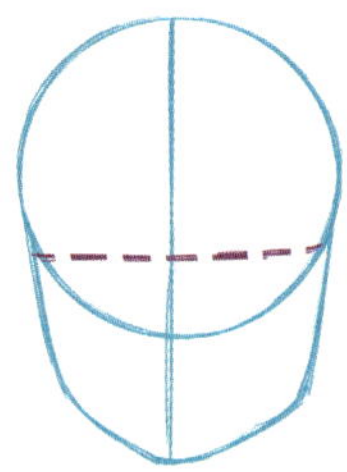

3 Die Umrisse der Hände skizzieren. Sie verdecken minimal die Kinnspitze.

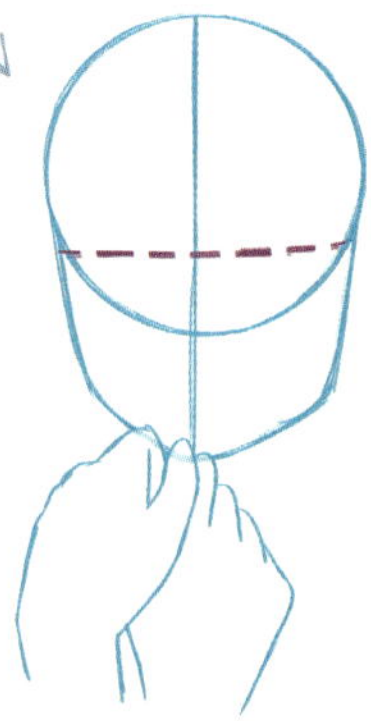

4 Die Konturen der Haare und der Schultern vorzeichnen.

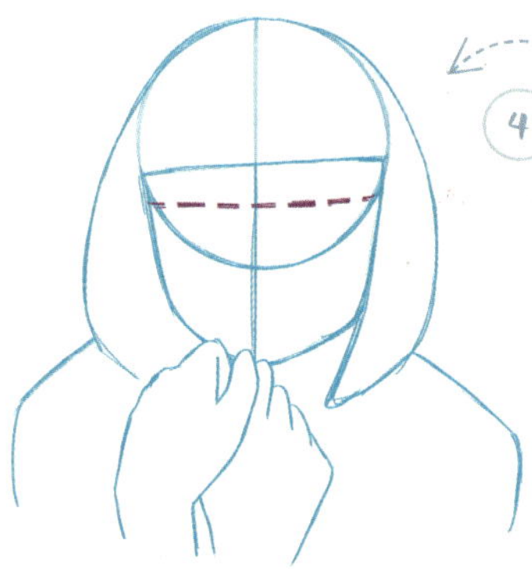

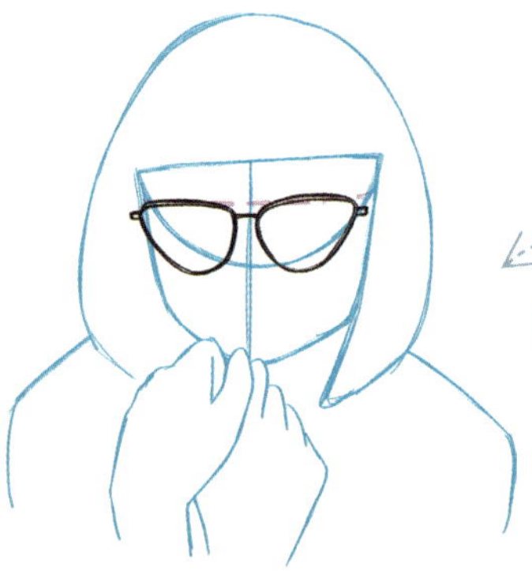

5 Die Brille anhand der gestrichelten Linie einfügen. Überflüssige Hilfslinien ausradieren.

6 Mit Augen, Augenbrauen, Nase und Mund fortfahren.

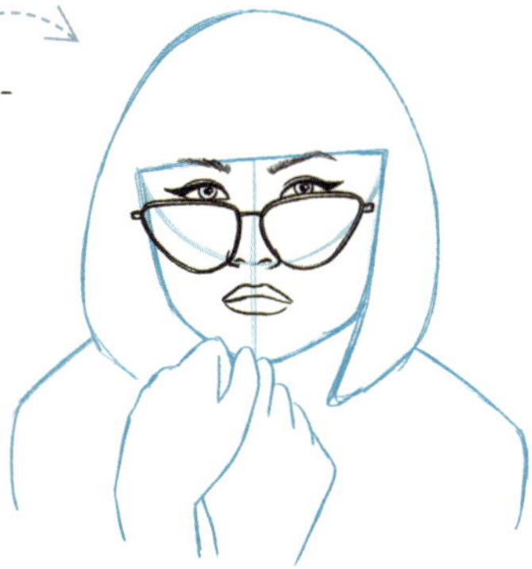

7 Den Umriss der Haare um das Gesicht herum sauber ausarbeiten. Mit den Händen fortfahren.

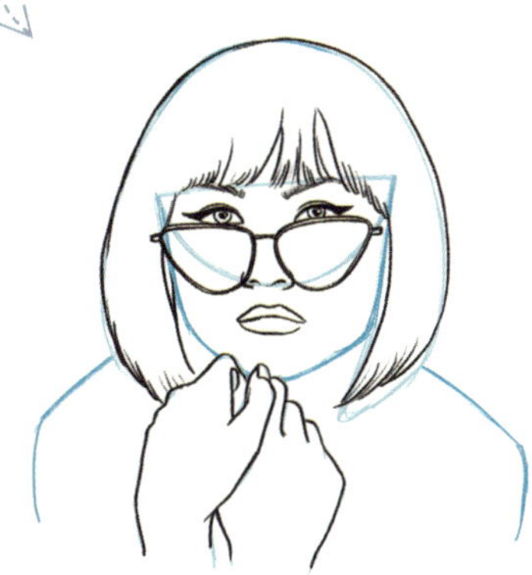

8 Weitere Haare mit langen Strichen einzeichnen. Die Schultern und die Falten der Kleidung deutlicher ausarbeiten. Achten Sie auf den Lichteinfall und deuten Sie die Schatten an.

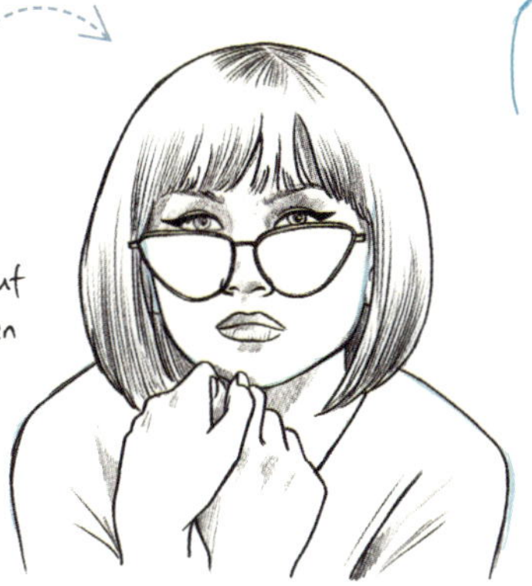

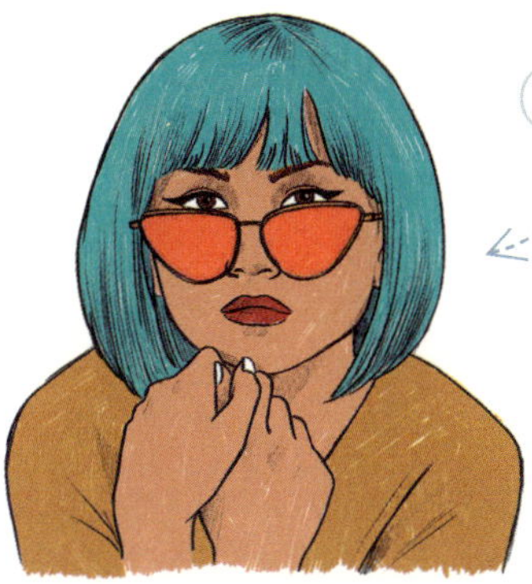

9 Wählen Sie jetzt die Farben für Haut, Augen, Lippen, Haare und Sonnenbrille.

10 Die Fingernägel kolorieren. Zuletzt die Schatten mit dunkleren Farbtönen vertiefen.

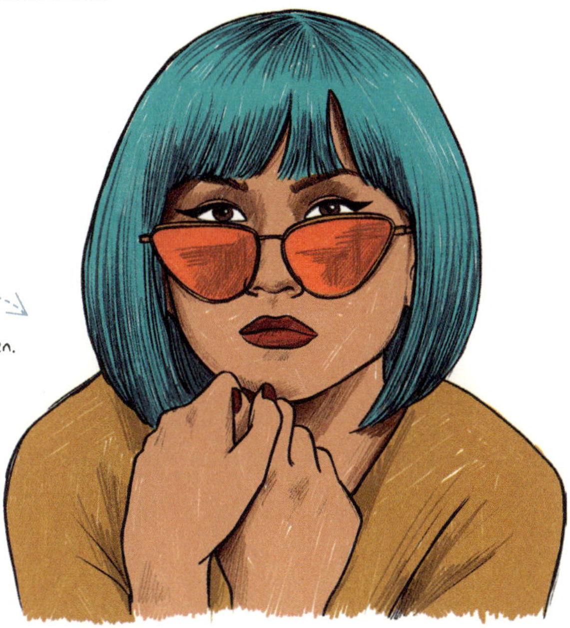

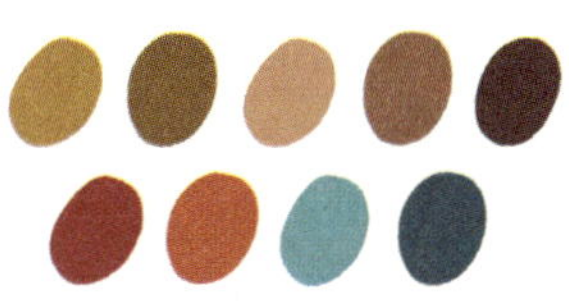

Vergnügt

Der Kontrast zwischen den grauen Haaren, den geschlossenen Augen und der faltigen, verwitterten Haut gibt diesem Porträt seinen Reiz.

1 Für die Kopfform ein grobes Achteck vorzeichnen.

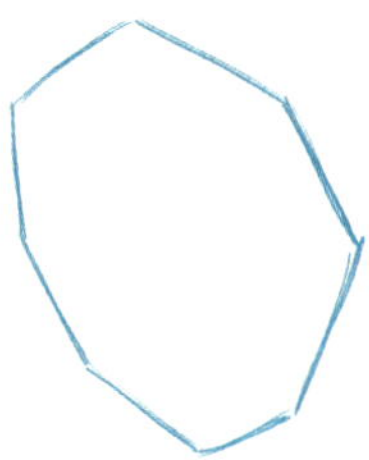

2 Die Form durch gestrichelte Linien in Drittel teilen.

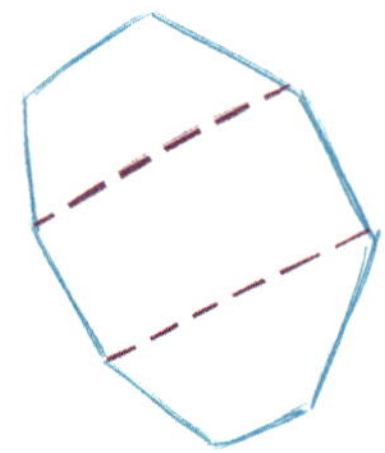

3 Ohr, Hals und Schultern grob vorzeichnen.

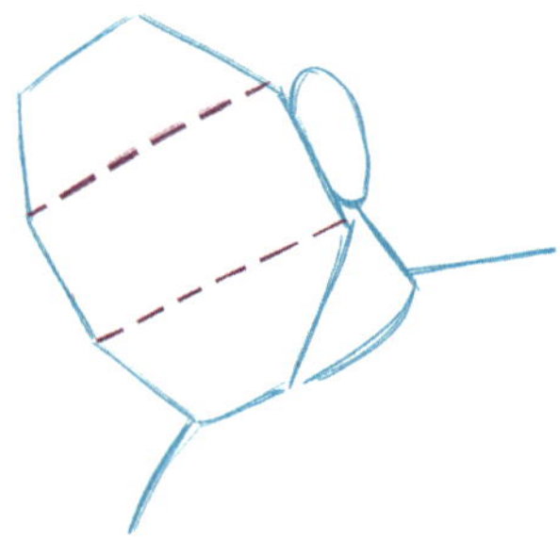

4 Die Haare und die Mütze skizzieren.

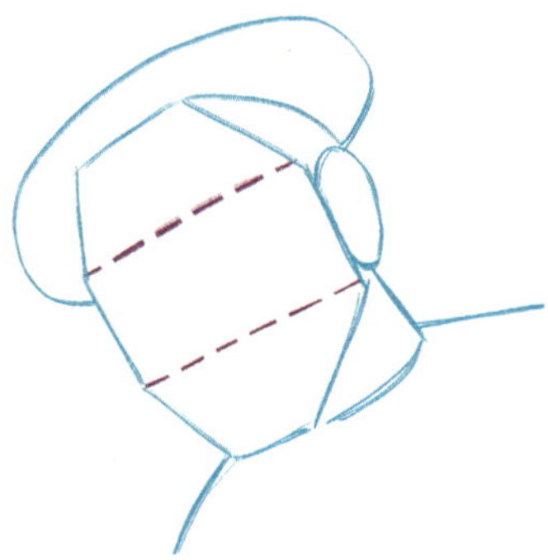

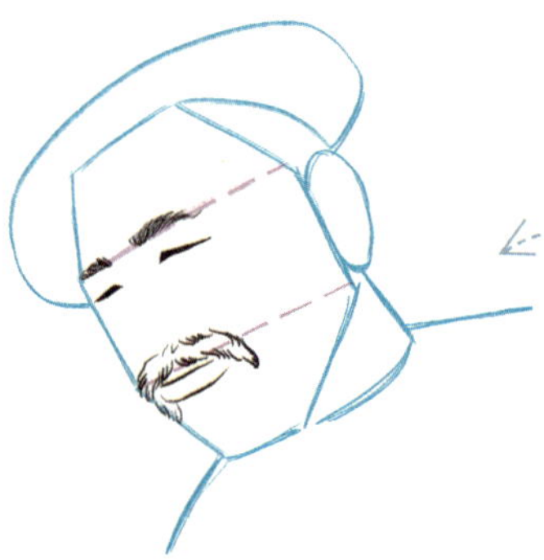

5 Augenbrauen, Augen, Mund und Oberlippenbart einzeichnen. Orientieren Sie sich dabei an den Hilfslinien.

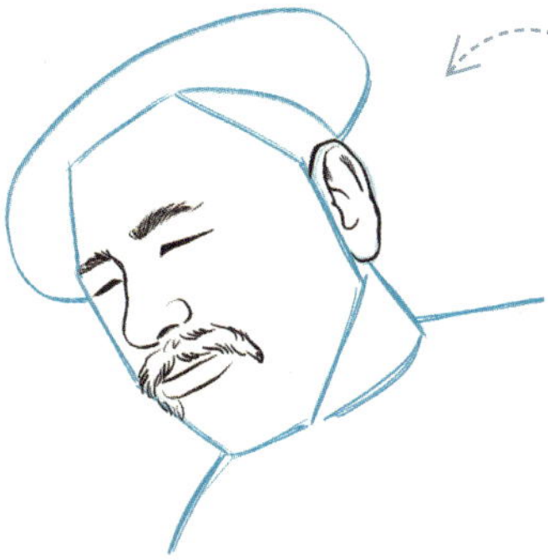

6 Mit der Nase und dem Ohr fortfahren. Die überflüssigen Hilfslinien ausradieren.

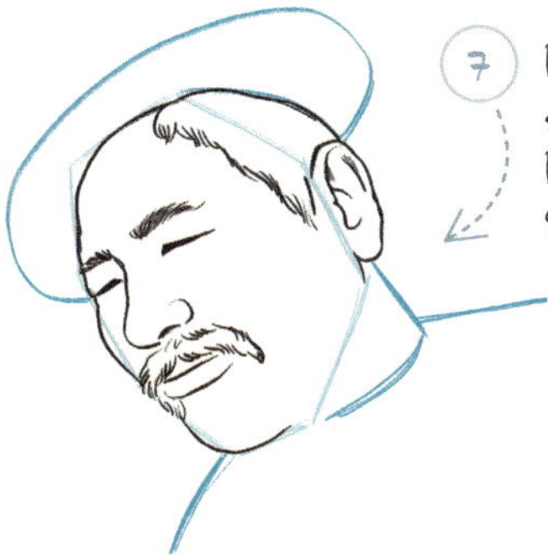

7 Den Umriss des Gesichts sauber nachzeichnen. Die Haare mit kurzen Strichen andeuten.

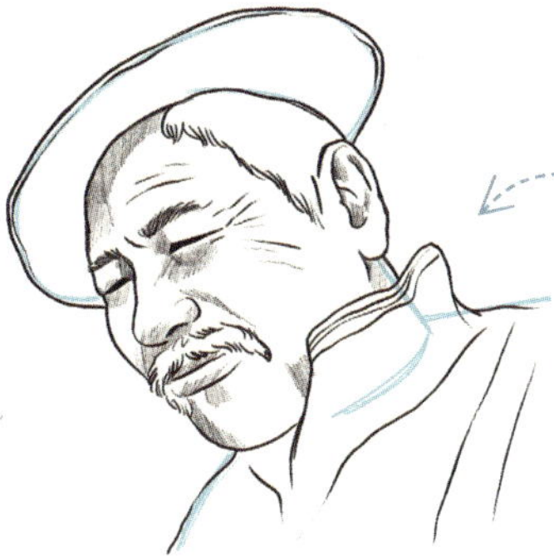

8 Mütze, Hals und Jacke ausarbeiten. Achten Sie auf den Lichteinfall und deuten Sie die Schatten an.

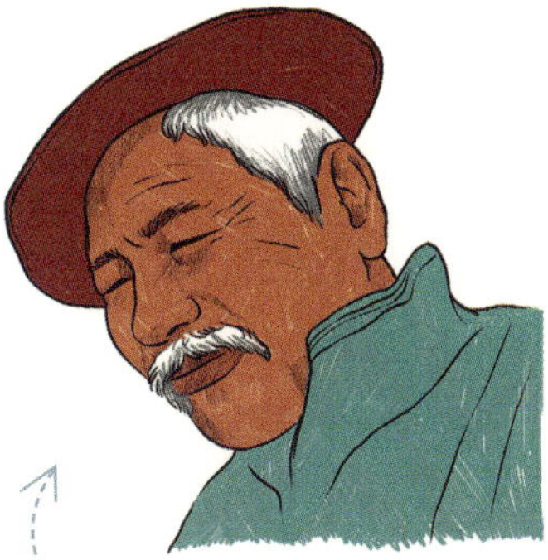

9 Das Porträt kolorieren. Für die Haare verschiedene Grautöne verwenden.

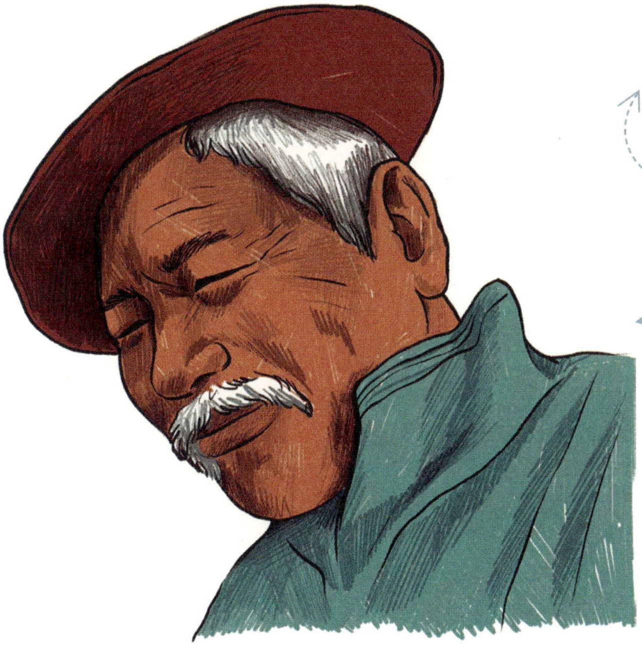

10 Zuletzt die Schatten mit dunkleren Farbtönen vertiefen.

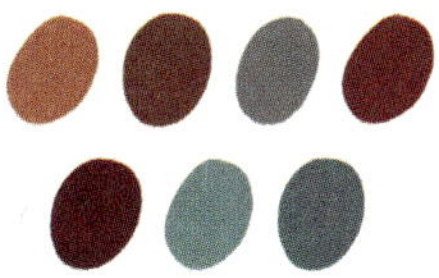

Hände am Kragen

In dieser Pose scheinen die zum Kragen erhobenen Hände das Kinn zu stützen.

1 Mit einem Kreis für das Gesicht beginnen.

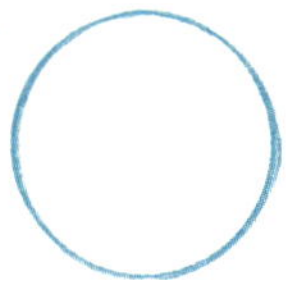

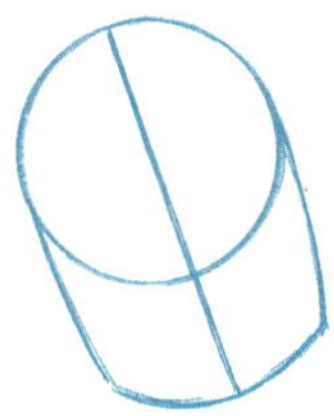

2 Unten rechts eine längliche Form für den Kiefer anfügen. Eine Mittelsenkrechte einzeichnen.

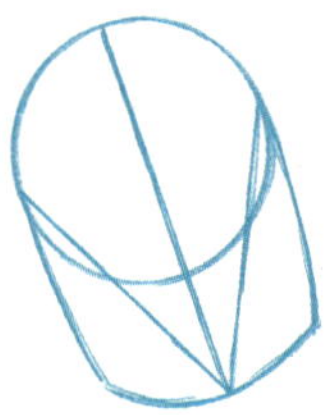

3 Ein V einzeichnen, das von der Mitte des Kreises bis zum unteren Rand der länglichen Form reicht.

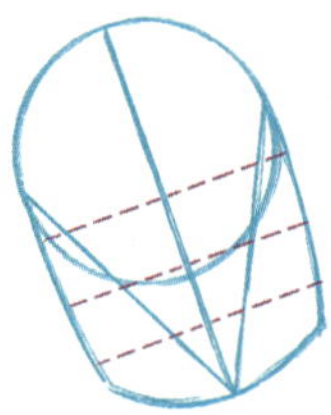

4 Drei gestrichelte Hilfslinien einzeichnen. Sie dienen zur Platzierung der Gesichtszüge.

5 Augen, Augenbrauen, Nase und Mund anhand der Hilfslinien sauber einzeichnen.

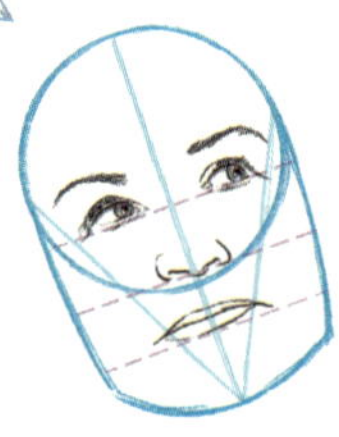

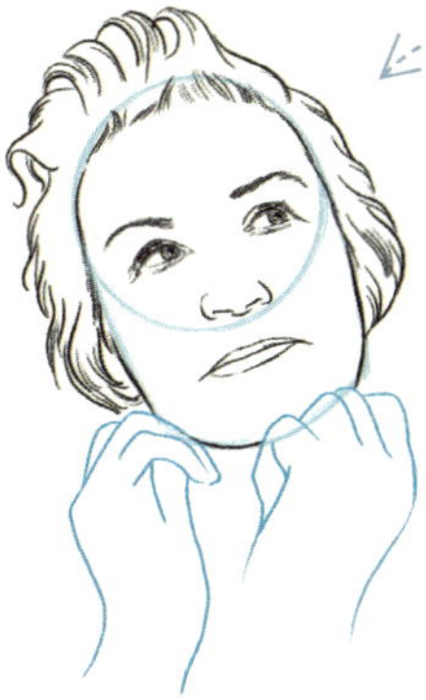

6 Die Hände mit Bleistift vorzeichnen, dabei auf ihre Position am Kinn achten. Den Umriss des Gesichts sauber nachzeichnen, dabei die Hände aussparen. Die Haare mit kurzen, gekrümmten Strichen andeuten. Überflüssige Hilfslinien ausradieren.

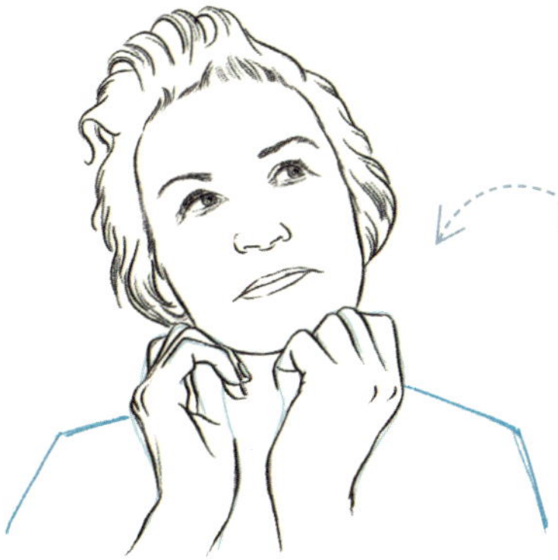

7 Die Hände sauber ausarbeiten. Die Schultern mit Bleistift vorzeichnen.

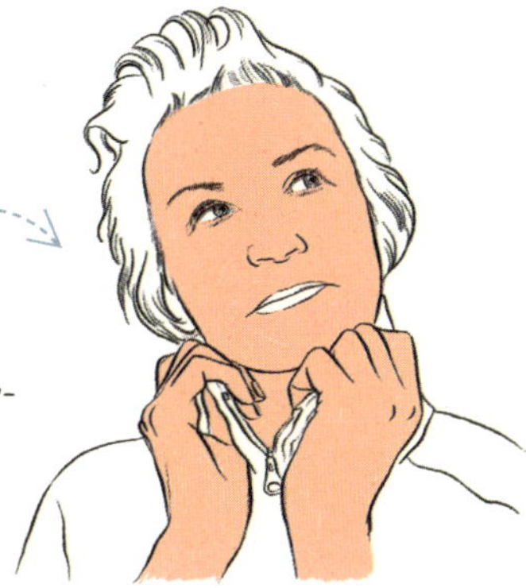

8 Die Schultern sauber nachzeichnen. Mit dem Kolorieren beginnen. Verwenden Sie für das Gesicht einen Rosaton.

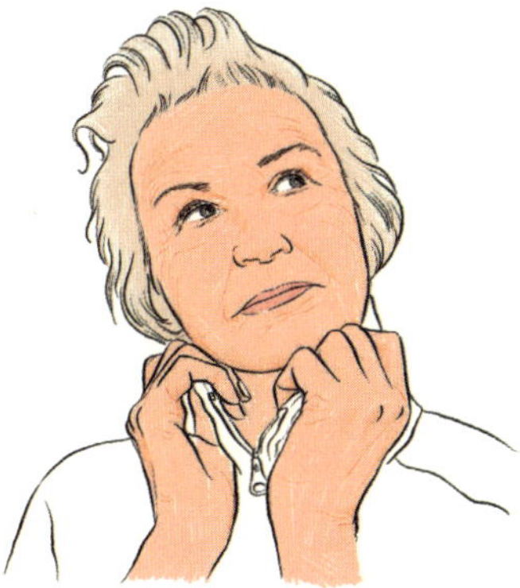

9 Einige hellbraune Falten auf Gesicht und Händen andeuten. Danach Haare, Lippen und Augen kolorieren.

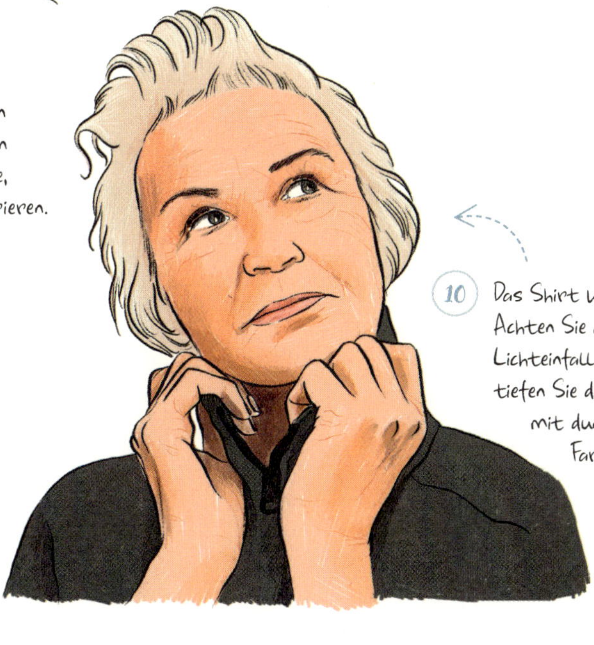

10 Das Shirt kolorieren. Achten Sie auf den Lichteinfall und vertiefen Sie die Schatten mit dunkleren Farbtönen.

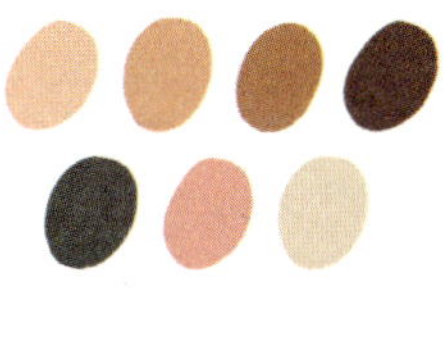

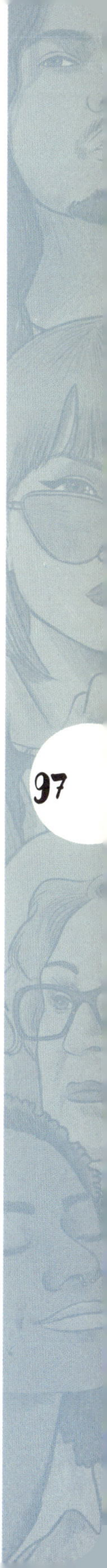

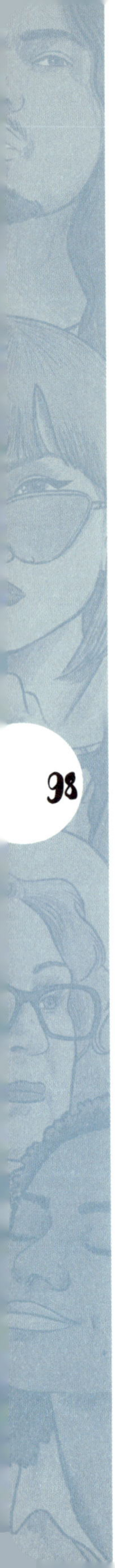

Abgewandt

Die großen, runden Ohrringe korrespondieren mit der Form des Haarknotens. Der Blick über die Schulter wirkt etwas geheimnisvoll.

1 Mit einem Kreis für den Kopf beginnen. Eine waagerechte, gestrichelte Linie im unteren Teil des Kreises einzeichnen. Für die Augen zwei Mandelformen rechts im Kreis skizzieren. Eine schräg im Kreis platzierte Linie dient als Hilfslinie für die Haare.

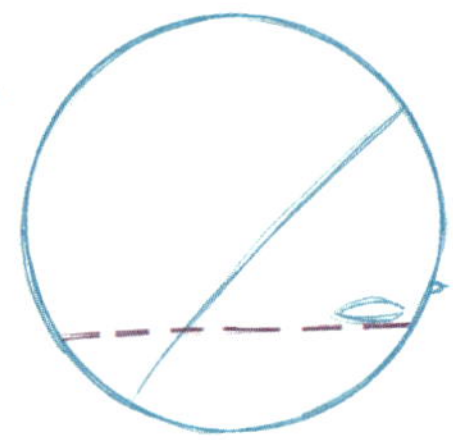

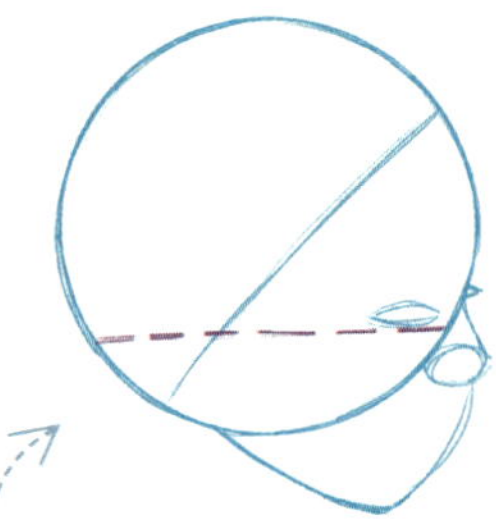

2 Einen kleinen umgedrehten Kegel für die Nase und eine abgerundete V-Form für das Kinn anfügen.

3 Auf dem Oberkopf ein Oval für den Haarknoten skizzieren. Die Umrisse von Hals und Schultern vorzeichnen.

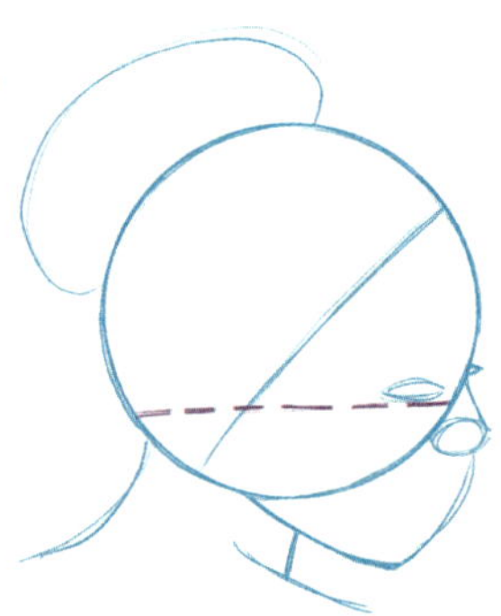

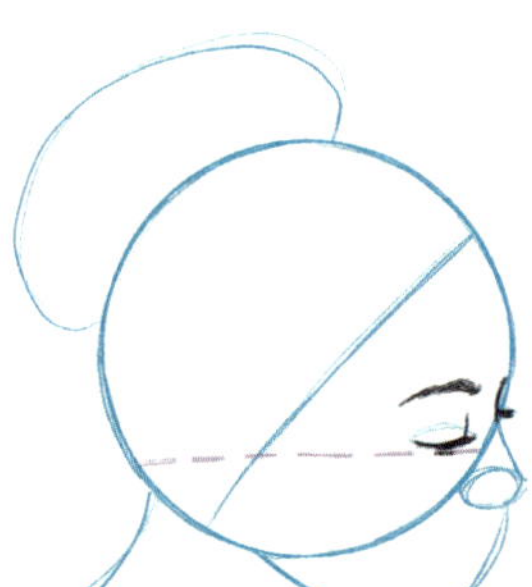

4 Augen und Augenbrauen einzeichnen. Vom abgewandten Auge sind nur die Wimpern und ein kleiner Teil der Augenbraue zu sehen.

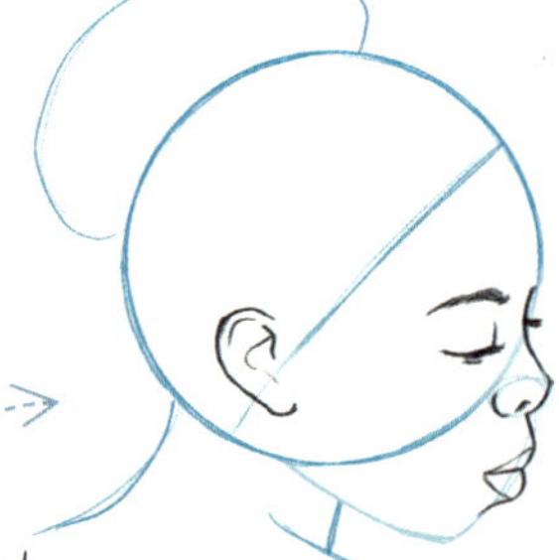

5 Mit Ohr, Nase und Mund fortfahren, dann die überflüssigen Hilfslinien ausradieren.

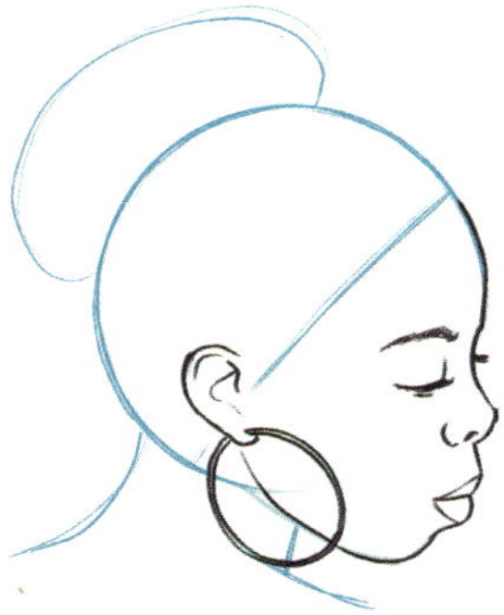

6 Die Kontur des Gesichts sauber ausarbeiten und den großen, runden Ohrring hinzufügen.

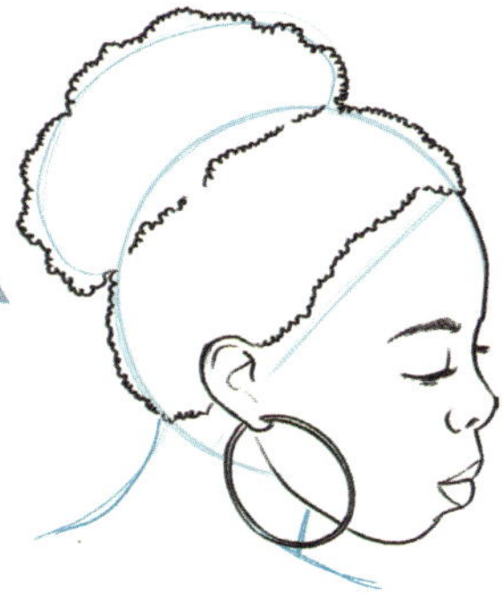

7 Den Umriss der Haare mit welligen Strichen nachzeichnen.

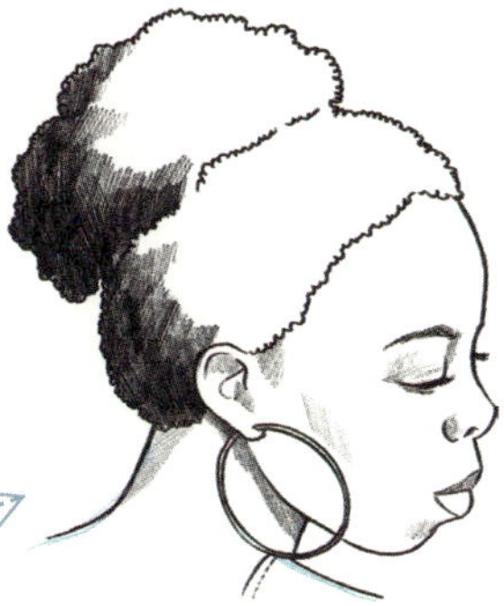

8 Die Schultern ausarbeiten. Achten Sie auf den Lichteinfall, bevor Sie die Schatten andeuten.

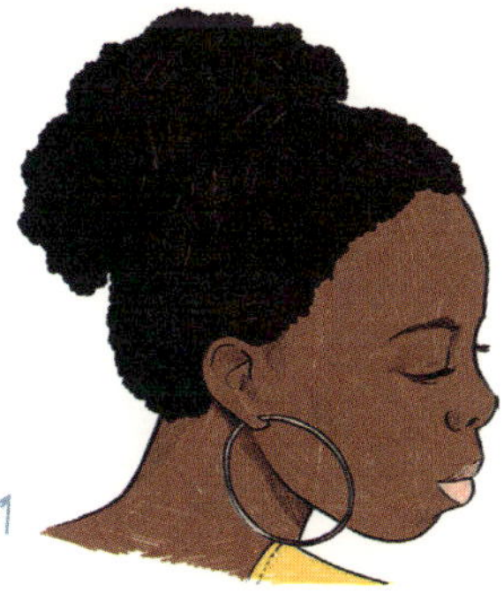

9 Nun können Sie Haut, Lippen, Haare und Shirt kolorieren.

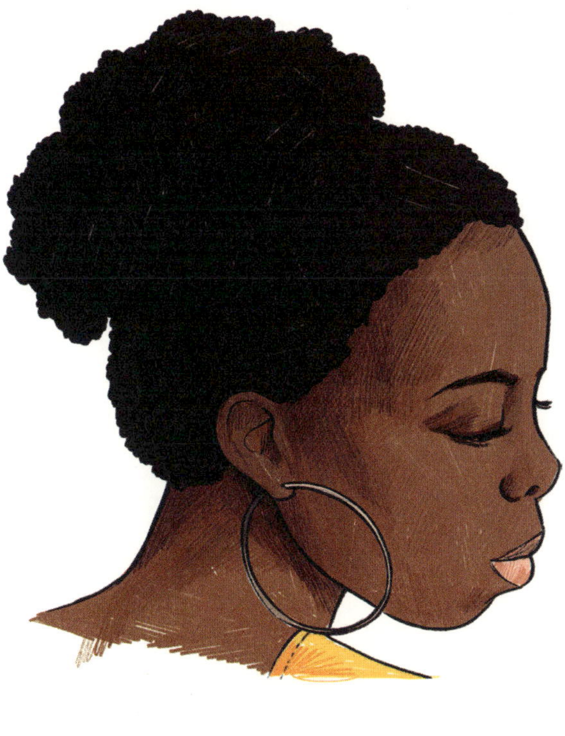

10 Zuletzt die Schatten mit dunkleren Farbtönen vertiefen.

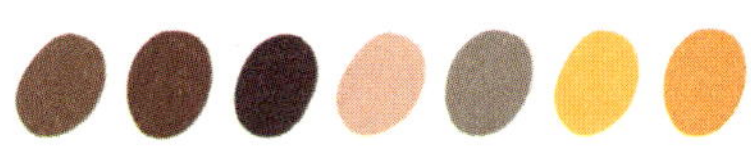

Streng

Durch sorgfältig ausgewählte Accessoires lässt sich die Wirkung von Porträts verstärken. Hier ergänzen sich der strenge Hut und das kantige Kinn.

1 Eine kantige Form für das Gesicht vorzeichnen und drei gestrichelte, waagerechte Hilfslinien einfügen.

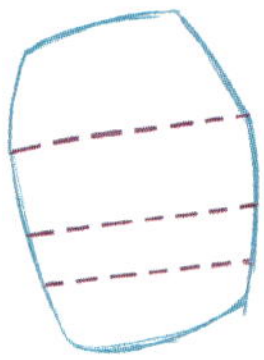

2 Auf beiden Seiten längliche Formen für die Haare anfügen, dann eine waagerechte Linie für den Pony einzeichnen.

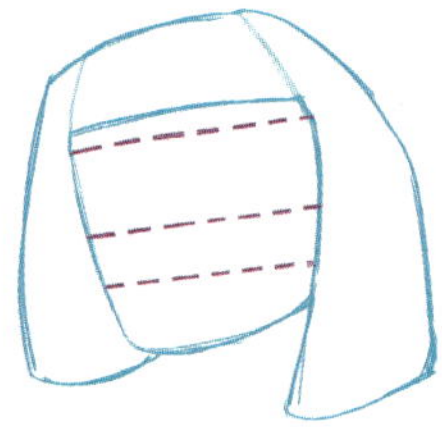

3 Die Form des Huts vorzeichnen. Die Konturen von Hals und Schultern skizzieren.

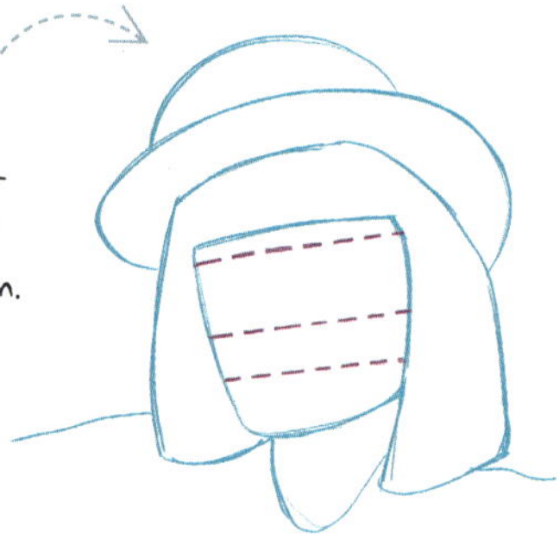

4 Augen, Nase und Mund anhand der gestrichelten Linien einzeichnen. Die Augenbrauen liegen unter dem Pony versteckt. Überflüssige Hilfslinien ausradieren.

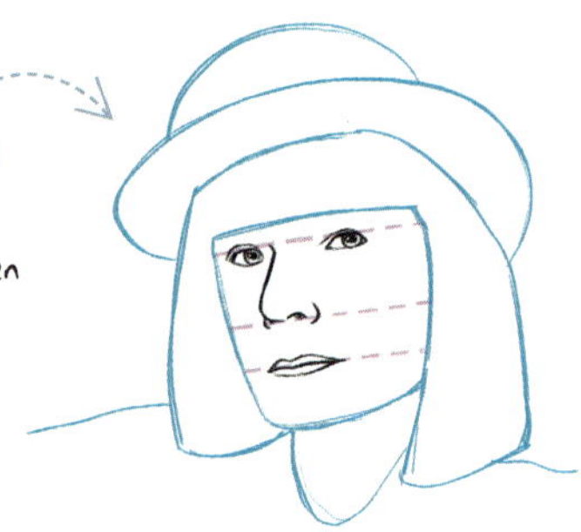

5 Die Brille ausarbeiten, dann die Kontur des Gesichts sauber nachzeichnen. Die Fältchen an Mund und Augen mit feinen Strichen andeuten.

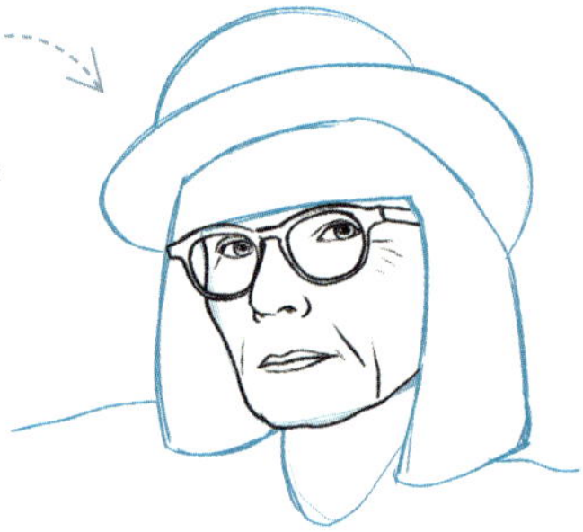

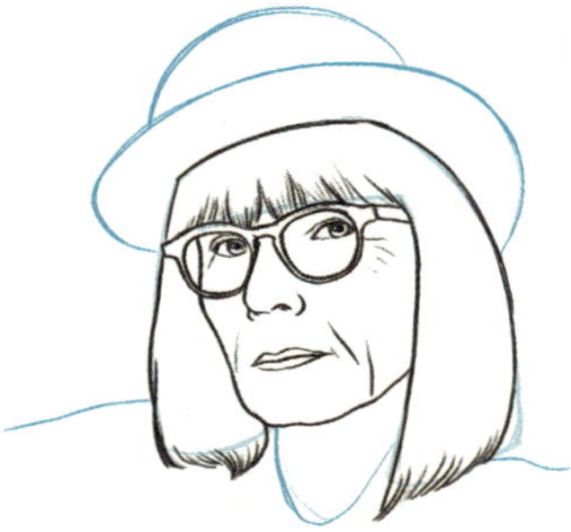

6 Die Haare um das Gesicht herum ausarbeiten.

7 Die Umrisse von Hut, Schultern und Kragen sauber nachzeichnen.

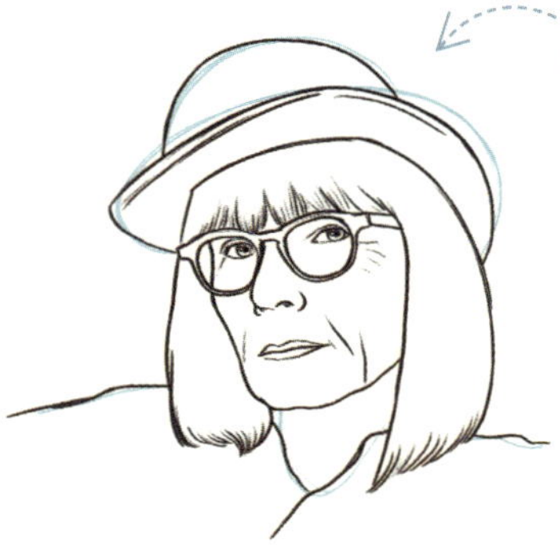

8 Achten Sie auf den Lichteinfall und deuten Sie die Schatten an.

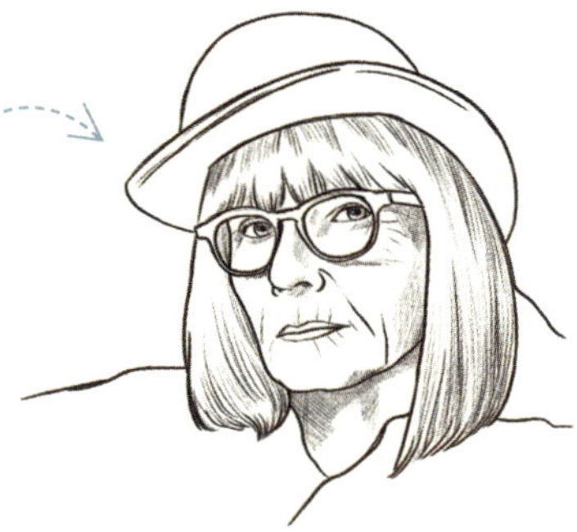

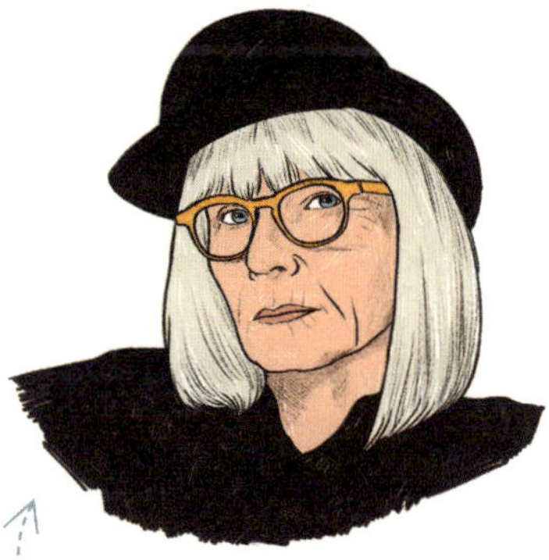

9 Jetzt werden Haut, Augen, Haare und Kleidung koloriert. Wählen Sie eine leuchtende Farbe für die Brille.

10 Zuletzt die Schatten mit dunkleren Farbtönen vertiefen.

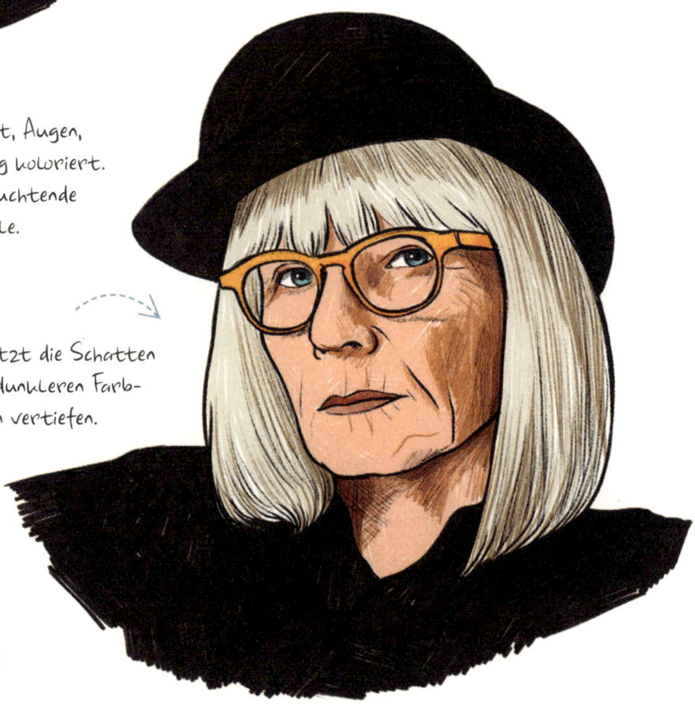

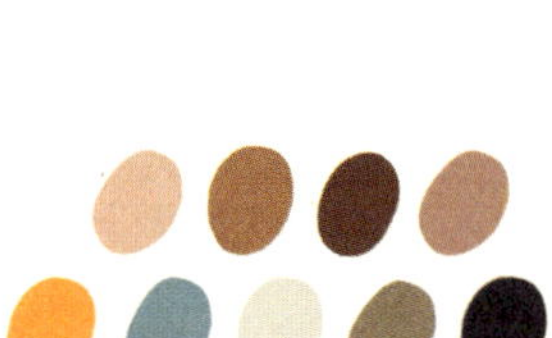

Musikgenuss

Selbst geschlossene Augen können mit erhobenem Kinn und leicht lächelndem Mund Freude ausdrücken.

1 Mit einem Kreis für das Gesicht beginnen. In der Mitte eine gestrichelte, waagerechte Linie einzeichnen.

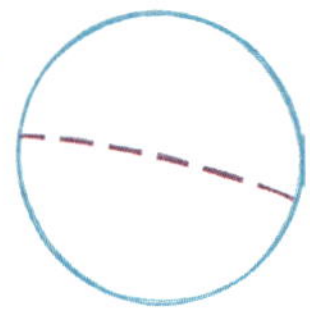

2 Eine V-Form für den Kiefer und zwei Linien für den Hals anfügen.

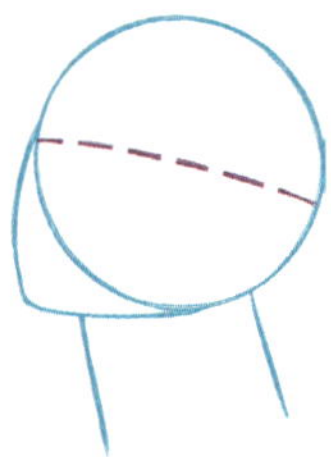

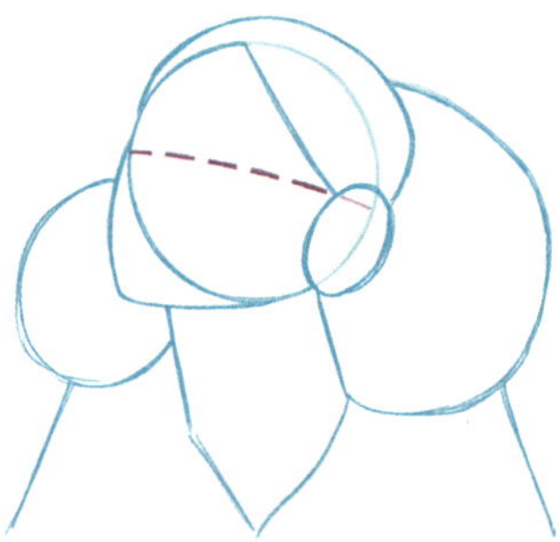

3 Drei große Bögen für die Umrisse der Haare skizzieren. Ein Oval für das Ohrpolster des Kopfhörers hinzufügen.

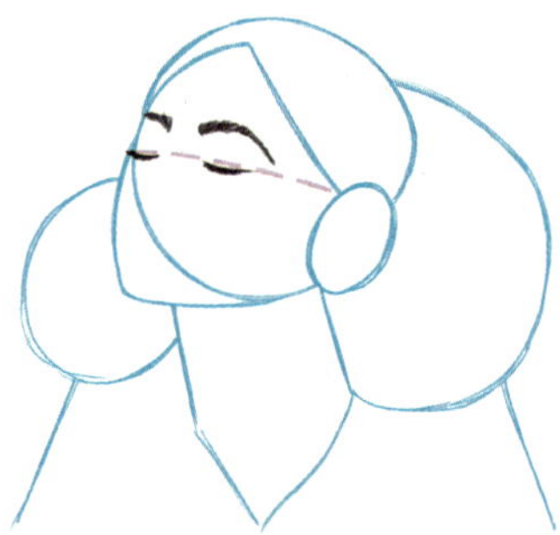

4 Augen und Augenbrauen sauber auf der gestrichelten Linie einzeichnen.

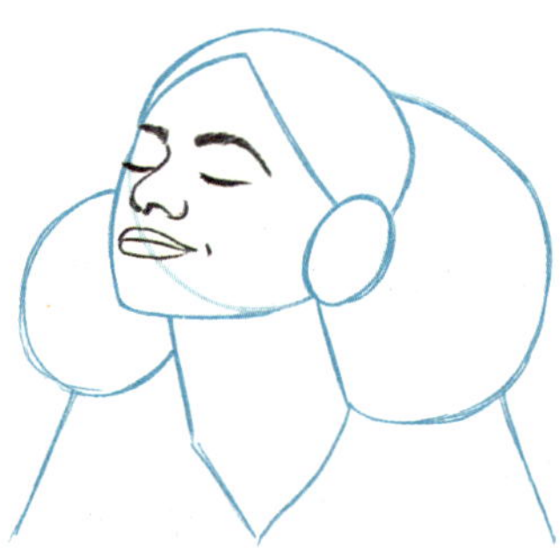

5 Mit Nase und Mund fortfahren. Überflüssige Hilfslinien ausradieren. Wenn Sie möchten, können Sie ein Nasenpiercing hinzufügen.

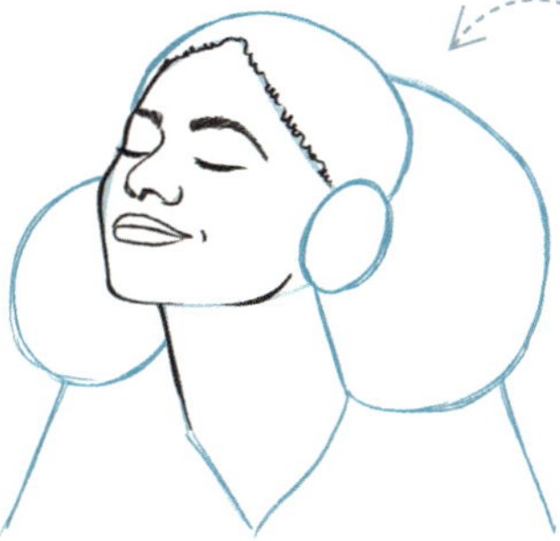

6 Den Haaransatz mit einer gewellten Linie darstellen. Die Kontur des Gesichts sauber nachzeichnen.

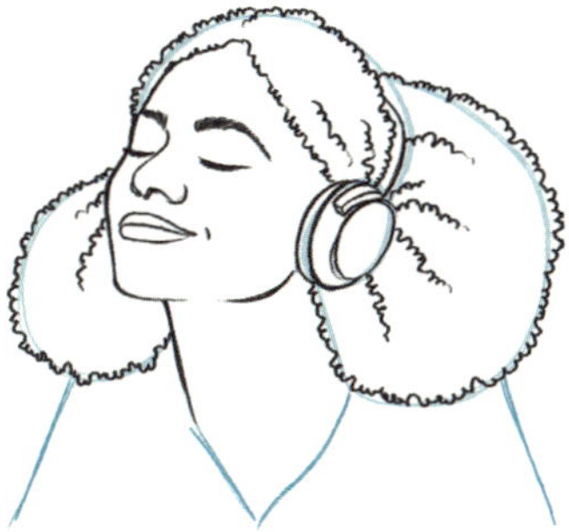

7 Die Konturen der Haare mit welligen Linien ausarbeiten und einige Wellen ins Innere der Haare setzen. Ohrpolster und Bügel des Kopfhörers ausarbeiten.

8 Die Bluse deutlicher zeichnen, dabei die Falten nicht vergessen. Achten Sie auf den Lichteinfall und deuten Sie die Schatten an.

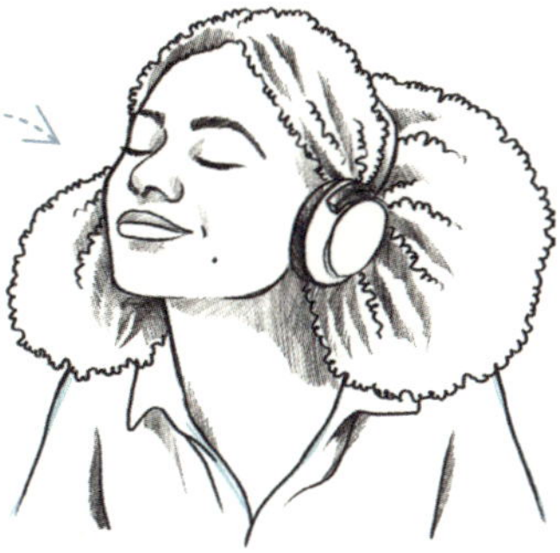

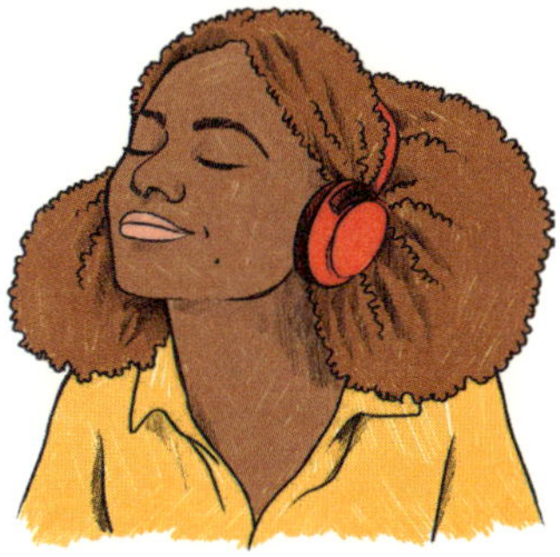

9 Jetzt können Sie die Zeichnung kolorieren.

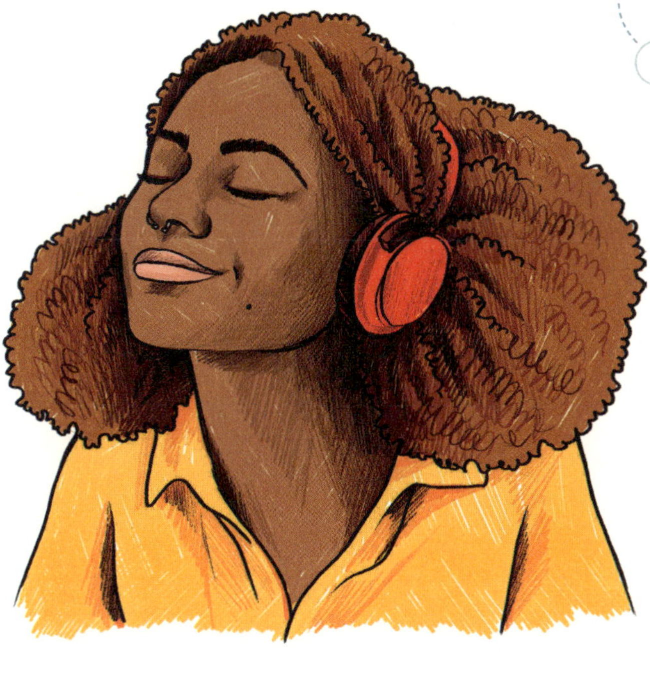

10 Zuletzt die Schatten mit dunkleren Farbtönen vertiefen.

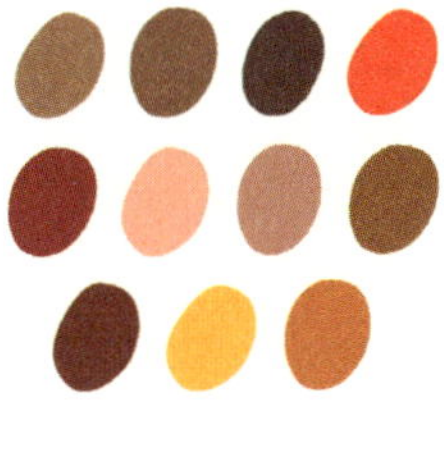

Grüblerisch

Dieses Porträt ist ehrlich und unverfälscht.
Darum ist es wichtig, die Hauttöne gut zu treffen.

1 Mit einem Oval für das Gesicht beginnen. In der unteren Hälfte zwei gestrichelte Linien einzeichnen.

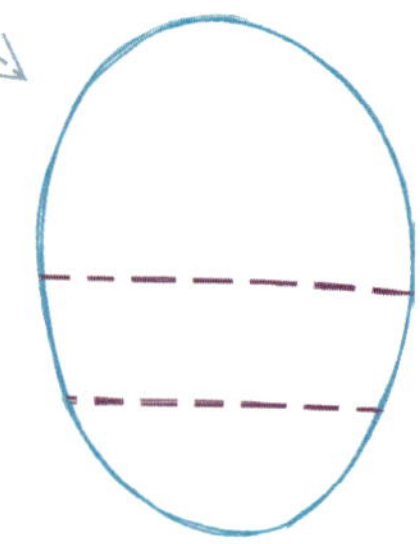

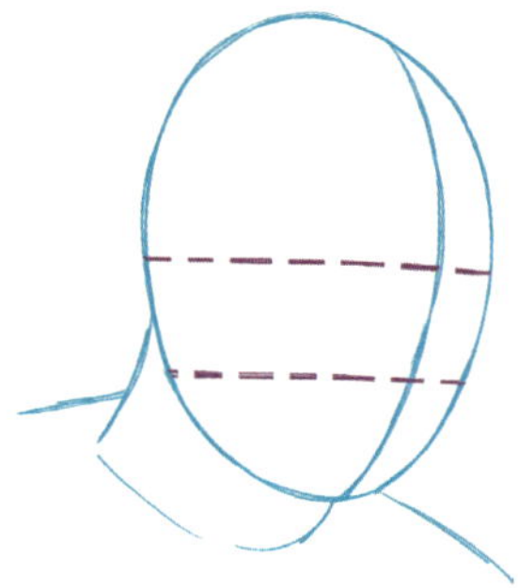

2 Rechts vom Oval einen Bogen anfügen, um eine Hilfslinie für die Gesichtsmitte zu erhalten. Die Umrisse von Hals und Schultern skizzieren.

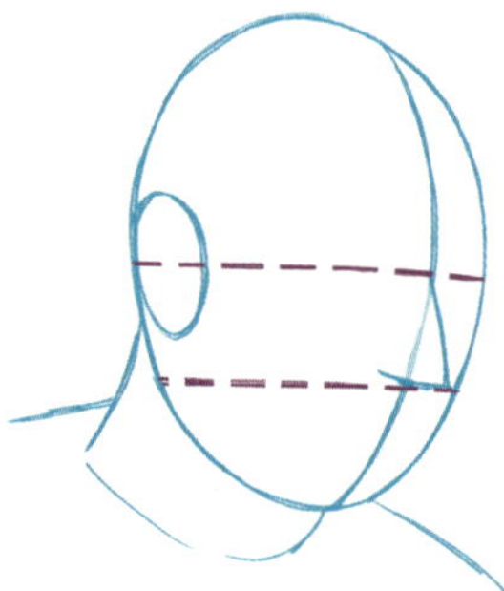

3 Eine kleine V-Form für die Nase und ein kleines Oval für das Ohr anfügen.

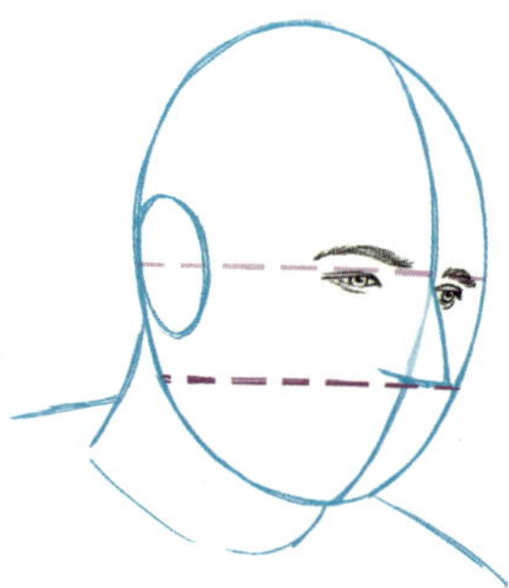

4 Augen und Augenbrauen sauber auf der oberen, gestrichelten Linie einzeichnen. Überflüssige Hilfslinien ausradieren.

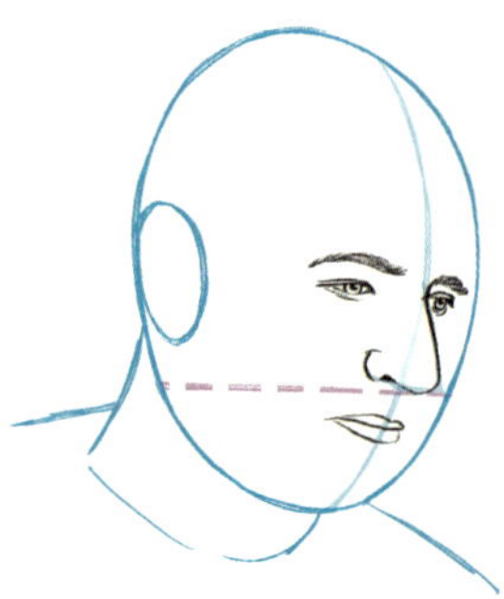

5 Mit Nase und Mund fortfahren.

6 Den Umriss des Kopfs sauber nachzeichnen und das Ohr ausarbeiten. Die Kopfkontur soll so glatt wie möglich sein.

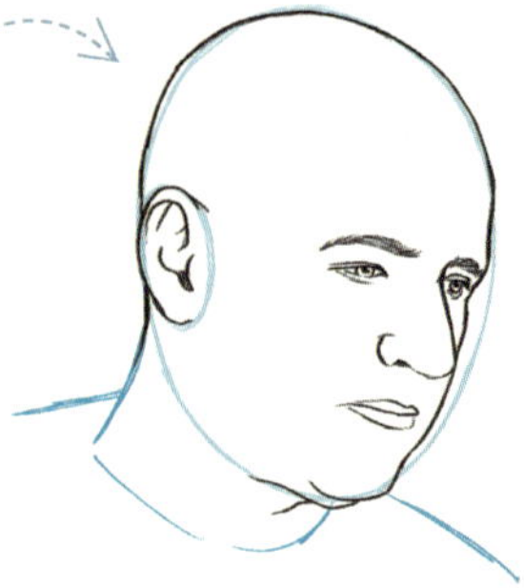

7 Mit Hals und Schultern fortfahren.

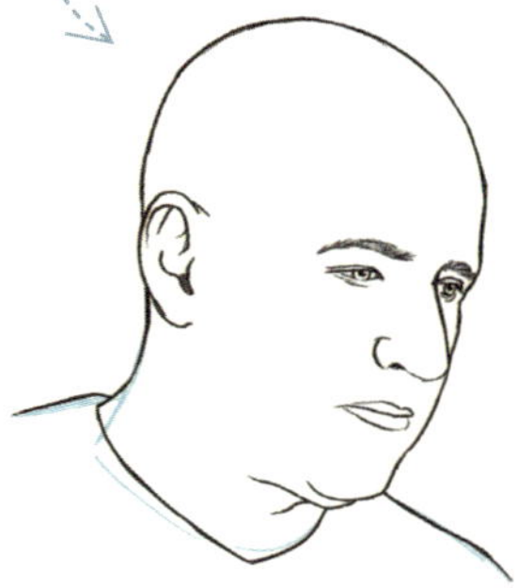

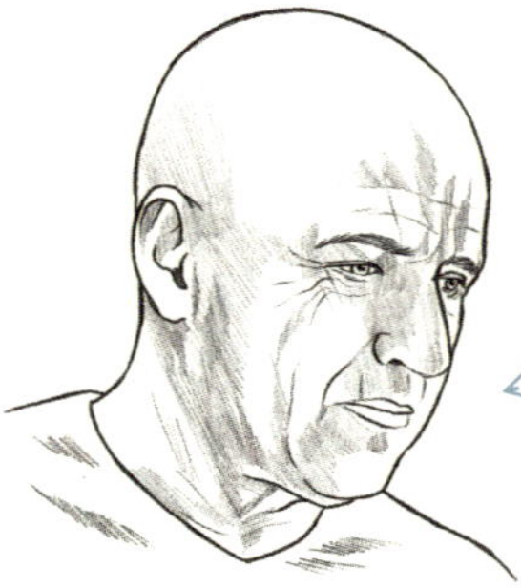

8 Achten Sie auf den Lichteinfall und deuten Sie die Schatten an.

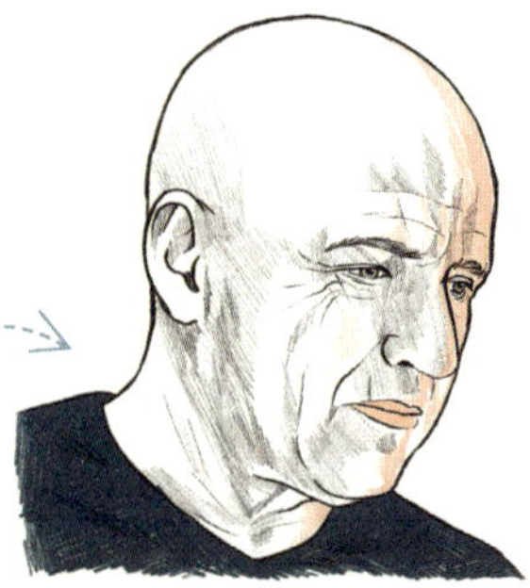

9 Mit dem Kolorieren beginnen. Verwenden Sie dort, wo das Licht auf Gesicht und Hals fällt, hellere Töne.

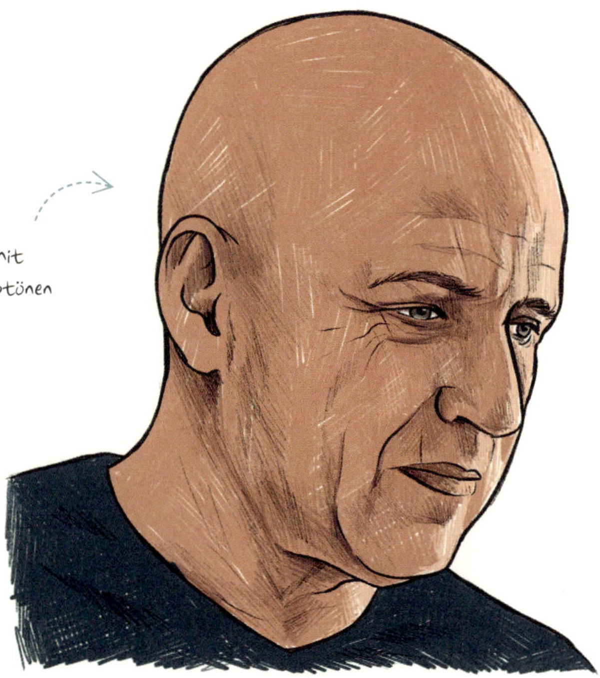

10 Die Schatten mit dunkleren Farbtönen vertiefen.

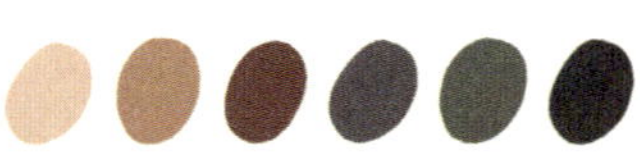

Freundlich

Der raffinierte Filzhut und die runde Brille
strahlen Kraft und Selbstvertrauen an.

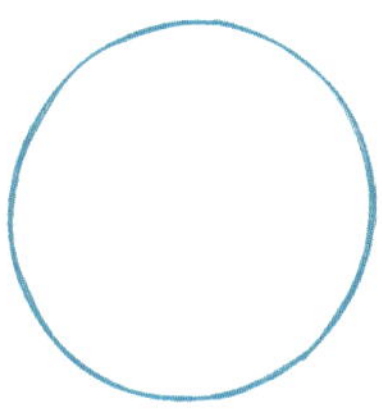

1 Mit einem Kreis für das Gesicht beginnen.

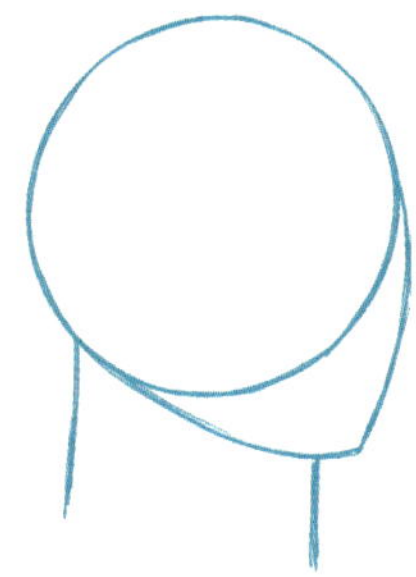

2 Unten rechts ein Dreieck für das Kinn anfügen. Den Hals mit zwei senkrechten Strichen andeuten.

3 Die Mittellinie des Gesichts nahe am rechten Rand der Grundformen einzeichnen. Im unteren Teil drei gestrichelte waagerechte Linien einfügen. Die Umrisse der Schultern skizzieren.

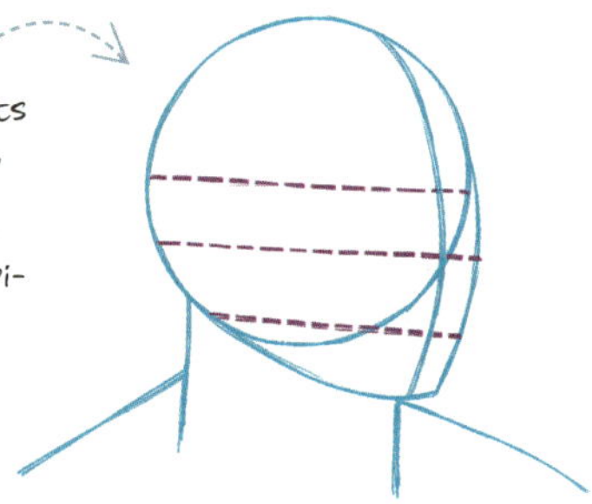

4 Die Brille sauber einzeichnen, dann Augen und Nase hinzufügen. Orientieren Sie sich dabei an den gestrichelten Linien.

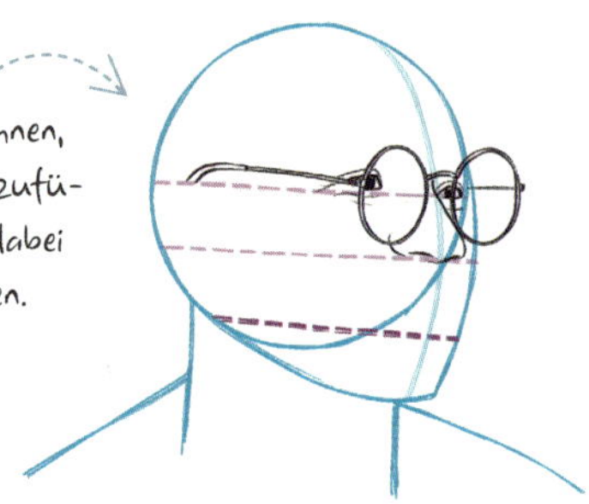

5 Mit Augenbrauen, Ohr und Mund fortfahren. Überflüssige Hilfslinien ausradieren.

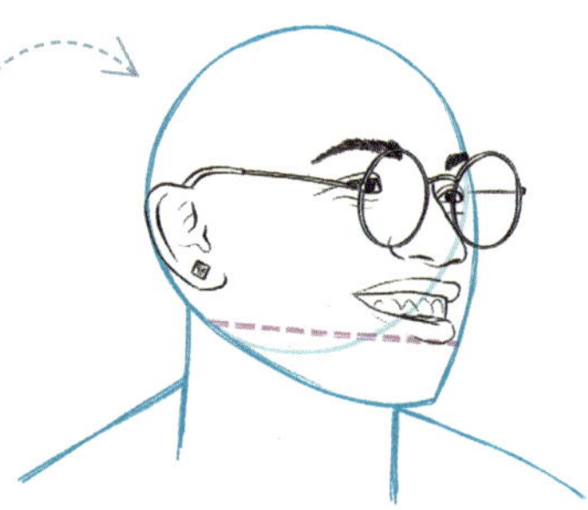

6 Den Umriss des Gesichts ausarbeiten, dabei Wangenknochen, Kinn und Kieferlinie betonen.

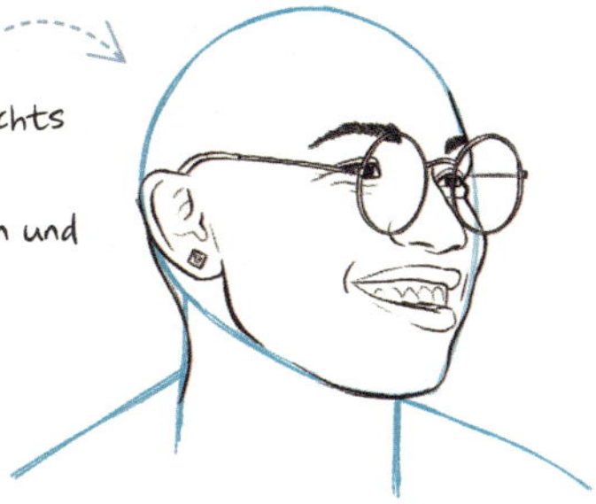

7 Die Konturen von Hut, Hemd und Kragen sauber nachzeichnen.

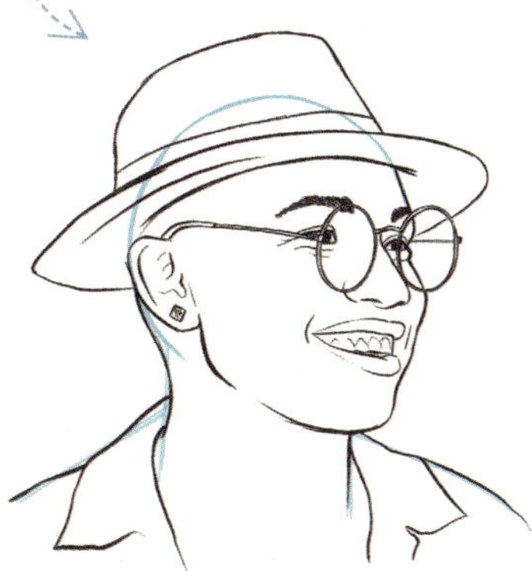

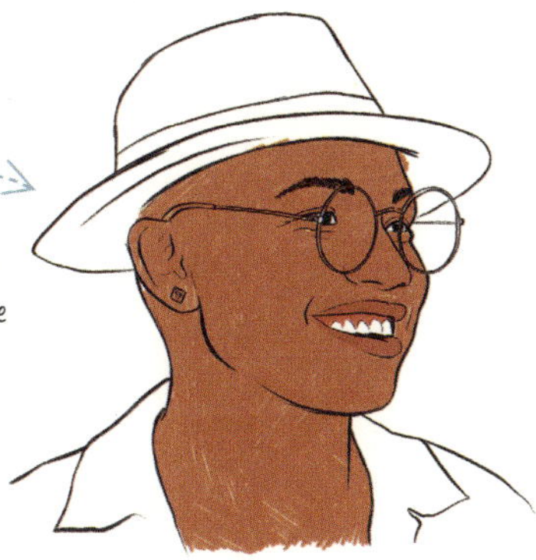

8 Mit dem Kolorieren beginnen. Wählen Sie für die Haut einen Braunton.

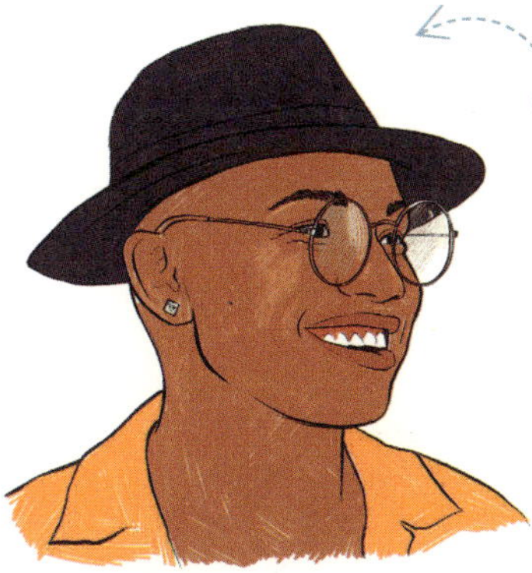

9 Hut, Augen und Hemd kolorieren.

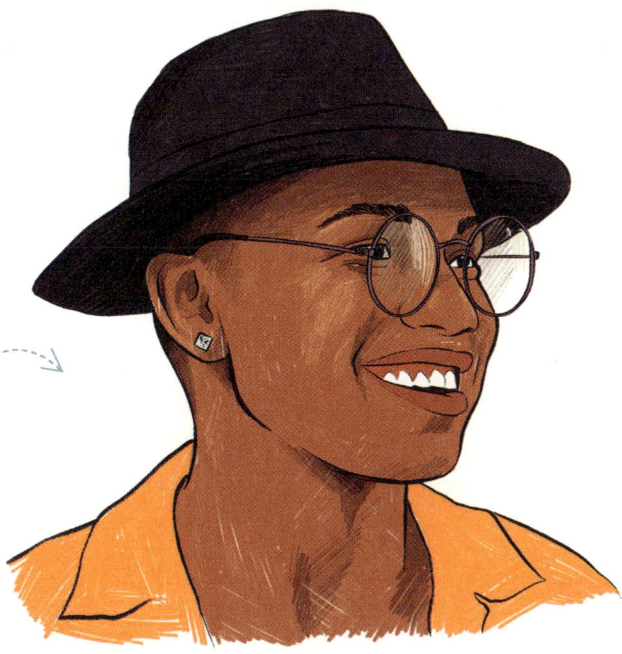

10 Zuletzt die Schatten mit dunkleren Farbtönen vertiefen.

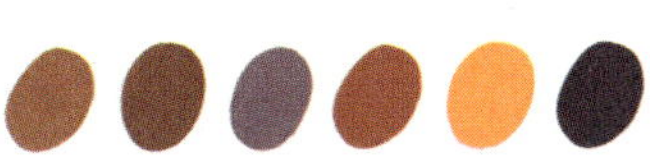

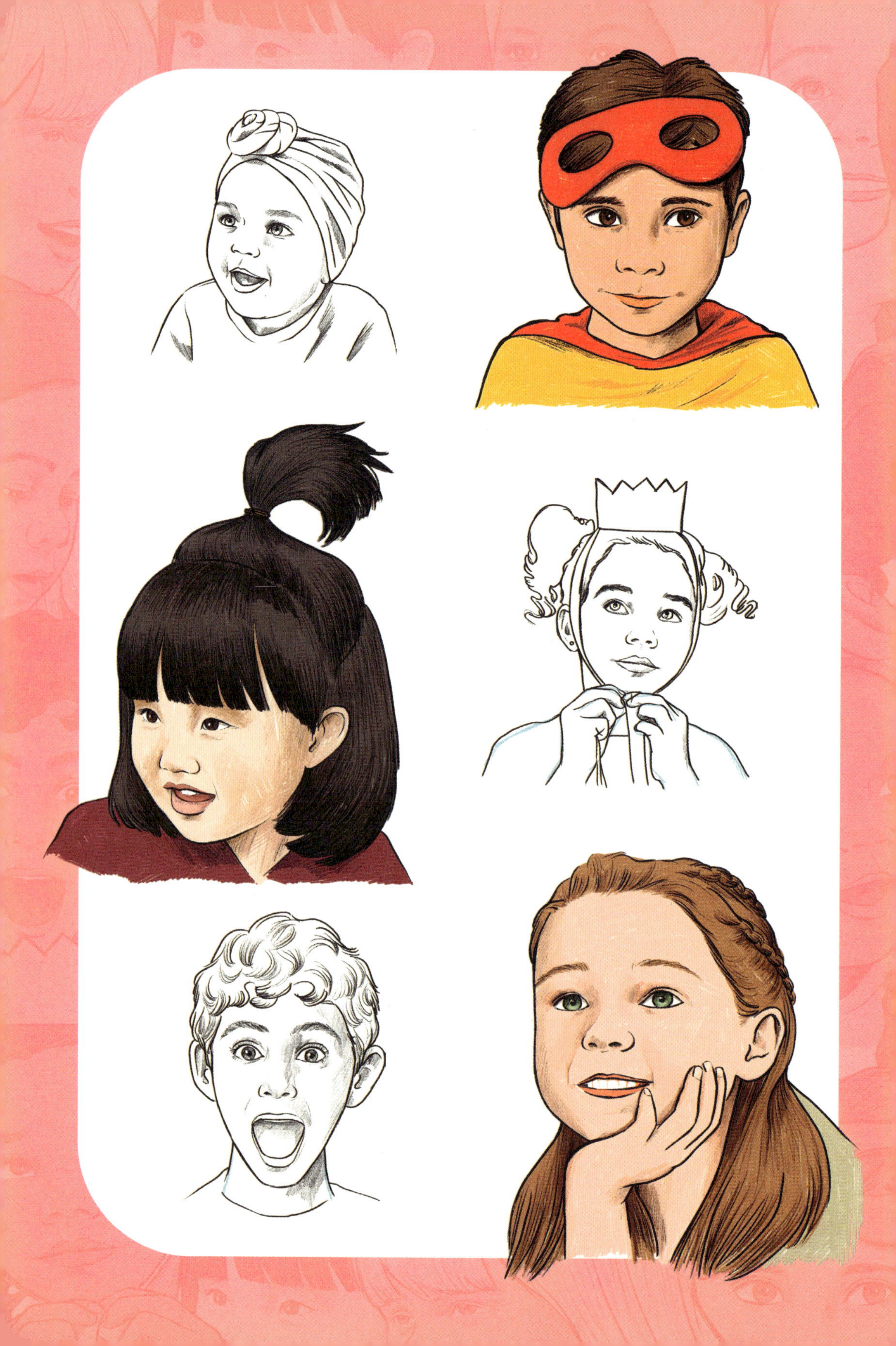

Kinder

In Spiellaune

Das frische Gesicht mit dem blonden Schopf ist ein gutes Motiv, um mit dem Zeichnen von Kinderporträts zu beginnen.

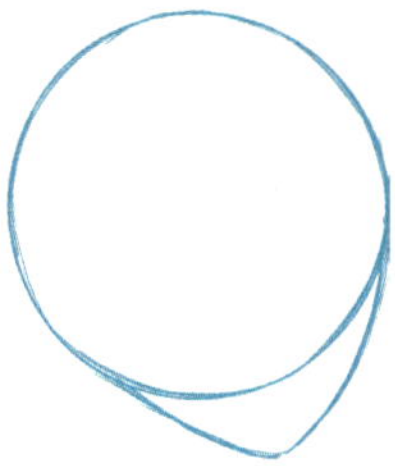

1 Mit einem Kreis für das Gesicht beginnen. Unten rechts eine flache V-Form für das Kinn anfügen. Den Kreis innerhalb der V-Form ausradieren.

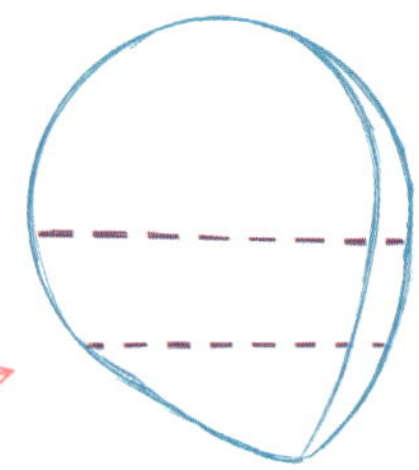

2 Rechts eine gekrümmte Senkrechte in den Kreis einzeichnen. Sie dient als Hilfslinie für die Gesichtsmitte. In der unteren Hälfte zwei waagerechte, gestrichelte Linien einfügen.

3 Hals und Schultern vorzeichnen. Damit ist die Grundhaltung des Mädchens festgelegt.

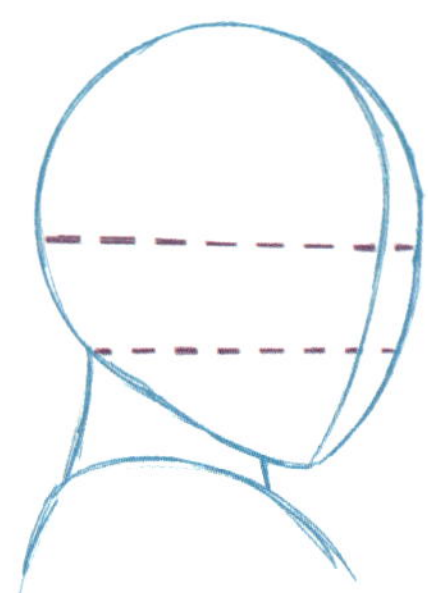

4 Zuerst die Haare sauber ausarbeiten, weil sie einen Großteil des Gesichts verdecken. Überflüssige Hilfslinien ausradieren.

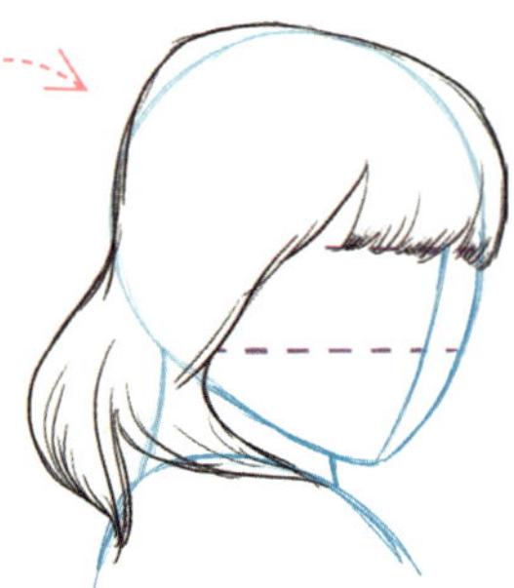

5 Mit Augen, Nase und Mund fortfahren. Orientieren Sie sich dabei an den Hilfslinien.

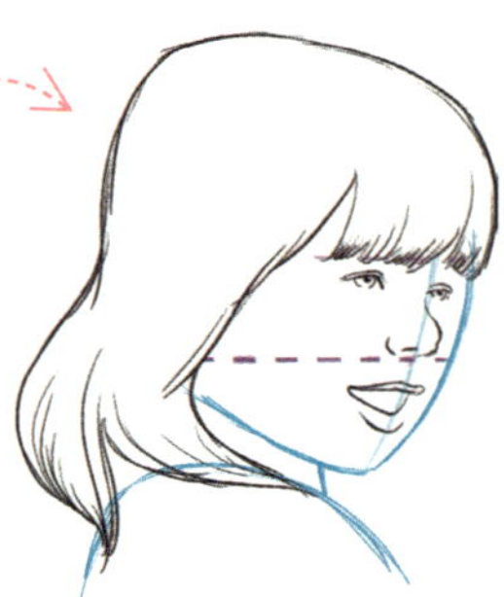

6 Die Kontur des Gesichts sauber nachzeichnen.

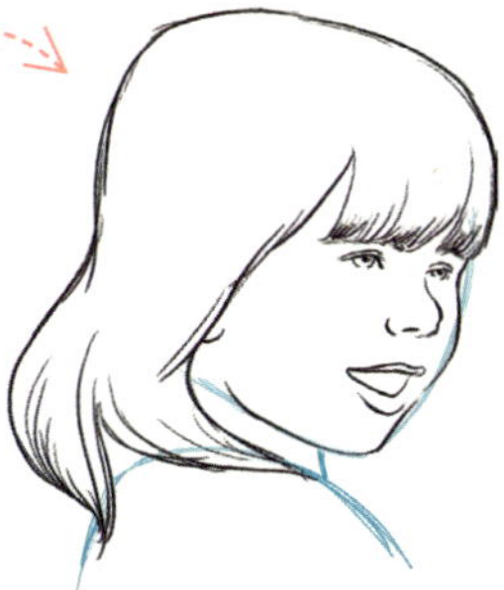

7 Dann den Umriss des Shirts ausarbeiten.

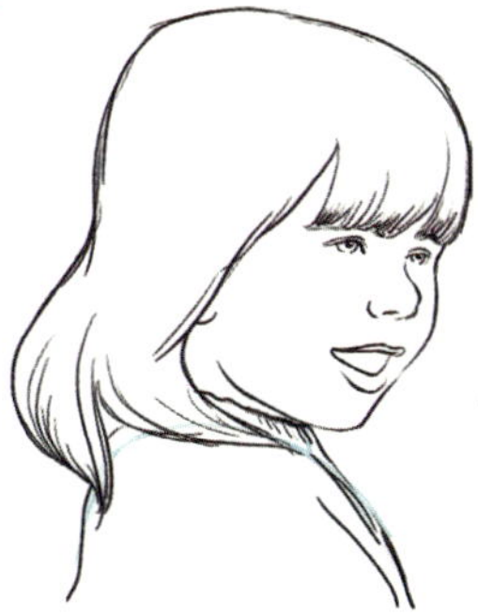

8 Achten Sie auf den Lichteinfall und deuten Sie die Schatten an.

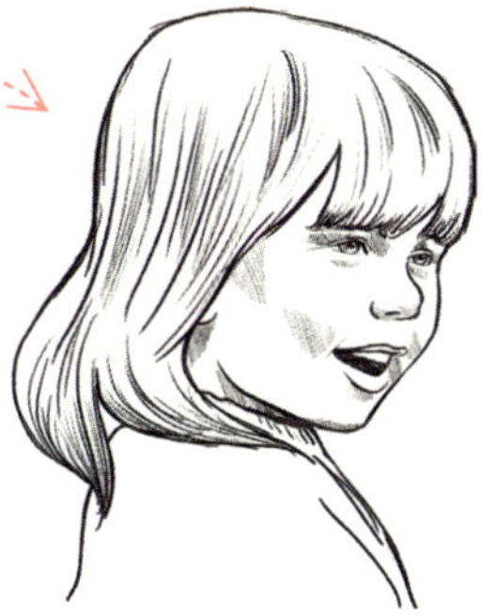

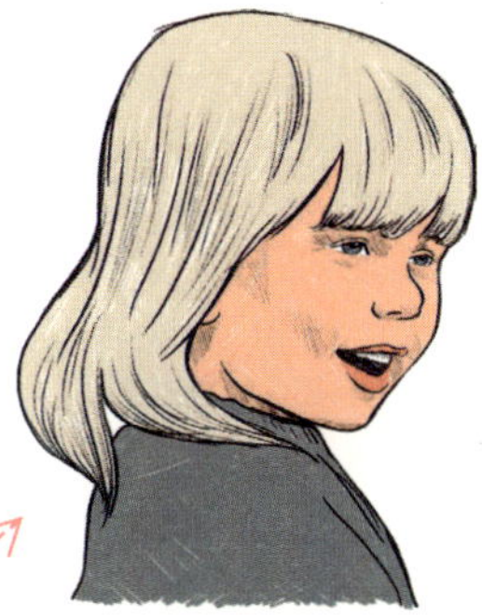

9 Jetzt können Sie Haut, Haare und Kleidung kolorieren.

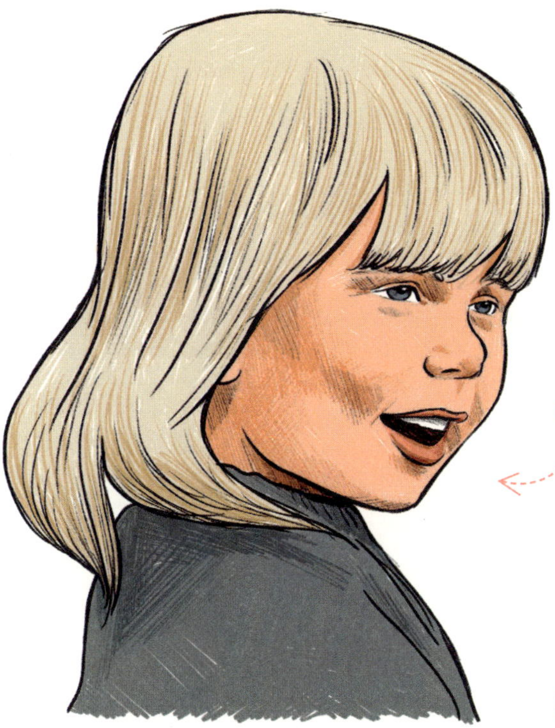

10 Zuletzt die Schatten mit dunkleren Farbtönen vertiefen.

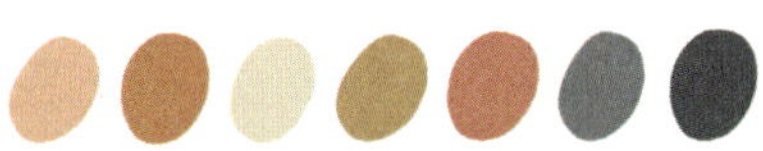

Aufmerksam

Kinder haben meistens rundere Gesichter als Erwachsene, und ihre Augen glänzen stärker.

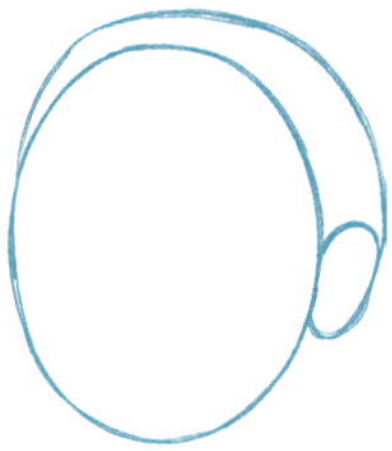

1 Mit einem Kreis für den Kopf beginnen. Seitlich ein kleines Oval für das Ohr anfügen. Die Haare durch einen Bogen über dem Kopf andeuten.

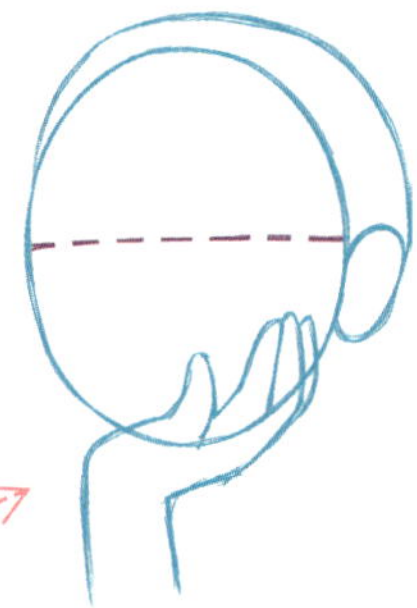

2 Durch die Mitte eine gestrichelte, waagerechte Linie zeichnen. Die Hand skizzieren. Sie verdeckt einen Teil des Kinns.

3 Eine leicht gekrümmte Mittelsenkrechte einfügen. Sie hilft, die Gesichtszüge zu platzieren. Auf dieser Linie die Nase sowie einen kleinen Strich für den Mund skizzieren.

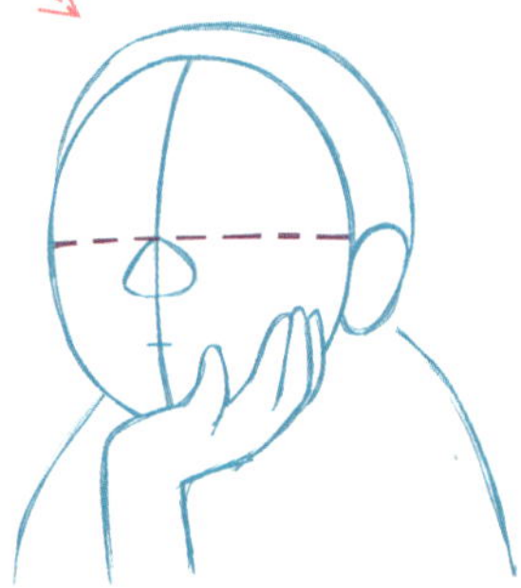

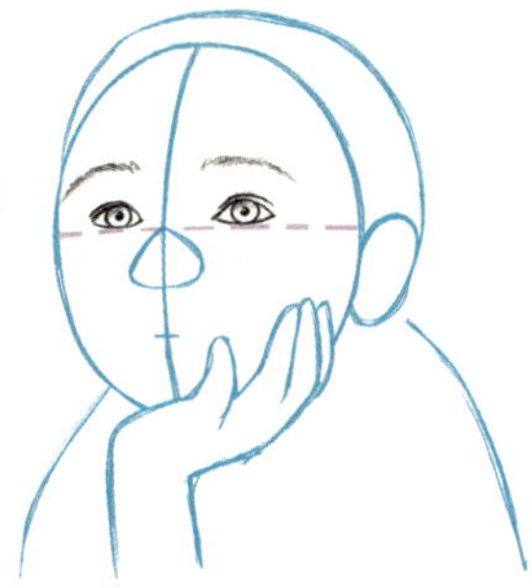

4 Die großen Augen sauber auf der gestrichelten Linie einzeichnen, darüber die Augenbrauen. Überflüssige Hilfslinien ausradieren.

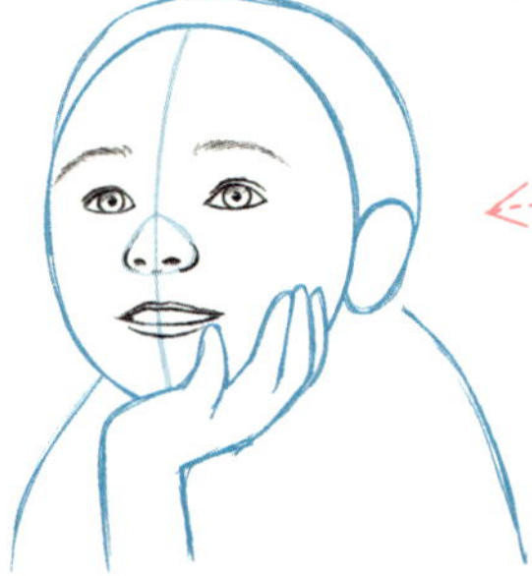

5 Mit Nase und Mund fortfahren.

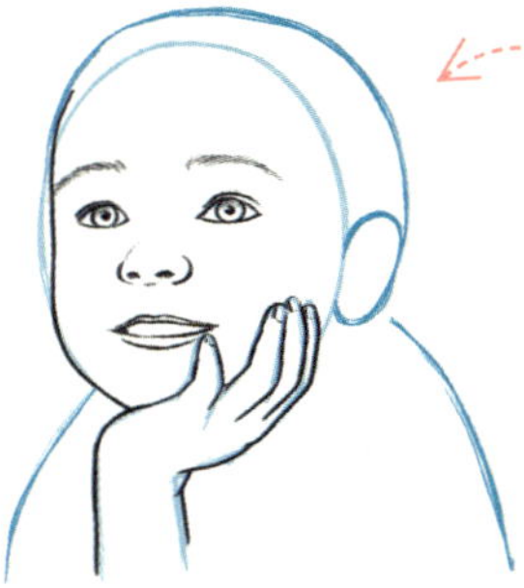

6 Die Umrisse von Gesicht und Hand sauber nachzeichnen.

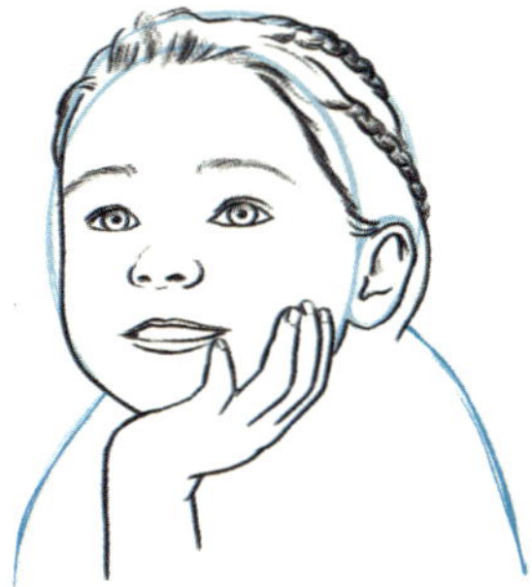

7 Die Haare über der Stirn mit kurzen Strichen darstellen. Am Oberkopf zwei dünne Zöpfe skizzieren.

8 Weitere Haare einzeichnen, dabei im unteren Bereich lange, gekrümmte Striche verwenden. Achten Sie auf den Lichteinfall und deuten Sie die Schatten an.

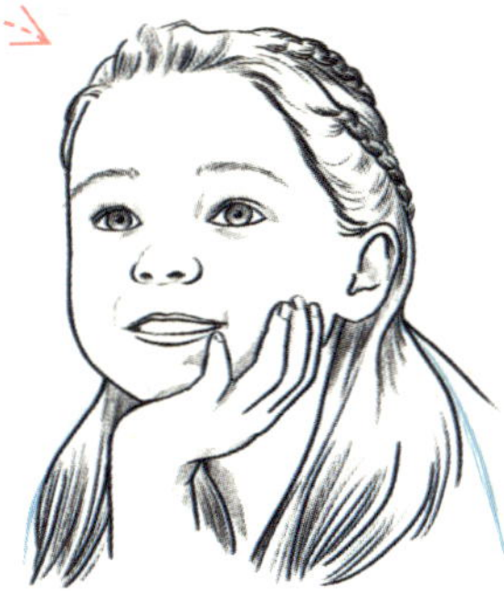

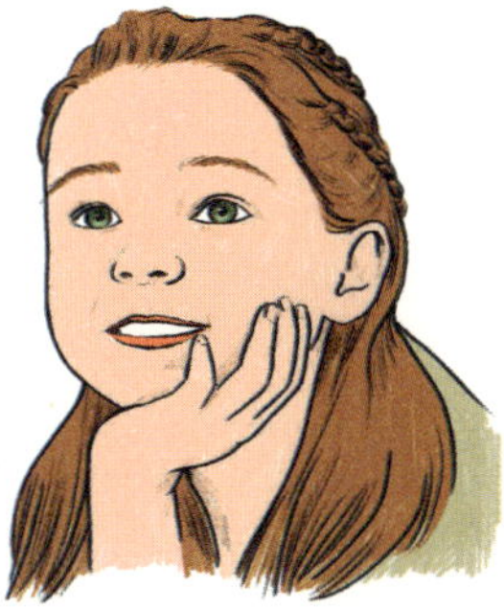

9 Jetzt beginnen Sie mit dem Kolorieren.

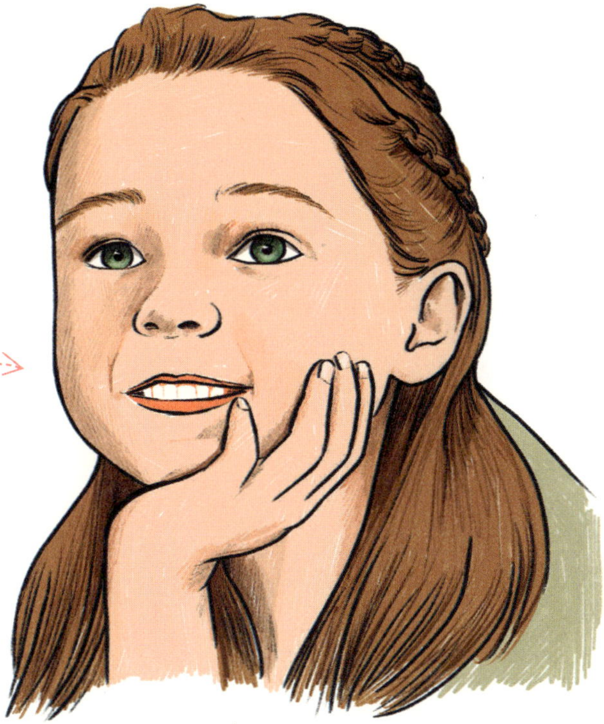

10 Die Schatten mit dunkleren Farbtönen vertiefen.

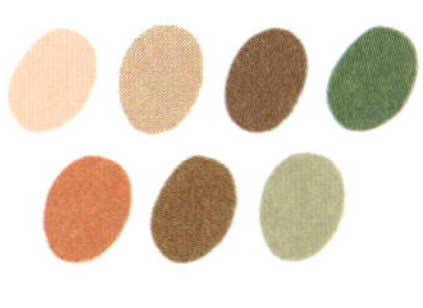

Party-Prinzessin

Diese Zeichnung bringt die gespannte Erwartung vor einer Feier gut zum Ausdruck.

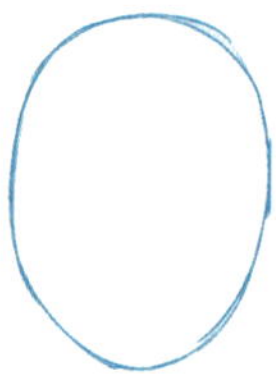

1 Beginnen Sie mit einem Oval für den Kopf.

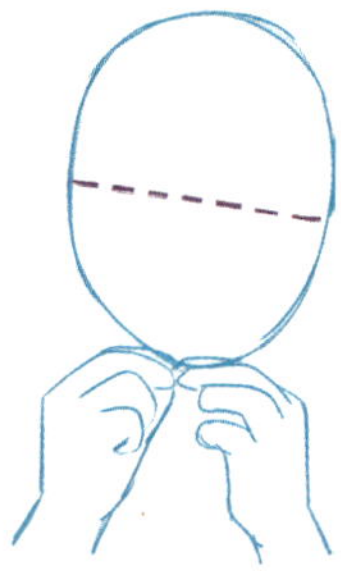

2 In der Mitte eine gestrichelte, von links nach rechts leicht abfallende Linie einfügen. Die Hände skizzieren. Sie verdecken knapp die Kinnspitze.

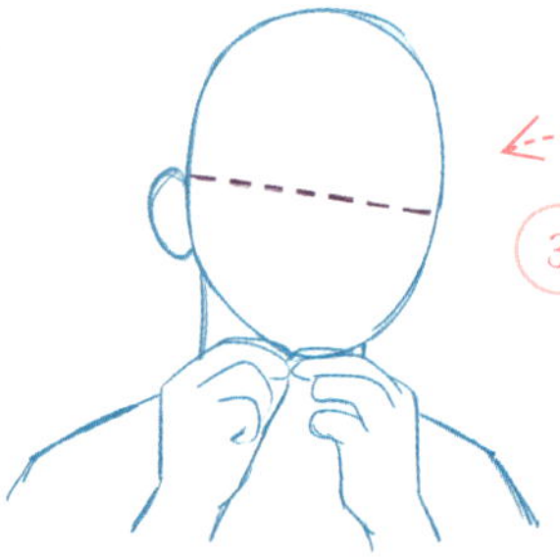

3 Ein kleines Oval deutet das Ohr an. Hals und Schultern grob vorzeichnen.

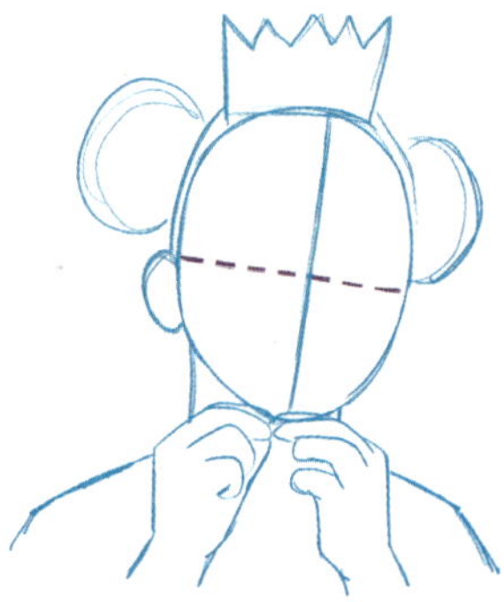

4 Die Mittelsenkrechte des Gesichts einzeichnen. Zwei Bögen für die Rattenschwänze hinzufügen und den Umriss der Krone skizzieren.

5 Augen, Augenbrauen, Nase und Mund sauber einzeichnen. Orientieren Sie sich dabei an den Hilfslinien. Überflüssige Hilfslinien ausradieren.

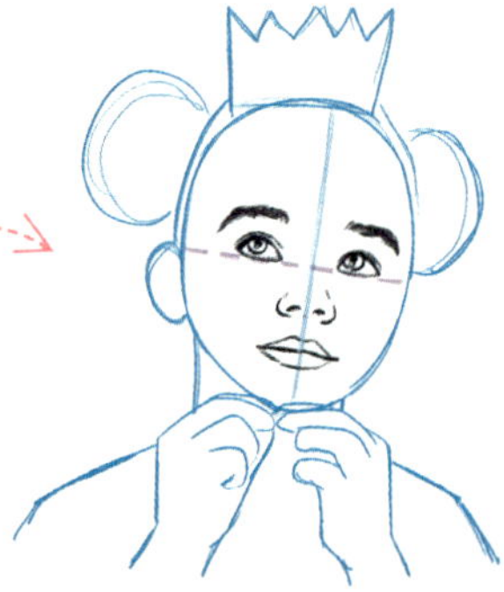

6 Nun die Umrisse der Papierkrone und des Schleifenbands ausarbeiten.

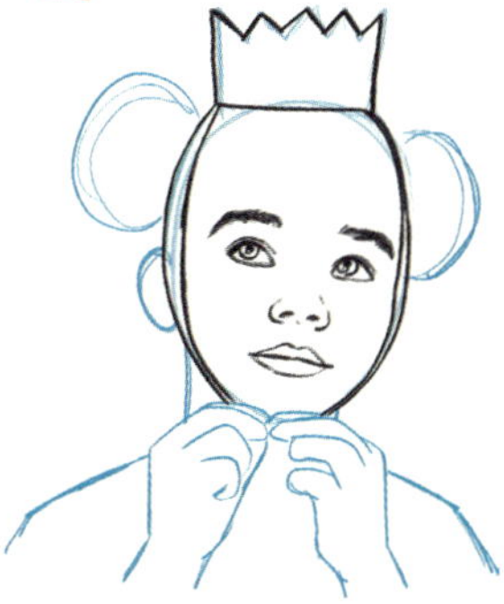

7 Die gelockten Rattenschwänze sowie das Ohr mit dem kleinen Ohrstecker ausarbeiten.

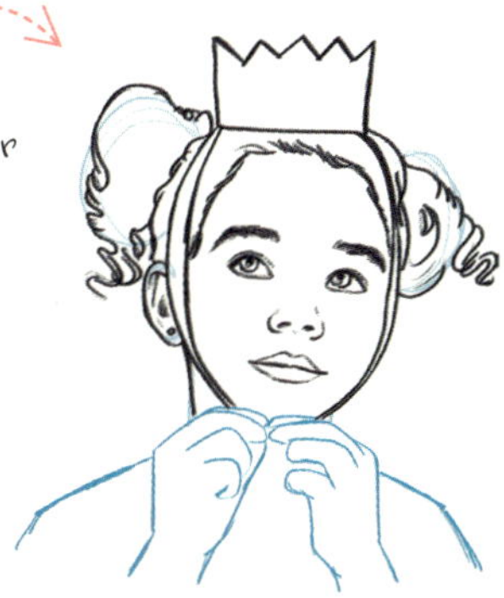

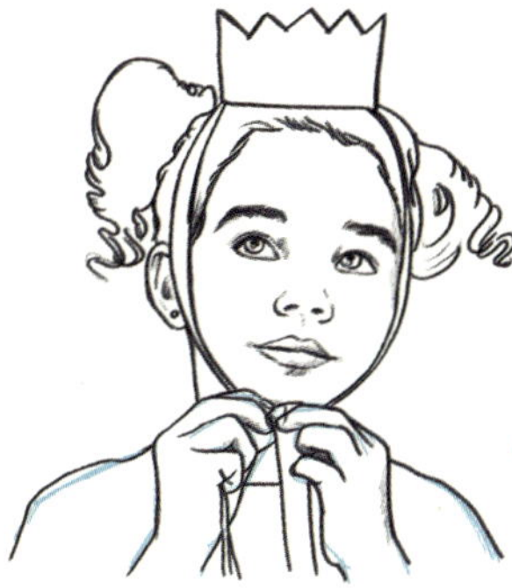

8 Hände und Schultern sauber nachzeichnen. Die Schatten andeuten.

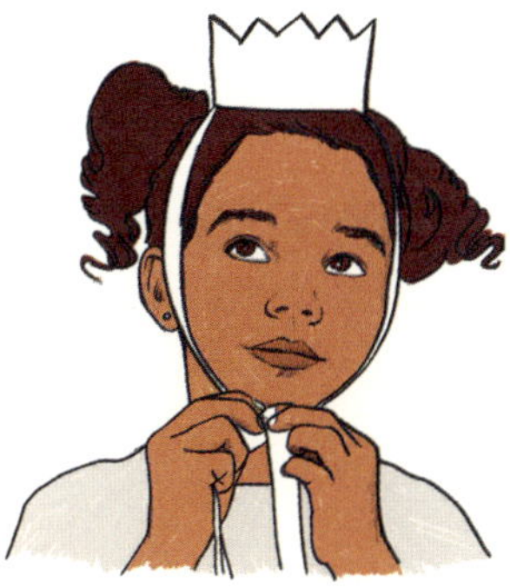

9 Haut, Augen und Haare kolorieren. Für die Kleidung eher dezente Farben wählen.

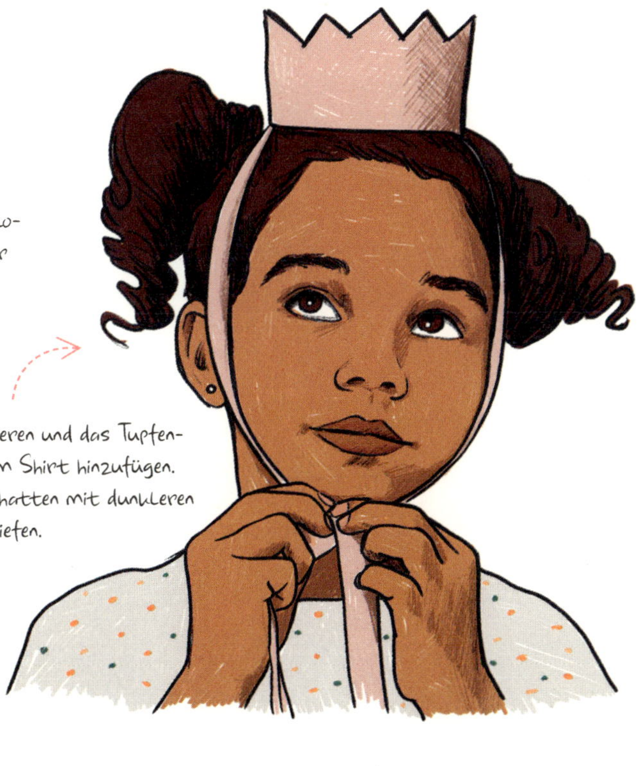

10 Die Krone kolorieren und das Tupfenmuster auf dem Shirt hinzufügen. Zuletzt die Schatten mit dunkleren Farbtönen vertiefen.

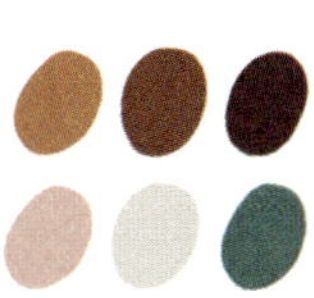

Wollmütze

Für die niedliche Wirkung dieses Motivs sorgen die Latzhose und die Wollmütze.

1 Mit einem Kreis für den Kopf beginnen. In der unteren Hälfte eine waagerechte, gestrichelte Linie einzeichnen.

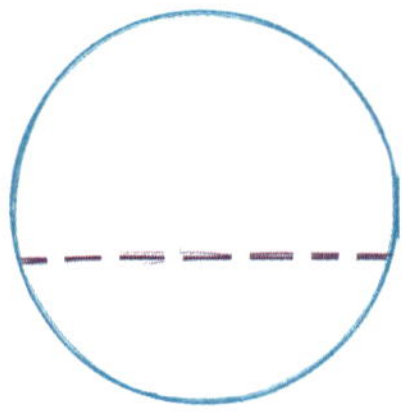

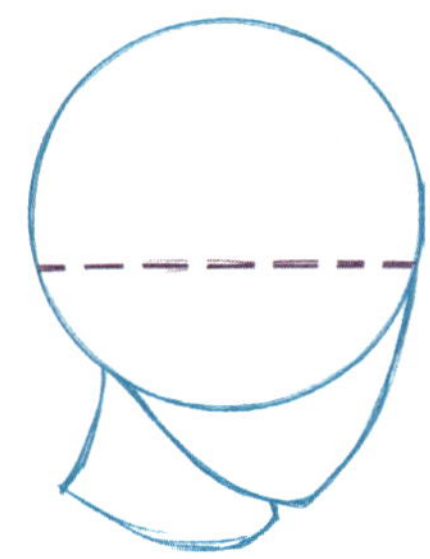

2 Unten rechts eine V-Form für das Kinn anfügen. Den Hals mit einfachen Strichen skizzieren.

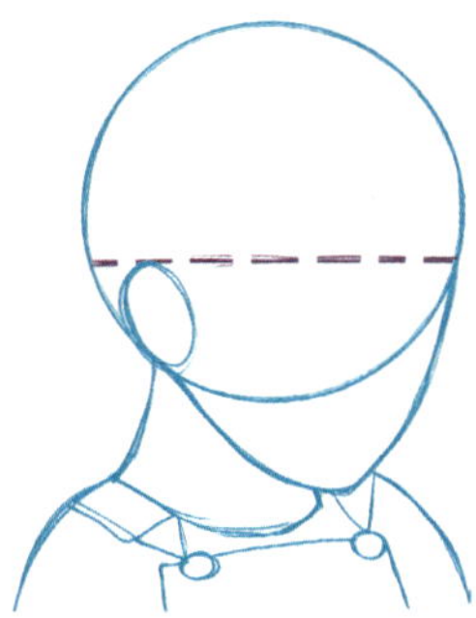

3 Schultern und Kleidung mit Bleistift grob vorzeichnen. Ein kleines Oval markiert die Position des Ohrs.

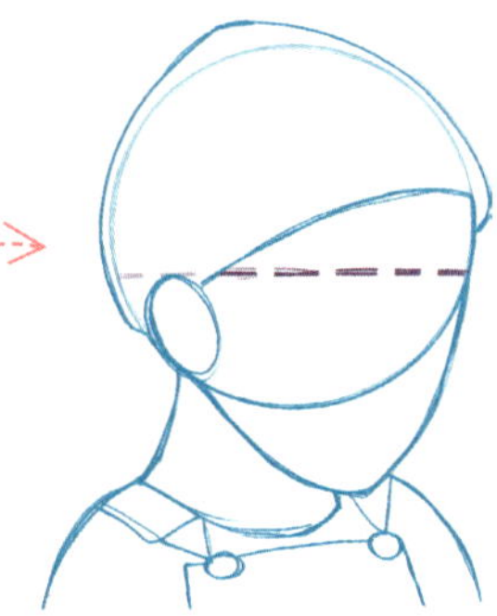

4 Die Form der Mütze über dem Kopf vorzeichnen.

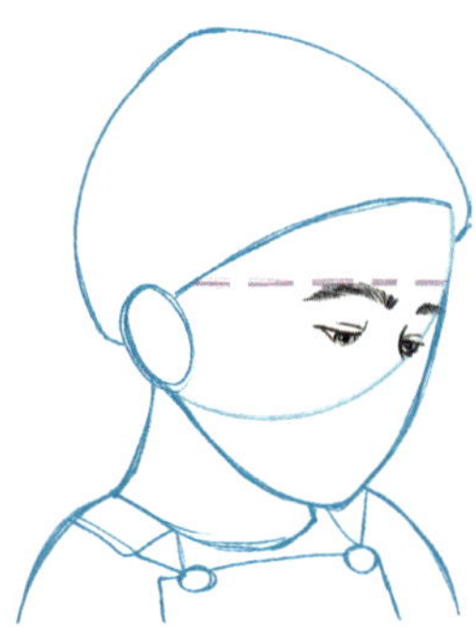

5 Augen und Augenbrauen unter der gestrichelten Linie sauber einzeichnen. Überflüssige Hilfslinien ausradieren.

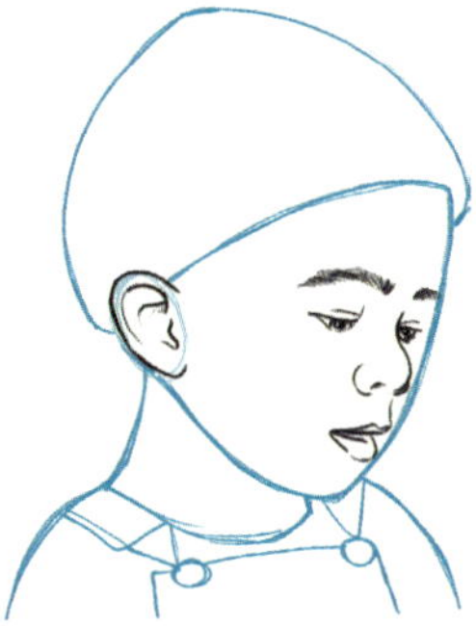

6 Mit Nase, Mund und Ohr fortfahren.

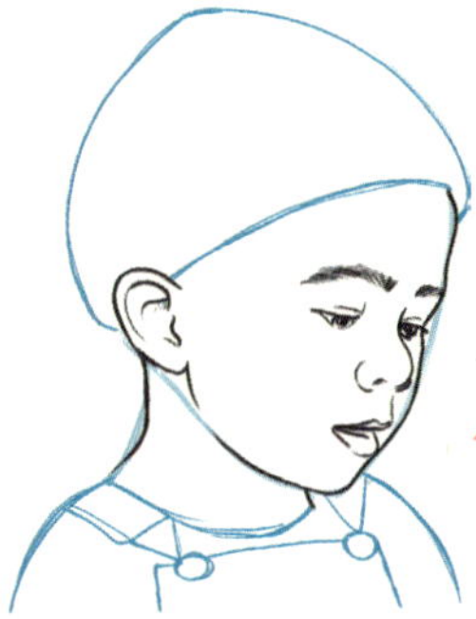

7 Den Umriss des Gesichts sauber nachzeichnen.

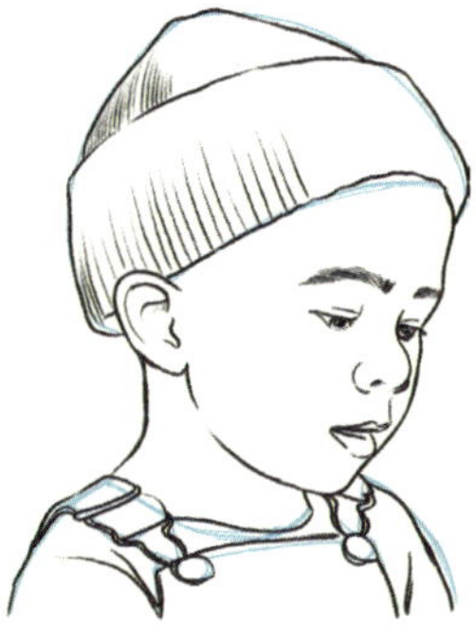

8 Die Feinheiten von Mütze und Latzhose ausarbeiten.

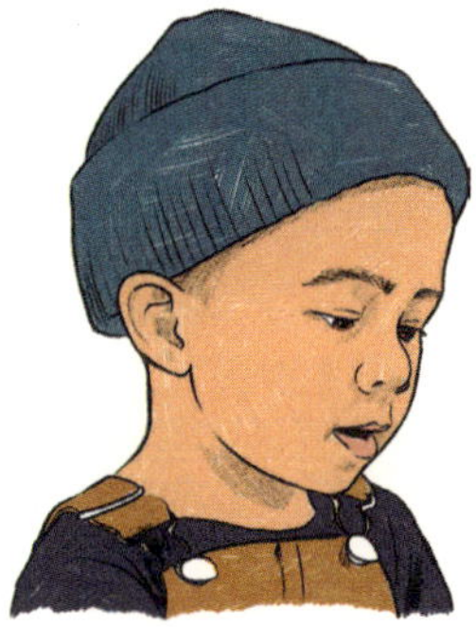

9 Das Porträt kolorieren und die Schatten andeuten.

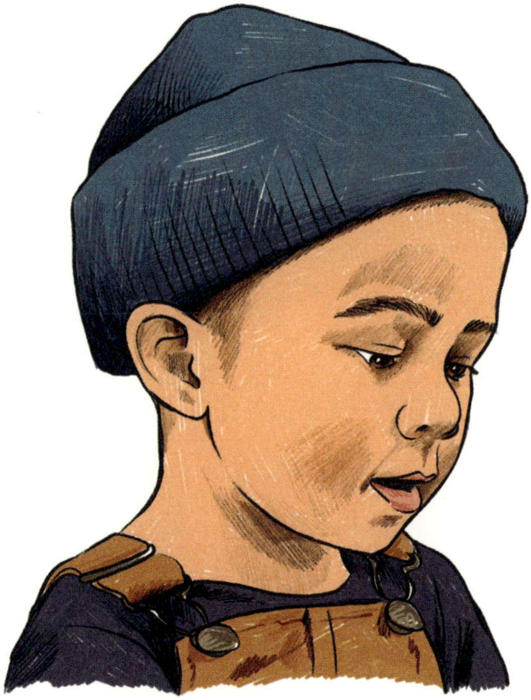

10 Zuletzt die Schatten mit dunkleren Farbtönen vertiefen.

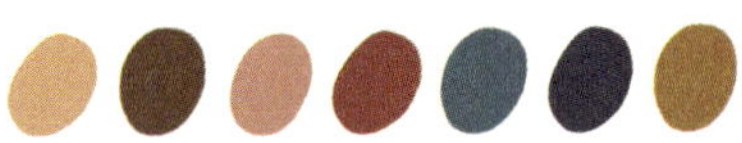

Lachendes Baby

Durch das farbenfrohe Kopftuch wirkt
das kleine Kind noch fröhlicher.

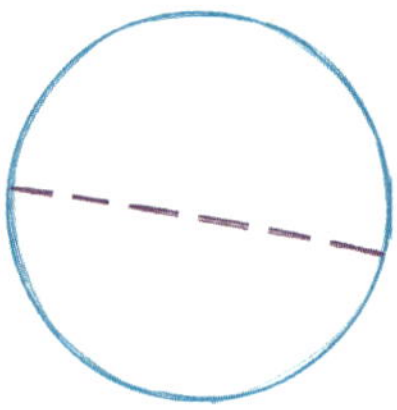

1 Mit einem Kreis für den Kopf beginnen. In der unteren Hälfte eine von links nach rechts leicht abfallende, gestrichelte Linie einfügen.

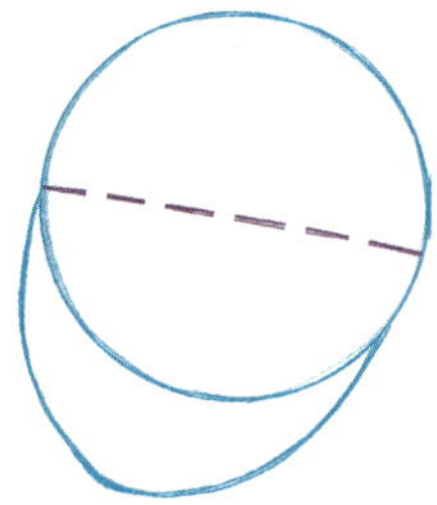

2 Unten links eine U-Form für das Kinn ansetzen.

3 Einen schräg verlaufenden Bogen für die Vorderkante des Kopftuchs hinzufügen.

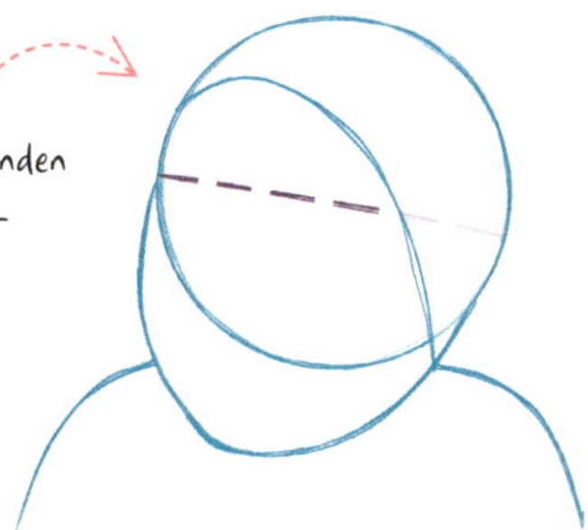

4 Die Augen und Augenbrauen sauber unter der gestrichelten Hilfslinie einzeichnen.

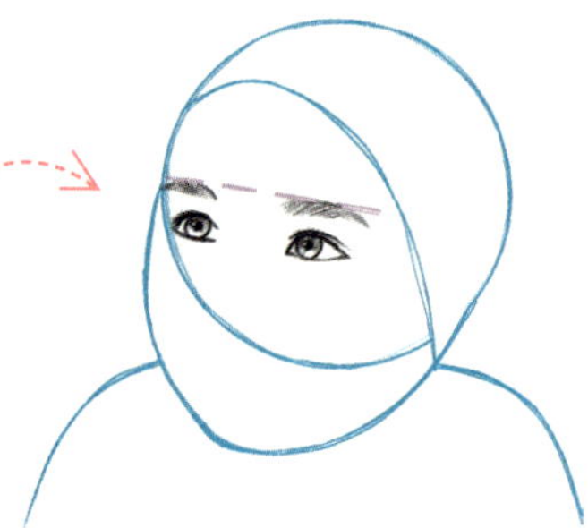

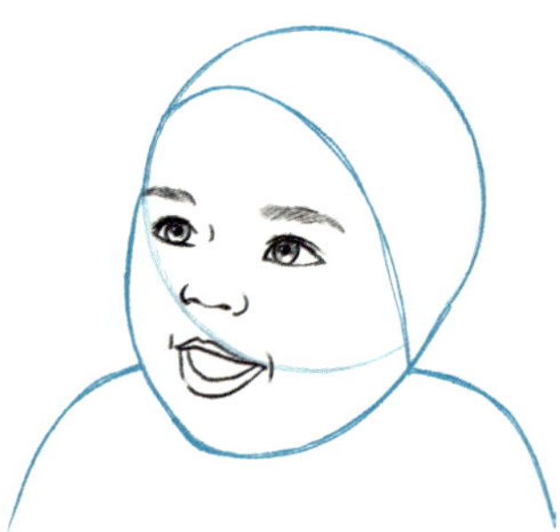

5 Mit Nase und Mund fortfahren. Überflüssige Hilfslinien ausradieren.

6 Die Umrisse des Kopftuchs sauber nachzeichnen.

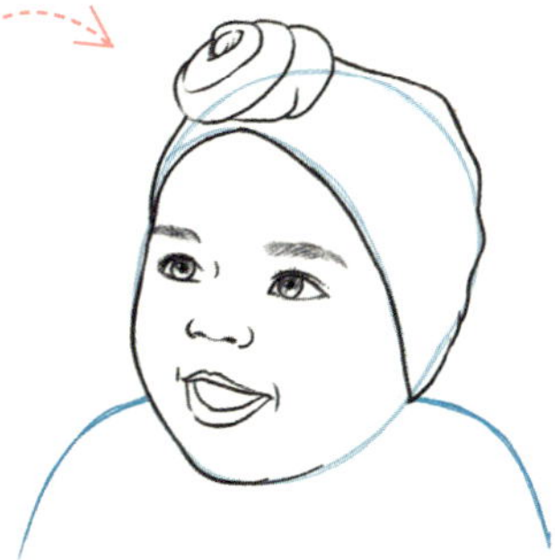

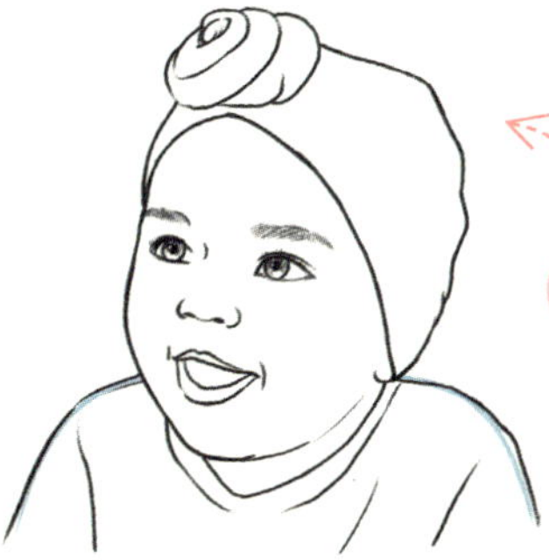

7 Ebenso die Falten der Kleidung ausarbeiten.

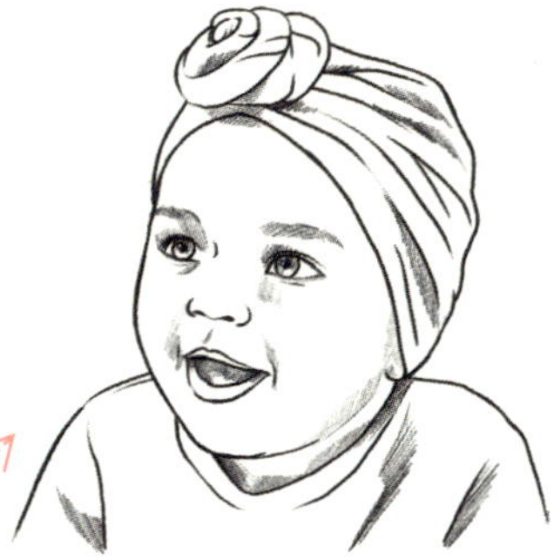

8 Die Schatten andeuten.

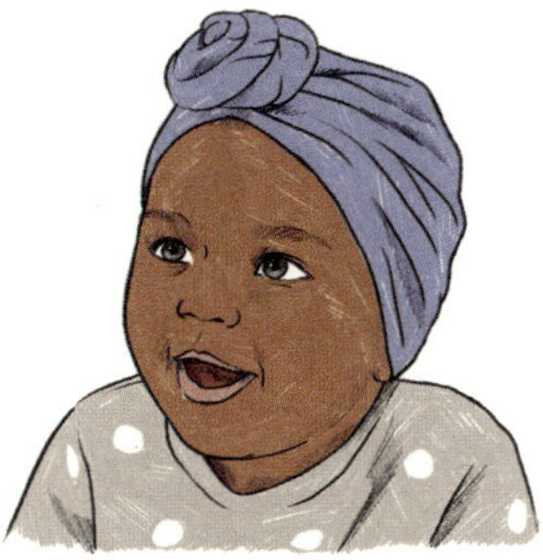

9 Haut, Augen, Kopftuch und Kleidung kolorieren.

10 Die Schatten mit dunkleren Farbtönen vertiefen.

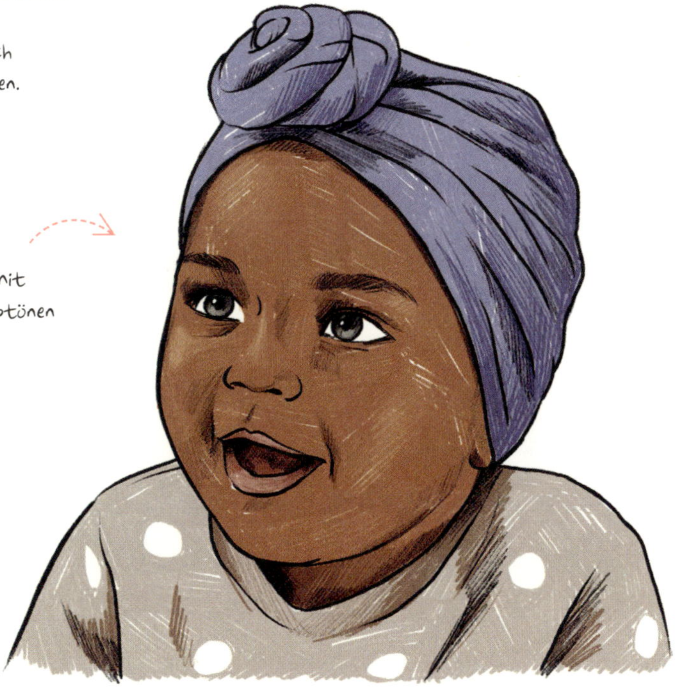

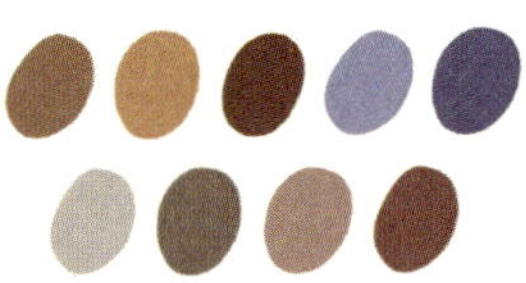

Überraschung!

Eine Geburtstagsparty? Ein Geschenk? Was es auch ist – damit hat dieser Junge überhaupt nicht gerechnet.

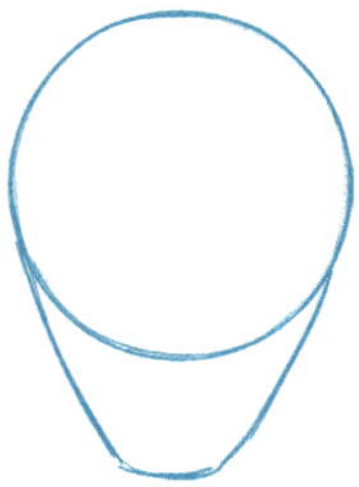

1 Mit einem Kreis für das Gesicht beginnen. Darunter eine U-Form für das Kinn anfügen.

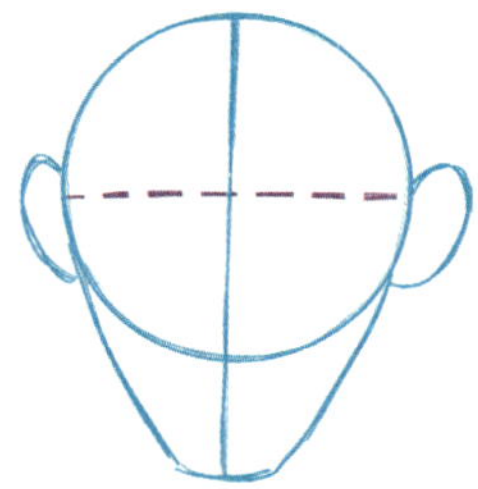

2 Eine Mittelsenkrechte und eine gestrichelte, waagerechte Linie durch die Mitte zeichnen. An die Seiten kleine Ovale für die Ohren setzen.

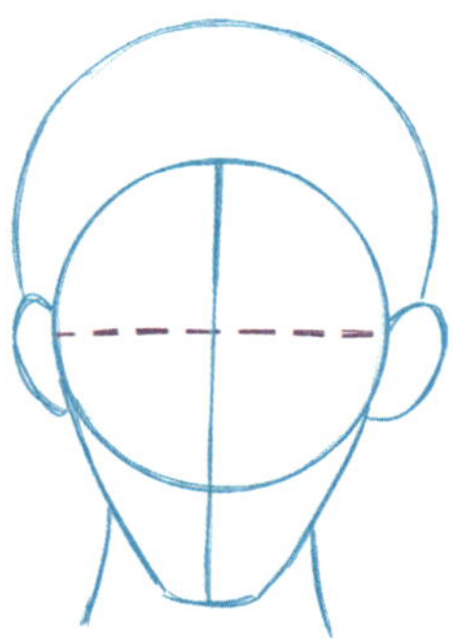

3 Über dem Kopf einen langen Bogen als Hilfslinie für die Haare zeichnen.

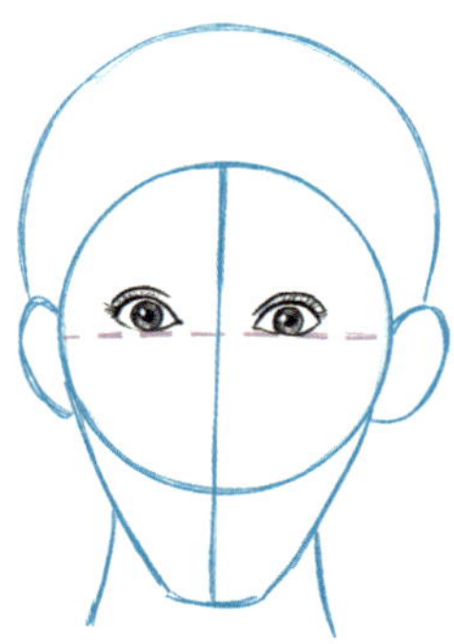

4 Nun die großen, überraschten Augen sauber über der gestrichelten Hilfslinie einzeichnen. Überflüssige Hilfslinien ausradieren.

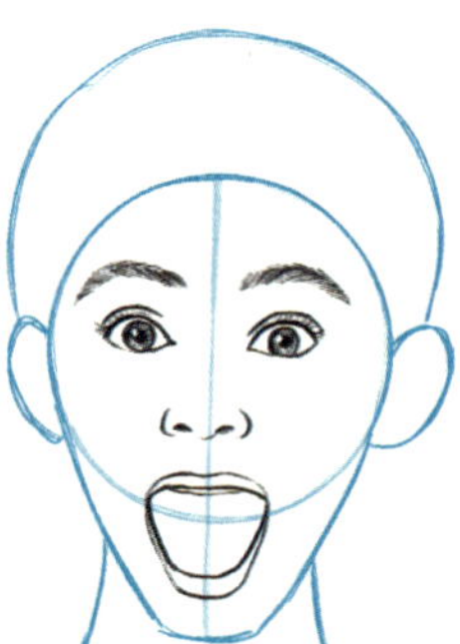

5 Mit den Augenbrauen, der Nase und dem offenen Mund fortfahren.

6 Den Umriss des Gesichts sauber nachzeichnen.

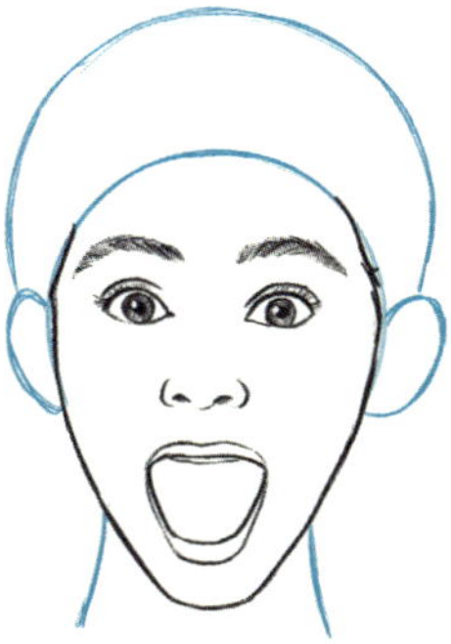

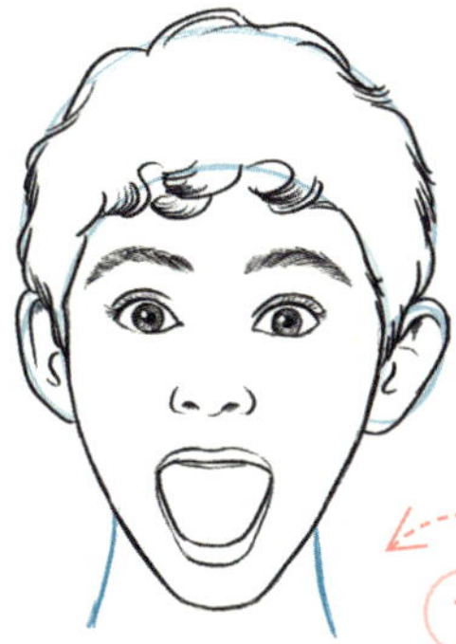

7 Die Kontur der lockigen Haare hinzufügen. Beide Ohren ausarbeiten.

8 Hals und Schultern sauber nachzeichnen. Die Schatten andeuten.

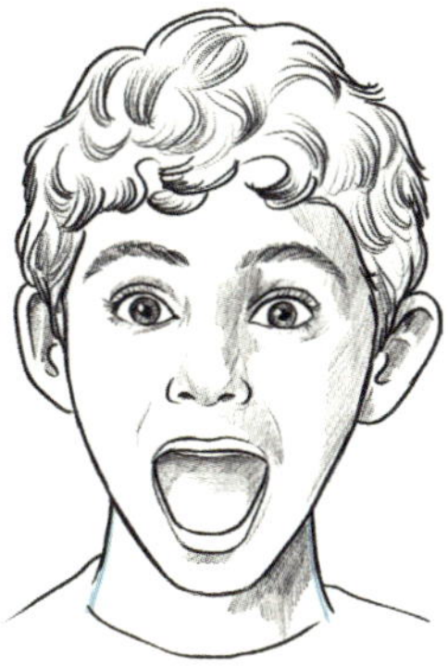

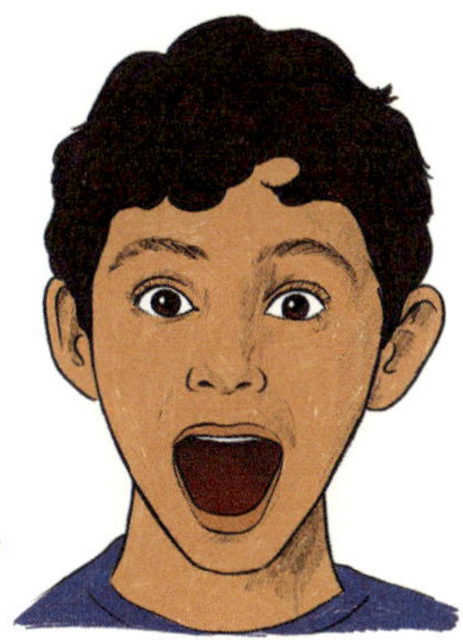

9 Jetzt wird das Porträt koloriert.

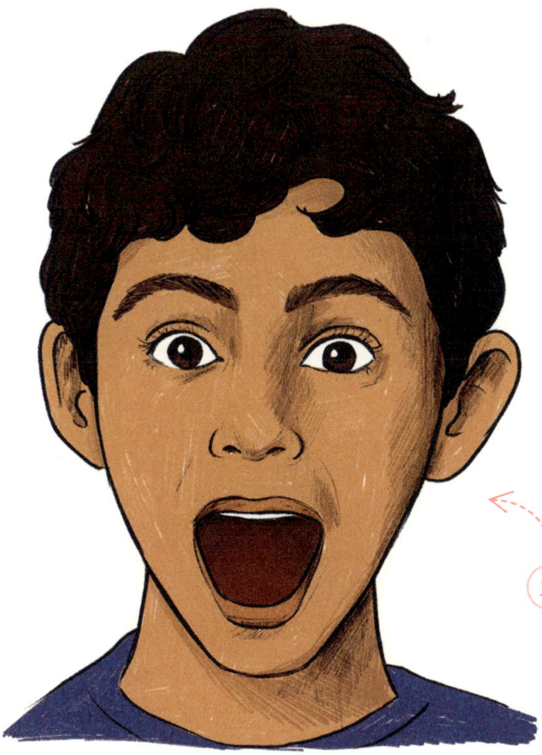

10 Zuletzt die Schatten mit dunkleren Farbtönen vertiefen.

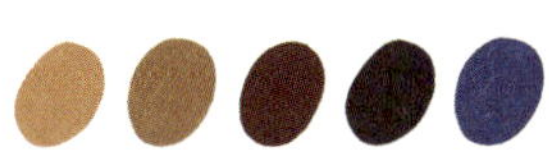

Baby mit Mütze

Das pummelige Baby sieht mit seiner hellgrauen Mütze so niedlich aus!

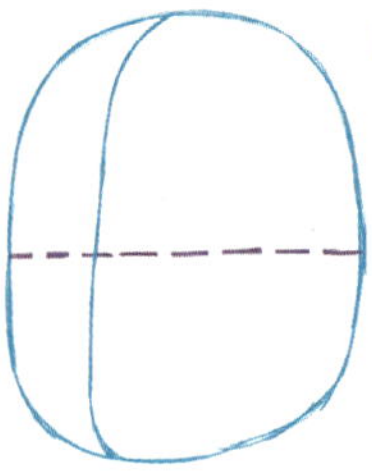

1 Ein abgerundetes Viereck für das Gesicht vorzeichnen. Links eine Senkrechte als Mittellinie des Gesichts einfügen, dann eine waagerechte, gestrichelte Linie durch die Mitte zeichnen.

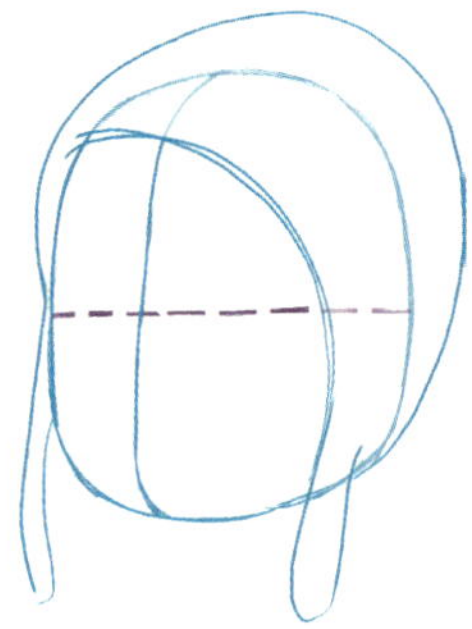

2 Die Mütze auf dem Kopf skizzieren.

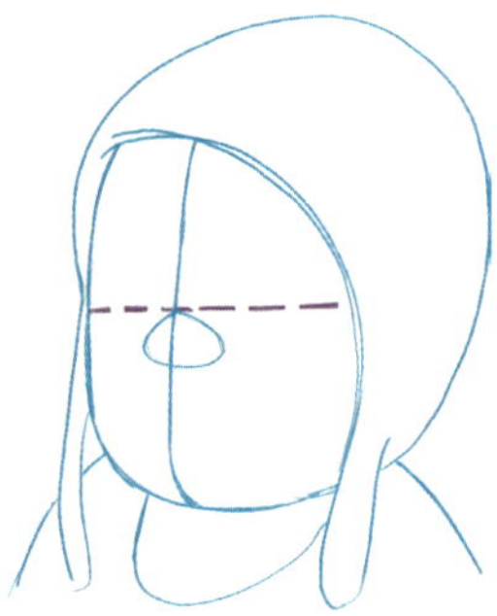

3 Die Nase unterhalb der Kreuzung der Hilfslinien andeuten. Die Schultern und den runden Halsausschnitt skizzieren.

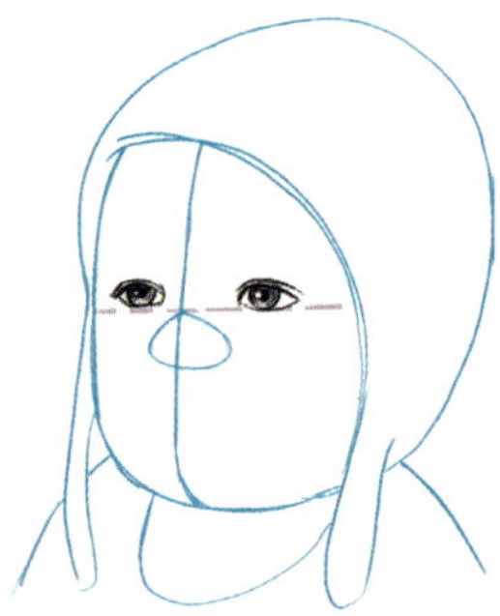

4 Die Augen sauber über der gestrichelten Linie einzeichnen. Überflüssige Hilfslinien ausradieren.

5 Mit den Augenbrauen, der Nase und dem offenen Mund fortfahren.

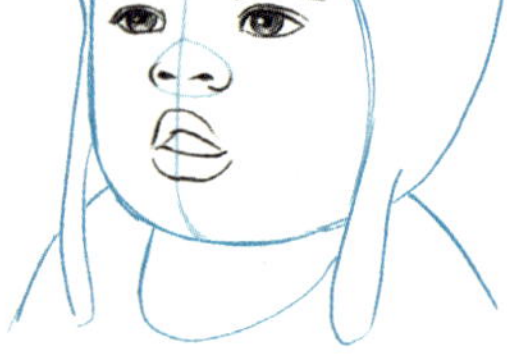

6 Die Kontur des Gesichts sauber nachzeichnen.

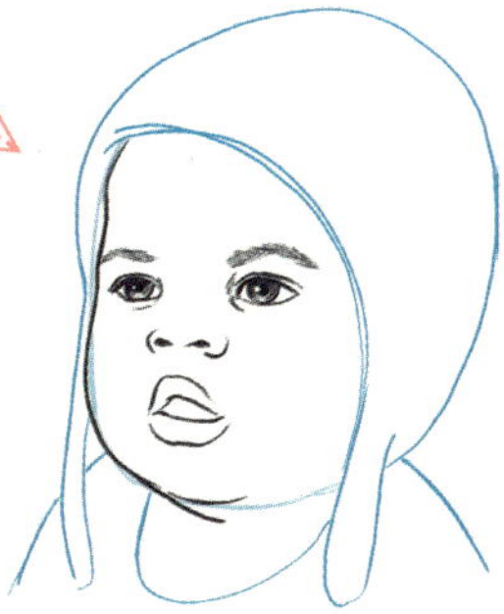

7 Ebenso den Umriss der Mütze ins Reine zeichnen.

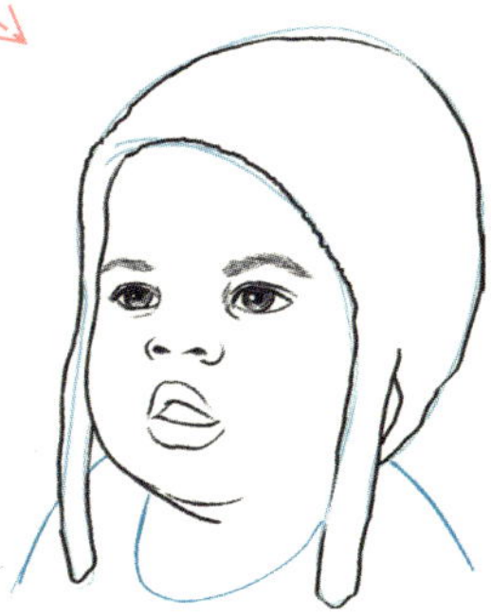

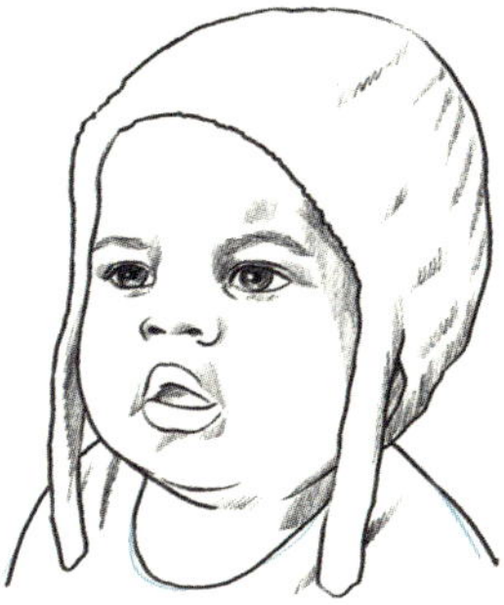

8 Schultern und Halsausschnitt ausarbeiten, dann die Schatten andeuten.

9 Das Porträt kolorieren.

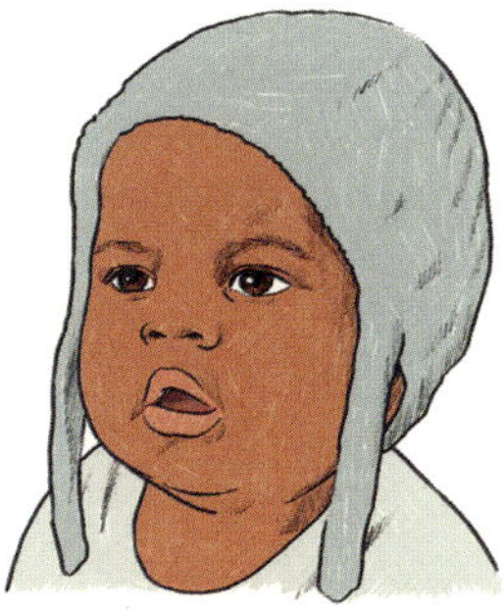

10 Zuletzt die Schatten mit dunkleren Farbtönen vertiefen.

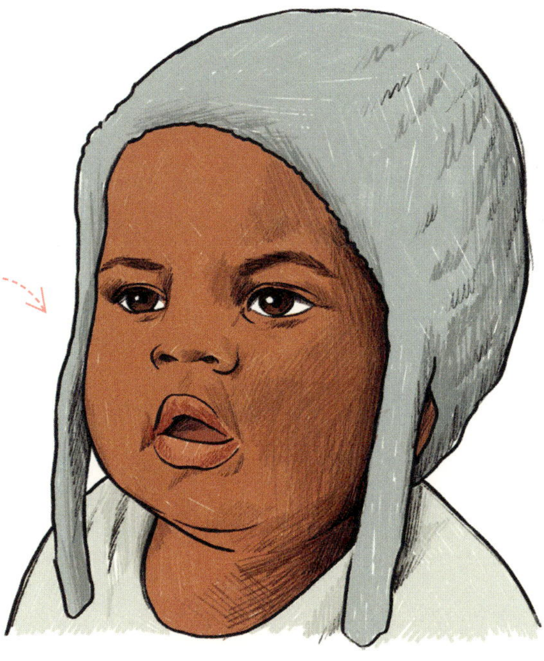

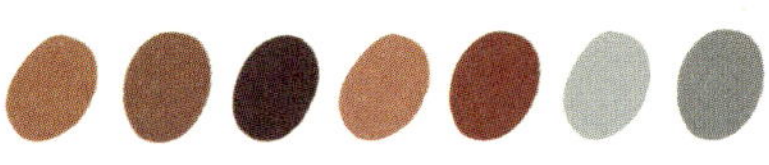

Neugierig

Versuchen Sie sich an diesem wachen Kindergesicht, das durch einen geraden Pony und einen kecken Pferdeschwanz betont wird.

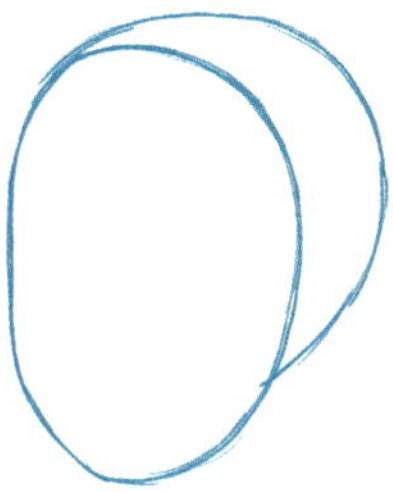

1 Beginnen Sie mit einem Oval für das Gesicht. Einen Bogen für den Hinterkopf anfügen.

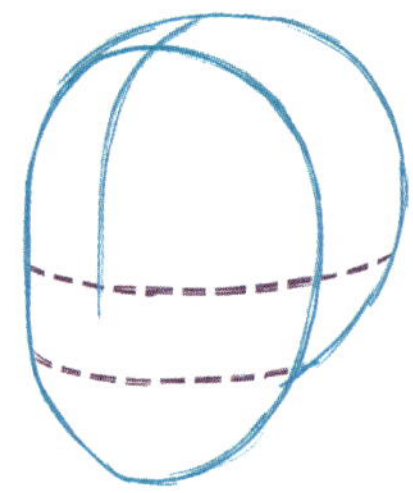

2 Einen Bogen vom Oberkopf zur Mitte des Gesichts zeichnen, um das Gesicht zu unterteilen und die Position der Nase festzulegen. Zwei waagerechte, gestrichelte Linien zur Platzierung von Augen und Mund hinzufügen.

3 Den Umriss der Haare grob skizzieren, dann die Hilfslinien innerhalb der Haarform ausradieren. Die Schultern locker vorzeichnen.

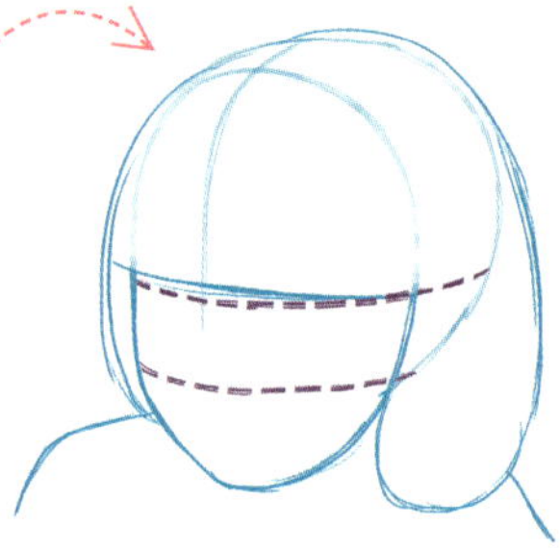

4 Augen, Nase und Mund sauber einzeichnen. Orientieren Sie sich dabei an den gestrichelten Linien. Überflüssige Hilfslinien ausradieren.

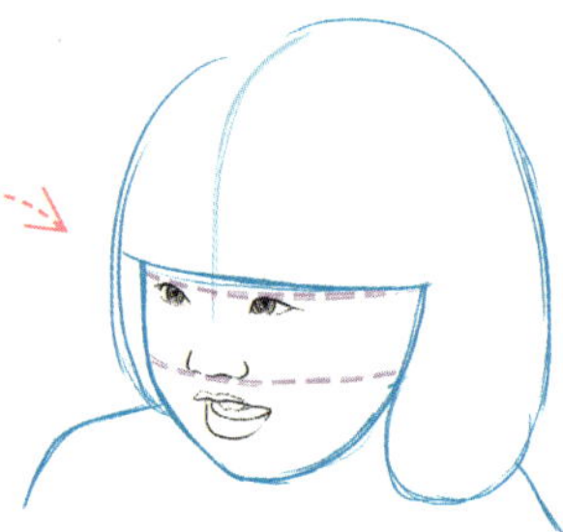

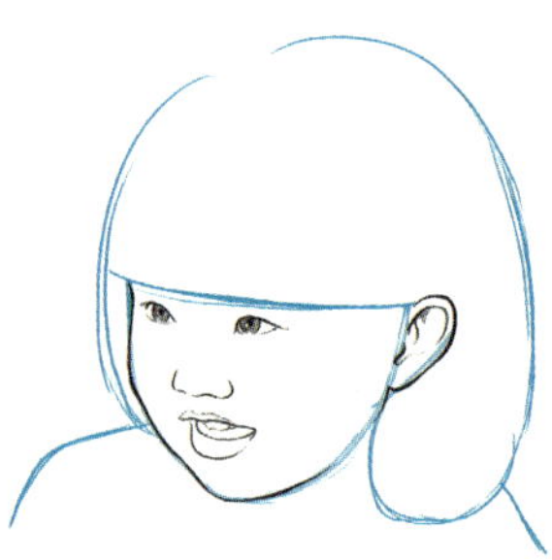

5 Den Umriss des Gesichts anhand der Hilfslinien sauber nachzeichnen und dabei Wangenknochen, Kinn und Kieferkonturen deutlicher herausarbeiten. Das Ohr oberhalb der Kieferlinie andeuten.

6 Jetzt anhand der Hilfslinien die Haare und den kurzen Pferdeschwanz entwickeln.

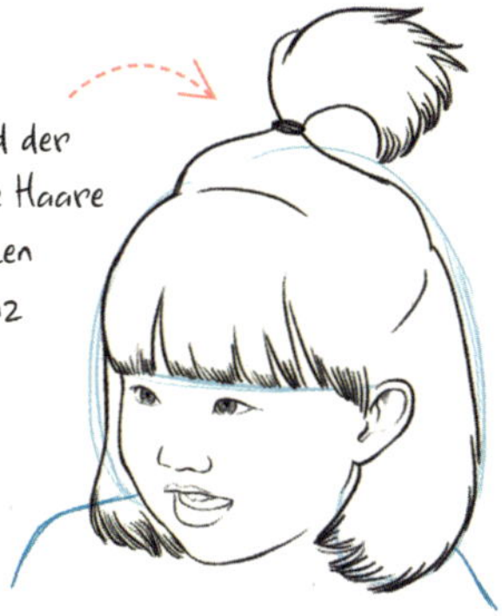

7 Mit Hals und Schultern fortfahren.

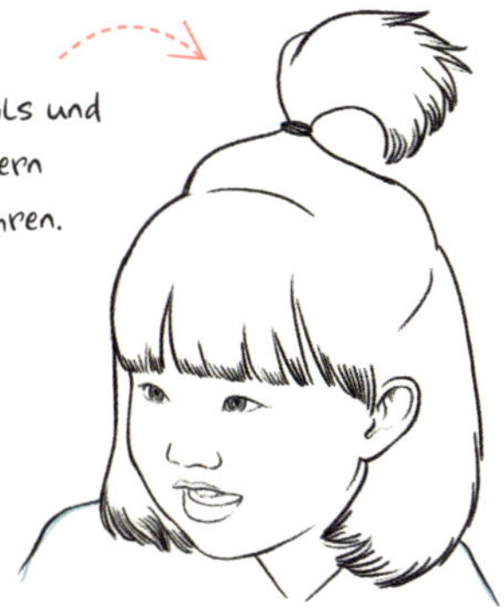

8 Mit dünnen, dunklen Strichen einige Schatten auf Haaren und Gesicht andeuten.

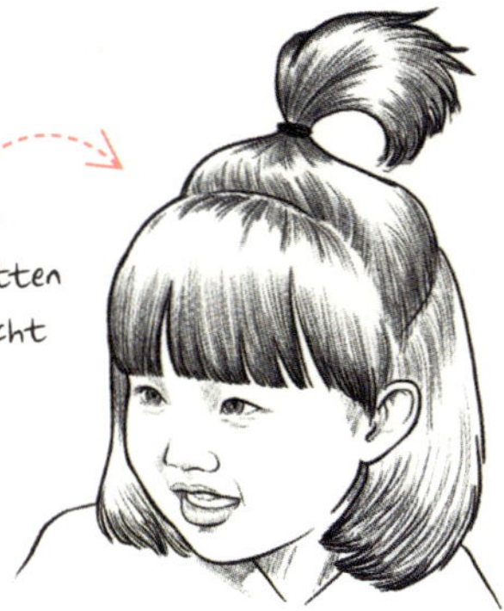

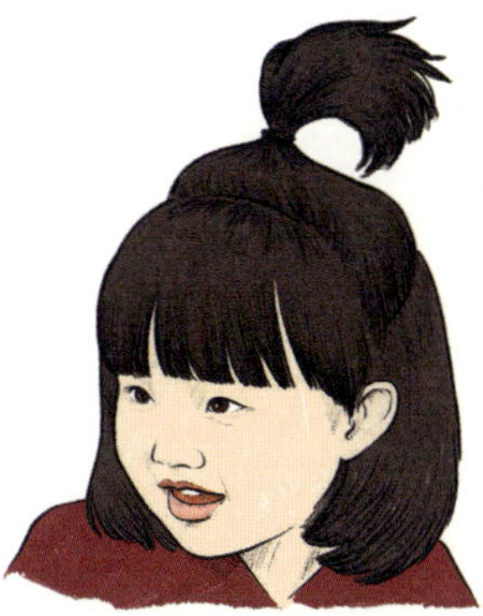

9 Wählen Sie nun die Farben, mit denen Sie das Porträt kolorieren wollen.

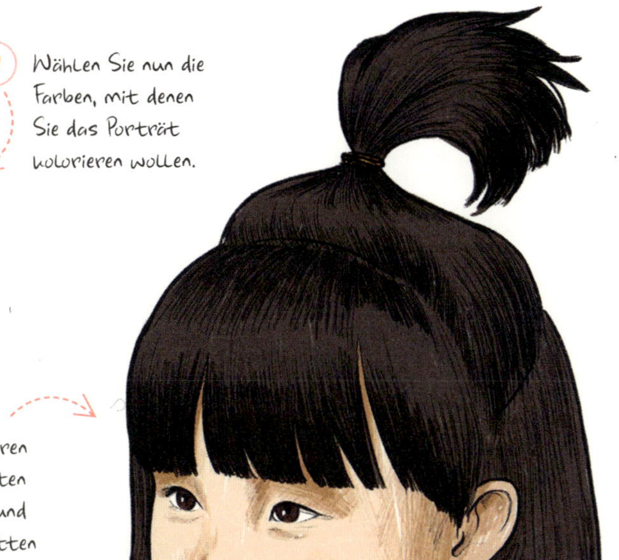

10 Die Schatten mit dunkleren Farbtönen vertiefen. Achten Sie auf den Lichteinfall und gestalten Sie einige Schatten heller und andere dunkler.

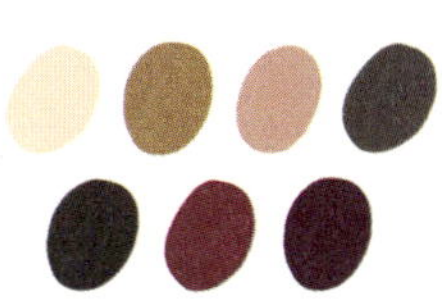

Superheld

Der verschmitzte Blick verrät, dass dieser Superheld fest entschlossen ist, sich gut zu amüsieren.

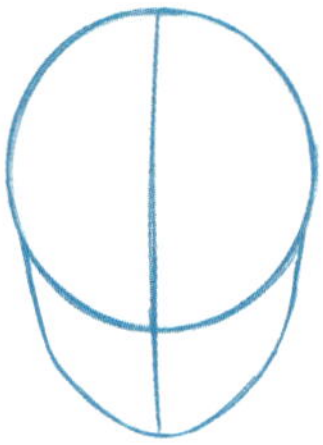

1 Mit einem Kreis für das Gesicht beginnen. Eine abgerundete V-Form für das Kinn anfügen und eine Mittelsenkrechte einzeichnen.

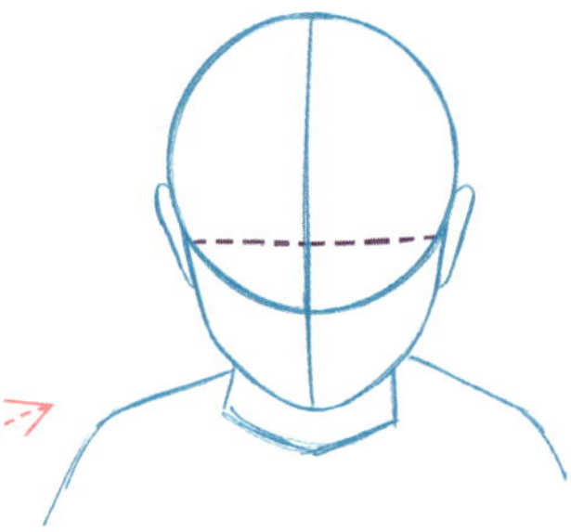

2 Eine gestrichelte Waagerechte in die untere Hälfte des Kreises zeichnen und an beiden Seiten die Ohren mit Ovalen andeuten. Hals und Schultern mit einfachen Strichen skizzieren.

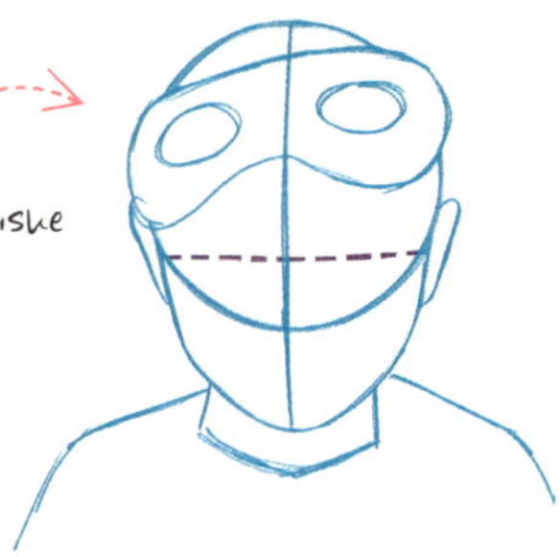

3 Jetzt die Augenmaske auf dem Oberkopf vorzeichnen.

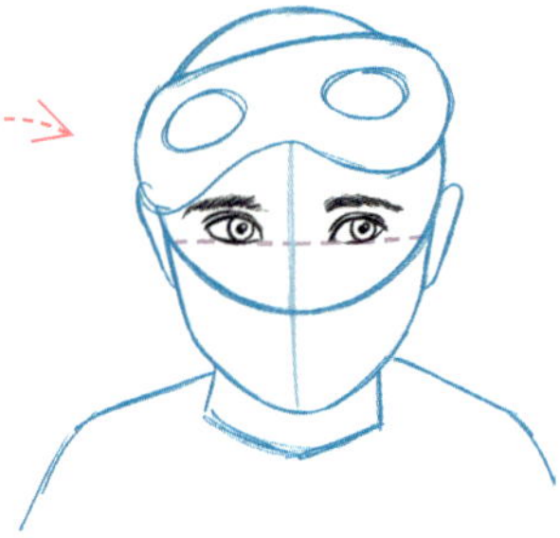

4 Die Augen und Augenbrauen sauber über der gestrichelten Linie einzeichnen. Überflüssige Hilfslinien ausradieren.

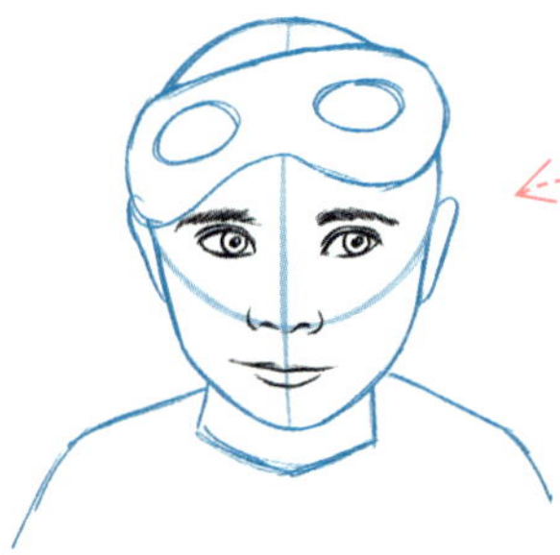

5 Mit Nase und Mund fortfahren. Dabei dienen die Hilfslinien als Orientierungshilfe.

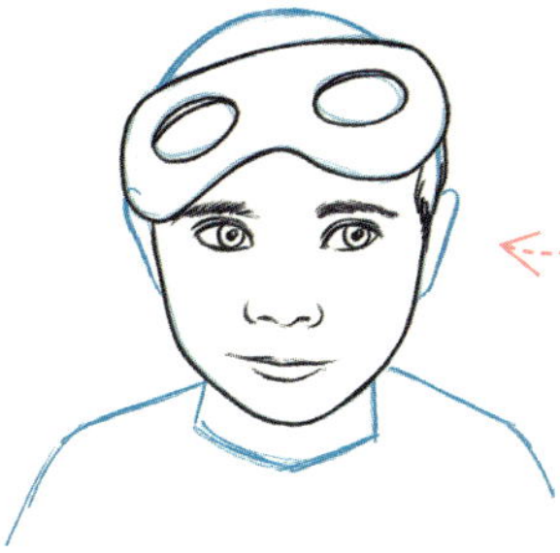

6 Die Umrisse des Gesichts und der Maske sauber nachzeichnen.

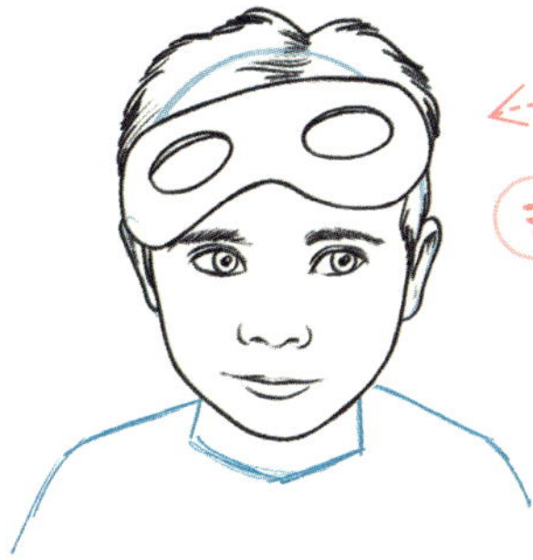

7 Die Haare mit kurzen Strichen andeuten. Die Ohren detailliert ausarbeiten.

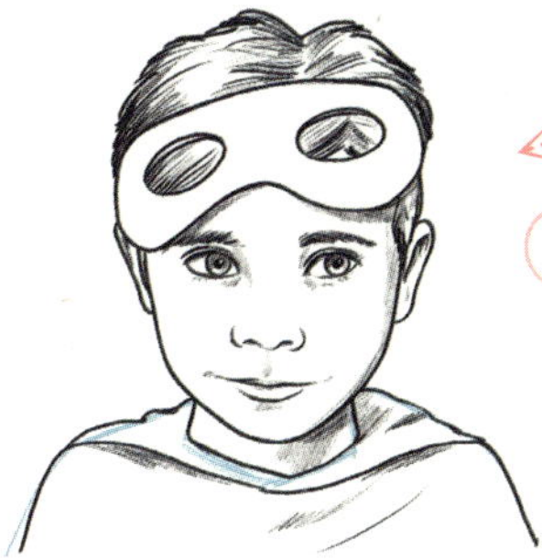

8 Weitere Haare hinzufügen, auch in den Augenlöchern der Maske. Schultern, Stirn und oberen Rand des Umhangs ausarbeiten. Die Schatten andeuten.

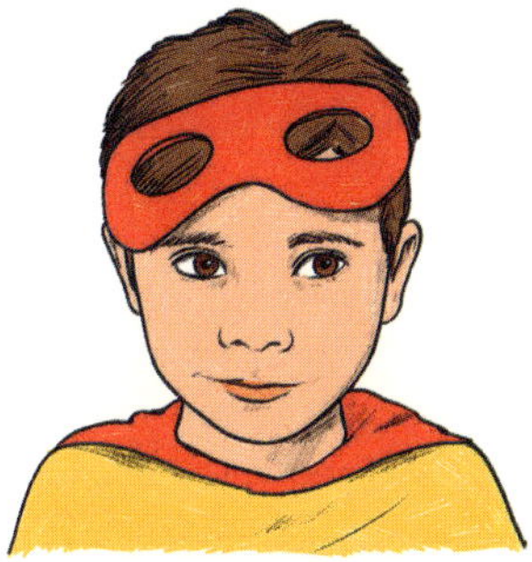

9 Jetzt wird die Zeichnung mit leuchtenden Superhelden-Farben koloriert.

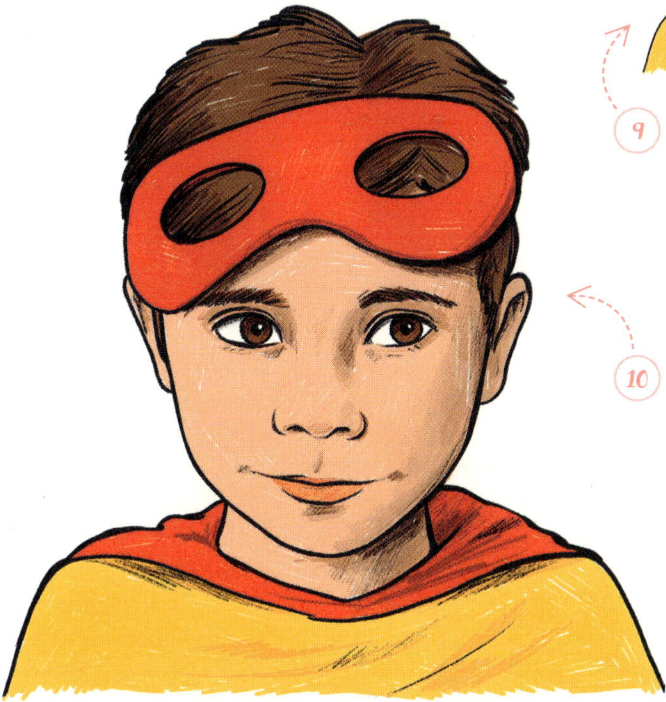

10 Zuletzt die Schatten mit dunkleren Farbtönen vertiefen.

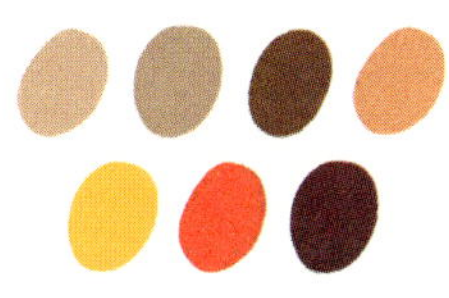

Über die Autorin

Justine Lecouffe lebt in London und arbeitet als Illustratorin, Grafikdesignerin und Storyboard-Artist. Ihr beruflicher Schwerpunkt liegt auf digitaler Illustration, Grafikdesign und Motion Media. Themen wie Weiblichkeit, Schönheit und Natur sind bestimmend bei ihren Motiven. Darum kommen viele ihrer Auftraggeber:innen aus den Bereichen Mode, Schmuck und Kosmetik. Obwohl sie sich auf Grafikdesign und Illustration spezialisiert hat, möchte sie sich noch viele andere Stile und Genres aneignen. Wenn sie nicht gerade zeichnet, kocht sie gern, radelt durch London, fotografiert oder schaut sich Hunde- und Katzen-Videos an.

Weitere Informationen über Justine sowie Beispiele ihrer Werke sind auf Instagram @justine_lcf zu finden.

Dank

Vielen Dank an alle Leserinnen und Leser der bisherigen Titel der 10-Steps-Reihe: Menschen, Alltagsgegenstände und Katzen.

Euer tolles Feedback hat mich motiviert, diesen vierten Titel zu erarbeiten. Ich freue mich auf eure Zeichnungen, also schickt sie mir weiterhin über Instagram.

Dem Team von The Bright Press danke ich wieder für die großartige Unterstützung während des gesamten Projekts.

Mein Dank gilt auch den folgenden Personen und Institutionen, die mir Bilder für die Projekte in diesem Buch zur Verfügung gestellt haben:

Pexels 40 Pixabay; 42 Pravin Maniam; 46 Cottonbro Studio; 48 Rodnae Productions; 50 Slaytina; 52 Roman Odintsov; 54 Saranjeet Singh; 56 Rüveyda; 58 Javon Swaby; 60 Natalia Malushina; 62 Rüveyda; 64 Tehmasip Khan; 66 Brett Sayles; 68 Cottonbro Studio; 70 Vincent Tan; 74 Andrea Piacquadio; 76 Anna Shvets; 78 Arianna Jadã; 80, 82, 84, 86 Cottonbro Studio; 88 Guilherme Ameida; 90 Ike Louie Natividad; 92 Mabel Lee; 94 Mehmet Turgut Kirkgoz; 96, 98 Moe Magners; 100 Rfstudio; 102 Jorge Fakhouri Filho; 104 Thomas Ronveaux; 106 Wilson Vitorino; 110 Allan Mas; 112, 114 Cottonbro Studio; 116 Ketut Subiyanto; 118 William Fortunato; 120 Mohamed Abdelghaffar; 122 Mwabonje; 124; Pixabay; 126 Tehmasip Khan; **Unsplash** 44 Janko Ferlic.